化学工业出版社"十四五"普通高等教育规划教材

普通高等教育一流本科课程建设成果教材

建设法规

CONSTRUCTION LAWS
AND CODES

代春泉　编著

化学工业出版社

·北京·

内容简介

建设法规是工程建设的基石，是工程合法建设的指南。本书以国家现行法律法规为依据，充分吸收工程建设的最新成果，密切结合工程实践，以案说法，突出前瞻性、适用性和可读性。

全书共分为9章，前4章讲解了法律概述、基本法律制度、施工许可管理规定、招标投标制度等，第5~9章以合同管理为切入点，系统阐述了工程建设对安全管理、质量管理、现场管理、责任纠纷处理等的法律诉求。全书内容相辅相成，系统完整地从法律视角描绘出工程建设的全过程。

本书可作为工程管理、土木工程、建筑学等专业相关课程的教材，也可供建筑业、房地产业、市政基础建设、物业管理以及城市管理等相关专业人员参考使用。

图书在版编目（CIP）数据

建设法规/代春泉编著. —北京：化学工业出版社，2022.7（2023.7重印）
ISBN 978-7-122-41291-1

Ⅰ.①建… Ⅱ.①代… Ⅲ.①建筑法-中国-教材
Ⅳ.①D922.297

中国版本图书馆CIP数据核字（2022）第087915号

责任编辑：刘丽菲
责任校对：宋　夏
装帧设计：李子姮

出版发行：化学工业出版社
　　　　　（北京市东城区青年湖南街13号　邮政编码100011）
印　　装：北京天宇星印刷厂
787mm×1092mm　1/16　印张15¼　字数368千字
2023年7月北京第1版第2次印刷

购书咨询：010-64518888
售后服务：010-64518899
网　　址：http://www.cip.com.cn

凡购买本书，如有缺损质量问题，本社销售中心负责调换。

定　　价：57.00元　　　　　　　　　版权所有　违者必究

前言

建筑不仅是宏伟的宫殿、高耸的楼房、纵横交错的桥梁隧道，更是建设者道德的垒砌以及对社会公平的维护。在新时代高质量发展的召唤下，建筑业像是一匹驰骋的骏马，需要法律缰绳的牵引，方可一往直前。法律是治国重器，良法是善治前提。当今的工程建设，周期长、难度大、人员多、利益复杂，冲突难以避免，风险无处不在。因此，构建以建设法规为基础的激励体系，是保证工程建设安全有序、高效运转的前提。

建设工程实践性强，法律的融入将建设工程实践的具体问题规范化、程序化、制度化、法律化，建设法规从法律视角解决工程社会关系问题。对于一项建筑工程，施工许可的规范、发承包工作的流程、工程合同的订立、工程安全的规定、工程质量的保证、绿色施工的推广、装配式建筑的应用、工程纠纷的解决等无不影响着"工程"的最终成果。因此，如何运用法律武器捍卫合法权益，如何从参与者的视角窥探问题的本质，如何有条不紊地履行职责、解决纠纷等也是工程参与各方需要认真思考、慎重考量的问题。基于以上认识，笔者依托现行的《中华人民共和国民法典》等法律法规，结合优秀的工程实践，在系统阐述理论的基础上，以案说法，以期赋予枯燥晦涩的法律以勃勃生机。

《建设法规》是初涉建筑行业的导航仪，本书对建筑行业争议较多的重点难点问题以及常见却含义模糊的疑难问题作出深刻的诠释与讲解，深入浅出，适度延展。本书深入剖析建设工程各个环节应当遵守的法律法规，系统阐述法律关系、物权、债权、合同、仲裁、诉讼等内容，帮助读者在学习建设法规的同时可以系统把握法律实质，透彻理解法律内涵。全书共分为9章，前4章讲解法律概述、基本法律制度、施工许可管理规定、招标投标制度等，第5~9章以合同管理为切入点，系统阐述工程建设对安全管理、质量管理、现场管理、责任纠纷处理等的法律诉求。新时代的建筑业，新政策、新技术、新标准不断涌现，书中对绿色建筑，碳达峰、碳中和目标下的工程建设相关政策也做了相应介绍。九个章节内容相辅相成，完整地从法律视角描绘出工程建设的全过程。

"建设法规"2021年被评为山东省一流本科课程。教育部提出，一流课程要具有创新性、高阶性、挑战度，本书的编写，围绕一流课程建设的要求，根据教学的实际需要做了以下设计：

注重兴趣导向，每章设置导言、引例和学习目标，提升读者兴趣，启发读者思考；

注重基础知识的掌握，每章设置随堂小练，帮助学生自查，教师可设置班级查看学生掌握情况；

注重综合能力的培养，每章均设置案例，帮助读者获得综合分析案例的能力；

注重提升解决复杂问题的能力，每章除设置思考题外，还增加了实战题，读者"跳一跳才能够得着"。

注重思政教育，部分政策解读设置推荐阅读，拓展读者视野。

以上内容提供自学解答，扫码获取。教师使用教学资源请登录 www.cipedu.com.cn 获取。

在本书写作过程中，承蒙很多人的关爱，在此衷心地感谢他们。感谢我的研究生团队对全书稿件的统筹完善，感谢所有给予鼓励和建议的朋友。

学海浩瀚，尽管我们使出了"洪荒之力"，书中难免仍然存在疏漏或不妥之处，欢迎读者批评指正。

路漫漫其修远兮，吾将上下而求索！

远，无惧；

求索，才是人生不懈奋进的动力！

代春泉

2022 年 4 月于青岛

目录

001 第1章 绪论

导言 ·· 001
引例 ·· 001
学习目标 ···································· 002
1.1 建设法规概念 ···························· 003
  1.1.1 建设法规的含义 ······················ 003
  1.1.2 建设法规的特征 ······················ 003
  1.1.3 建设法规的作用和地位 ················ 004
  1.1.4 建设法律关系 ························ 005
1.2 建设法规体系 ···························· 008
  1.2.1 建设法规体系的含义 ·················· 008
  1.2.2 建设法规体系构成 ···················· 009
  1.2.3 建设法规的效力层级 ·················· 010
  1.2.4 建设法规的立法原则 ·················· 011
1.3 建设工程法律责任 ························ 012
  1.3.1 法律责任的特征和类型 ················ 012
  1.3.2 建设工程民事责任 ···················· 013
  1.3.3 建设工程行政责任 ···················· 013
  1.3.4 建设工程刑事责任 ···················· 013
思考题 ······································ 014
实战题 ······································ 015

016 第2章 建设法规基础

导言 ·· 016
引例 ·· 016
学习目标 ···································· 017
2.1 建设工程代理制度 ························ 017
  2.1.1 代理的含义和类型 ···················· 017
  2.1.2 代理行为的设立和终止 ················ 018
  2.1.3 代理的特别规定 ······················ 020
2.2 建设工程物权制度 ························ 022

2.2.1 物权的含义及类型 …………………………………… 022
2.2.2 与土地相关的物权 …………………………………… 023
2.2.3 物权的变动 …………………………………………… 026
2.3 建设工程债权制度 …………………………………………… 028
2.3.1 债的含义 ……………………………………………… 028
2.3.2 债的发生依据 ………………………………………… 029
2.3.3 债的终止 ……………………………………………… 030
2.4 建设工程知识产权制度 ……………………………………… 031
2.4.1 知识产权概述 ………………………………………… 031
2.4.2 建设工程知识产权的常见种类 ……………………… 031
2.4.3 建设工程知识产权的保护 …………………………… 037
2.4.4 建设工程知识产权侵权的法律责任 ………………… 038
2.5 建设工程担保制度 …………………………………………… 038
2.5.1 担保概述 ……………………………………………… 039
2.5.2 保证的规定 …………………………………………… 039
2.5.3 抵押权、质权、留置权的规定 ……………………… 040
2.5.4 定金的规定 …………………………………………… 043
2.6 建设工程保险制度 …………………………………………… 043
2.6.1 保险与保险索赔的规定 ……………………………… 043
2.6.2 建筑工程一切险 ……………………………………… 045
2.6.3 安装工程一切险 ……………………………………… 046
思考题 …………………………………………………………… 047
实战题 …………………………………………………………… 047

第 3 章 工程建设执业管理制度

导言 ……………………………………………………………… 048
引例 ……………………………………………………………… 048
学习目标 ………………………………………………………… 049
3.1 建设工程施工许可制度 ……………………………………… 049
3.1.1 施工许可的含义 ……………………………………… 049
3.1.2 施工许可证的适用与申请 …………………………… 049
3.1.3 施工许可证的监管 …………………………………… 051
3.2 建筑企业资质管理 …………………………………………… 052
3.2.1 建设工程施工企业资质规定 ………………………… 052
3.2.2 建设工程勘察设计单位资质规定 …………………… 054
3.2.3 建设工程监理单位资质规定 ………………………… 054
3.3 建设工程从业人员资格管理 ………………………………… 055

3.3.1 注册建筑师 …………………………………………… 055
3.3.2 注册土木工程师（岩土）………………………………… 056
3.3.3 注册结构工程师………………………………………… 057
3.3.4 注册建造师 …………………………………………… 059
3.3.5 监理工程师 …………………………………………… 059
3.3.6 造价工程师 …………………………………………… 060
3.4 建筑市场信用体系建设 ……………………………………… 061
3.4.1 建筑市场诚信行为信息的分类 ………………………… 061
3.4.2 建筑市场施工单位不良行为记录认定标准 …………… 062
3.4.3 建筑市场诚信行为的公布和奖惩机制 ………………… 063
3.4.4 建筑市场主体诚信评价的基本规定 …………………… 064
思考题 …………………………………………………………… 064
实战题 …………………………………………………………… 065

第4章　建设工程招标投标制度

导言 ……………………………………………………………… 066
引例 ……………………………………………………………… 066
学习目标 ………………………………………………………… 067
4.1 建设工程招标 ………………………………………………… 067
4.1.1 建设工程招标的原则和方式 …………………………… 067
4.1.2 强制招标与不招标的项目界定 ………………………… 069
4.1.3 招标的基本程序 ………………………………………… 070
4.1.4 招标的禁止性规定 ……………………………………… 077
4.2 建设工程投标 ………………………………………………… 078
4.2.1 投标人的基本要求 ……………………………………… 078
4.2.2 联合体投标的规定 ……………………………………… 080
4.2.3 投标的禁止性规定及责任承担 ………………………… 081
4.3 建设工程承包 ………………………………………………… 083
4.3.1 建设工程总承包的规定 ………………………………… 083
4.3.2 建设工程共同承包的规定 ……………………………… 085
4.3.3 建设工程分包的规定 …………………………………… 085
4.3.4 建设工程的带资承包 …………………………………… 088
思考题 …………………………………………………………… 090
实战题 …………………………………………………………… 090

第 5 章　建设工程合同管理制度

导言	092
引例	092
学习目标	093
5.1　合同的订立	093
5.1.1　合同的概念和类型	093
5.1.2　合同订立的原则和程序	095
5.1.3　合同订立的形式和内容	098
5.1.4　合同订立中的缔约过失责任	099
5.2　合同的效力	100
5.2.1　合同的生效要件	100
5.2.2　合同效力的常见类型	101
5.2.3　阴阳合同及其处理	105
5.3　合同的履行	106
5.3.1　合同履行的原则	106
5.3.2　合同漏洞的救济	107
5.3.3　合同履行的抗辩权	108
5.3.4　合同履行中的代位权和撤销权	110
5.3.5　合同的变更、转让和终止	112
5.4　合同责任	115
5.4.1　合同责任的范围	115
5.4.2　违约责任类型及其承担	115
5.4.3　建设工程承包人的优先受偿权	118
5.4.4　工程合同索赔及其案例分析	119
思考题	121
实战题	121

第 6 章　建设工程安全生产法律制度

导言	123
引例	123
学习目标	124
6.1　施工安全生产许可制度	124
6.1.1　安全生产许可证的领取	124
6.1.2　安全生产许可证的管理	125
6.2　建设工程安全生产责任制度	126
6.2.1　施工单位的安全生产责任制度	126

        6.2.2 施工项目负责人的安全生产责任 ………………… 128
        6.2.3 施工总分包单位的安全生产责任 ………………… 129
        6.2.4 施工作业人员安全生产的权利和义务…………… 130
        6.2.5 施工单位安全生产教育培训的规定……………… 131
        6.2.6 建设单位和相关单位的建设安全生产责任 ……… 133
        6.2.7 建设行政主管部门的法律责任 …………………… 137
    6.3 施工现场安全防护制度 ……………………………… 138
        6.3.1 施工现场安全文件的编制及管理规定 …………… 138
        6.3.2 施工现场安全防护及设备管理规定 ……………… 140
        6.3.3 施工现场消防管理规定 …………………………… 142
        6.3.4 工伤保险和意外伤害保险的规定 ………………… 144
    6.4 施工生产安全事故应急救援机制 …………………… 146
        6.4.1 生产安全事故的等级划分 ………………………… 146
        6.4.2 施工生产安全事故应急救援预案的规定 ………… 147
        6.4.3 施工生产安全事故处理的规定 …………………… 149
    思考题 ……………………………………………………… 152
    实战题 ……………………………………………………… 152

第7章 建设工程质量法律制度

导言 ………………………………………………………… 153
引例 ………………………………………………………… 153
学习目标 …………………………………………………… 154
7.1 工程建设质量标准…………………………………… 154
    7.1.1 工程建设标准的类型 ……………………………… 154
    7.1.2 工程建设强制性标准的实施 ……………………… 157
7.2 建设工程质量责任…………………………………… 159
    7.2.1 施工单位的质量责任 ……………………………… 159
    7.2.2 建设单位的质量责任 ……………………………… 163
    7.2.3 勘察、设计单位的质量责任 ……………………… 165
    7.2.4 工程监理单位的质量责任 ………………………… 166
    7.2.5 政府主管部门工程质量监督管理 ………………… 167
7.3 建设工程竣工验收…………………………………… 169
    7.3.1 建设工程竣工验收制度 …………………………… 169
    7.3.2 规划、消防、环保、节能等验收的规定 ………… 171
    7.3.3 竣工结算、质量争议的规定 ……………………… 172
7.4 建设工程保修制度…………………………………… 173
    7.4.1 建设工程质量保修的内涵 ………………………… 174

  7.4.2 建设工程质量保修期的规定 …………………………………… 174
  7.4.3 建设工程保修的责任认定 …………………………………… 175
 思考题 …………………………………………………………………… 176
 实战题 …………………………………………………………………… 176

177 | 第8章　建设工程施工现场管理规定

 导言 ……………………………………………………………………… 177
 引例 ……………………………………………………………………… 177
 学习目标 ………………………………………………………………… 178
 8.1 绿色建筑及绿色施工管理规定 …………………………………… 178
  8.1.1 绿色建筑评价标准 …………………………………………… 178
  8.1.2 绿色施工管理要点 …………………………………………… 180
  8.1.3 施工现场卫生及防疫管理 …………………………………… 184
 8.2 施工现场文明施工管理规定 ……………………………………… 184
  8.2.1 现场文明施工的内容和要求 ………………………………… 184
  8.2.2 现场文明施工的控制要点 …………………………………… 184
  8.2.3 职业病的防范 ………………………………………………… 185
 8.3 施工现场污染认定及其防治 ……………………………………… 187
  8.3.1 施工现场噪声污染及其防治 ………………………………… 188
  8.3.2 施工现场大气污染及其防治 ………………………………… 189
  8.3.3 施工现场水污染及其防治 …………………………………… 191
  8.3.4 施工现场固体废弃物污染及其防治 ………………………… 193
 8.4 碳达峰、碳中和目标下的工程建设 ……………………………… 195
  8.4.1 装配式超低能耗建筑发展相关政策 ………………………… 195
  8.4.2 全寿命周期视角下建筑多能协调发展相关政策 …………… 196
  8.4.3 基于BIM的精益施工智能建造发展相关政策 ……………… 198
 思考题 …………………………………………………………………… 199
 实战题 …………………………………………………………………… 199

201 | 第9章　建设工程纠纷处理制度

 导言 ……………………………………………………………………… 201
 引例 ……………………………………………………………………… 201
 学习目标 ………………………………………………………………… 202
 9.1 建设工程纠纷处理概述 …………………………………………… 202

9.1.1 建设工程纠纷的主要种类 …………………………………… 202
9.1.2 民事纠纷的法律解决途径 …………………………………… 203
9.1.3 行政纠纷的法律解决途径 …………………………………… 204
9.2 民事诉讼和仲裁制度 ……………………………………………… 204
9.2.1 民事诉讼制度 ………………………………………………… 204
9.2.2 仲裁制度 ……………………………………………………… 214
9.3 建设工程行政纠纷处理制度 ……………………………………… 218
9.3.1 行政许可及行政强制 ………………………………………… 218
9.3.2 行政复议及其相关规定 ……………………………………… 221
9.3.3 行政诉讼的相关规定 ………………………………………… 222
9.4 国际工程纠纷处理 ………………………………………………… 224
9.4.1 国际工程争端裁决机制 ……………………………………… 225
9.4.2 国际工程仲裁 ………………………………………………… 226
9.4.3 国际工程诉讼 ………………………………………………… 228
思考题 ……………………………………………………………………… 229
实战题 ……………………………………………………………………… 229

参考文献

第1章
绪论

 导言

"有法可依、有法必依、执法必严、违法必究"是我国社会主义法制建设的基本原则。❶ 建设工程项目投资大、周期长、参与主体多、协调难度大,工程成果与国计民生息息相关,且具有一定的不可逆性。因此,加强工程建设立法,普及工程建设法律知识,提升工程建设者法律意识,规范工程建设活动过程和工程成果标准具有重要性和紧迫性。

工程建设相关人员,必须增强法律意识和法治观念,做到学法、懂法、守法、用法,这是习近平新时代中国特色社会主义经济思想❷对建设活动相关人员的基本要求。

 引例

A 建筑公司与 B 学校签订某教学楼施工合同,明确约定施工单位要保质保量保工期完成学校的教学楼施工任务。工程完工后,承包方向学校提交了竣工报告。学校为了不影响新扩招的学生上课,将还没组织验收的教学楼直接投入了使用。使用过程中,校方发现了教学楼存在的质量问题,要求施工单位修理。施工单位认为工程未经验收,学校提前使用出现质量问题,施工单位不应再承担责任。

讨论:1. 施工单位的主张是否正确?该质量责任应由谁承担?

2. 在本案中清晰体现了建设法律三要素,何为建设法律关系三要素?本案中的建设法律关系三要素分别是什么?

---

❶ 推荐阅读:阮一帆,吴倩倩. 习近平法治思想的历史唯物主义基础[J]. 中国地质大学学报(社会科学版),2022,22(02):1-7.

❷ 推荐阅读:赵雪,郑尚植. 习近平新时代中国特色社会主义经济思想的整体性研究[J]. 中国市场,2022 (07):11-12.

学习目标

本章通过对社会关系和法律的学习，熟悉法的主体、客体和内容，明确建设法规在我国建设活动中的作用和地位；通过对建设法规体系及法的效力层级的学习，明确建设法律责任的含义和种类，为以后能够对建设工程领域常见的法律责任进行辨析。

掌握：建设法规的概念及调整对象；建设法规的作用；建设法规体系的构成及效力等级；建设工程法律责任。

建设法规是面向土木工程、工程管理等建设工程相关专业学生的一门专业课程，让学生能够在从业前接触我国建设领域的法律法规知识和操作实务，为培养懂技术、懂管理、懂经济、懂法律的复合型人才打下良好的基础。土建类专业人才培养以专业需求的工程技术为核心，以通识知识为基础，以管理知识、经济知识为两翼，以法律知识为平衡稳定器，共同构成"五位一体"的人才培养课程体系，如图1-1所示。

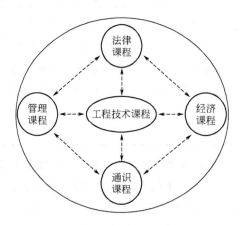

图 1-1 "五位一体"的人才培养课程体系

建设法规发挥着重要作用，不仅详细规定了必须或禁止的建设行为，同时还保护符合法律规定的一切建设行为，并规定了对违法建设行为的处罚。因此我们必须要学好建设法规，提高自身法律意识和法律素质，提高自己从事建设行业的法律水平；提高保护自身合法权益的能力，增强对建设法规的重视。

习近平新时代中国特色社会主义法治思想[1]要求建设活动相关人员必须要增强法律意识和提高法治观念，做到学法、懂法、守法、用法。读者通过对本教材的学习，可以掌握建设领域有关的法律、规范、政策，拓宽知识面；熟悉建设活动中的城市规划、土地管理、招标投标、勘察、设计、施工、监理等所涉及的法规及分类；了解绿色施工、装配式建筑、基于BIM的精益施工管理模式以及碳达峰、碳中和目标下的建筑业发展等新要求，并在实践中逐渐加深理解和使用；理解建设法规在我国建设活动中的地位、作用，并及时掌握我国新颁布的相应法律、法规，更好地为工程建设活动服务，保障合法权益。建设法规的学习，对强化建设活动的监督管理，维护建筑市场秩序，保证建设工程的质量和安全，促进建筑业健康发展具有重要意义。

---

[1] 推荐阅读：付子堂. 把习近平法治思想落实为法治中国建设实践［N］. 光明日报，2022-02-25.

1.1 建设法规概念

《中华人民共和国建筑法》（以下简称《建筑法》）第二条规定："在中华人民共和国境内从事建筑活动，实施对建筑活动的监督管理，应当遵守本法。"因此，工程建设参与各方应该充分理解建设法规的相关概念，在此基础上开展工程建设活动。

1.1.1 建设法规的含义

法律是由国家制定或认可并通过国家强制力保证实施的，反映由特定物质生活条件所决定的统治阶级意志的规范体系。法律是由享有立法权的立法机关行使国家立法权，根据法定程序制定、修改并颁布，并以国家强制力保证实施的基本法律和普通法律总称。

《建筑法》第二条规定："建筑活动，是指各类房屋建筑及其附属设施的建造和与其配套的线路、管道、设备的安装活动。"而我们通常所认为的建设活动是指为新建、改建或扩建房屋建筑物和（或）附属构筑物设施所进行的规划、勘察、设计和施工、竣工等各项工作。从理论角度看，建设活动包含建筑活动，但从语言习惯角度看，"建筑"与"建设"无较大差异。因此，本书使用的"建筑"一词将不与"建设"做严格区分，除非涉及《建筑法》调整的事项。

建设法规是指国家权力机关或其授权的机关制定或认可的，旨在调整国家及其有关机构、企事业单位、社会团体、自然人在建设活动中或建设管理活动中形成的各种社会关系的规范性文件的统称。

建设法规的调整对象，是在建设活动中发生的各种社会关系，包括建设活动中所发生的行政管理关系、经济协作关系及其相关的民事关系。

（1）建设活动中的行政管理关系

建设活动与国家经济发展、人们生命财产安全、社会文明进步息息相关，国家对其必须进行全面严格管理。当国家及其授权的建设行政主管部门在对建设活动进行管理时，就会与建设单位、勘察单位、设计单位、施工单位、监理单位、建筑材料和设备生产供应单位及招标代理、造价咨询等中介服务单位产生管理与被管理关系。

（2）建设活动中的经济协作关系

工程建设具有动态性、复杂性，参与者众多，很多工作需要协同完成。因此，工程建设中存在大量的前后关联、共同协作所产生的责权利问题，这些问题的落实和解决也应由建设法规来规范、调整。

（3）建设活动中的民事关系

在工程建设中，项目参与各方往往通过合同这个纽带，明确项目参与各方的责权利。当然，工程建设也会涉及土地征用、房屋拆迁、利益补偿、损害赔偿等，这些平等主体之间的责权利也应当由相关法律法规予以规范、调整。

1.1.2 建设法规的特征

建设法规作为一种法律规范，在调整建设活动中发生的行政管理关系、经济协作关系和民事关系时，除具备一般法律的基本特征外，还具有不同于其他法律的特征。

（1）行政隶属性

建设法规采用以行政指令为主的方法来调整建筑活动中的行政管理关系,包括授权、命令、禁止、许可、免除、确认、计划和撤销等,因此建设法规具有鲜明的行政隶属性,这是建设法规的主要特征,也是区别于其他法律的主要特征。

(2) 经济性

工程建设活动在国民经济中的地位举足轻重,在为社会创造财富的同时,带动了相关行业的发展。

(3) 政策性

建设法规的政策性表现为两方面:一方面,建设法规是实现国家工程建设政策的工具;另一方面,建设法规影响国家工程建设政策。国家工程建设形势总是处于不断变化中,工程建设法规既要灵活机敏地适应变化的工程建设形式,又要自我调整适应建设活动的客观需要。如国家人力、财力、物力紧张时,建设投资就要压缩,并通过法律法规加以限制;国力储备充足时,就可以适当增加建设投资,并以法律法规的形式予以扶持、鼓励。因此,工程建设法规的政策性比较强,相对灵活。

(4) 技术性

建筑产品的质量直接关系到人民群众的生命财产安全。为保证工程建设产品的质量和人们生命财产的安全,大量的工程建设法规以规范的形式体现,条文直接具体、内容系统严密。如各种设计规范、施工规范、验收规范、产品质量监测规范等。有些非技术规范的工程建设法律规范中也带有技术性规定,如《中华人民共和国城乡规划法》,其计量、质量、规划技术、规划编制等内容都带有技术性要求。

1.1.3 建设法规的作用和地位

建筑业的生产活动,不仅为人类自身的生存发展提供一个最基本的物质环境,而且还能反映各个历史时期的社会面貌以及各个地区、各个民族科学技术、经济文化等的综合发展水平。

(1) 建设法规作用

① 规范指导建设活动。建设活动应遵循既定的建设法规进行。只有在法律规定的范围内进行的建设活动才能得到国家的承认与保护,才能实现行为人预期的目的。

② 保护合法建设行为。建设法规不仅对建筑主体的行为加以规范和指导,还对符合建设法规的建设行为给予确认和保护。这种确认和保护通常反映在建设法规的原则性规定中。如《城市燃气安全管理规定》第三十六条规定:"对于维护城市燃气安全做出显著成绩的单位和个人,城市人民政府城建行政主管部门或城市燃气生产、储存、输配、经营单位应当予以表彰和奖励。"

③ 处罚违法建设行为。建设法规要实现对建设行为的规范和指导作用,就必须对违法建设行为给予应有的处罚。否则,建设法规的制度由于得不到法律的强制性手段作为保障,即变成无意义的规范。一般来讲,建设法规都有关于处罚违法建设行为的规定。

(2) 建设法规地位

工程建设产品是人类精神文明发展史的重要标志之一。工程建设管理是自然科学与社会科学交叉的一个独立学科,它以工程建设法律、法规为依据,由工程技术、经济和管理相配合,共同支撑工程建设活动的顺利开展和进行。

人类要生存,国家要发展,国家有序建设必不可少。建设法规的系统和完善,不仅能最大限度地保障人民日益增长的美好生活需要,还能切实有效地保障建筑业健康有序持续发展。建筑业要最大限度地为人们创造良好的工作环境、生活环境、教学研究环境和生产环境等。建设法规规定了建筑业的基本任务、基本原则、基本方针，有利于加强建筑业的管理，充分发挥建筑的效能，为国民经济各部门提供必需的物质载体，为社会创造财富，推动社会主义各项事业的发展，推进社会主义现代化建设。

1.1.4 建设法律关系

马克思人的本质观认为：人的本质不是单个人所固有的抽象物，在其现实性上，它是一切社会关系的总和。❶ 马克思主义哲学科学地揭示了各种社会关系之间的从属关系，社会关系是人们在共同的物质和精神活动过程中所结成的相互关系的总称，具有可选择性和稳定性。社会关系的分类见表1-1。

表1-1 社会关系的分类

分类	概念	特点
血缘关系	以血亲或生理联系为基础而形成的社会关系	稳定，但不可选择
道义关系	道义就是道德和正义，是调整人际关系的社会意识以及人们社会行为的准则	不稳定，且不可选择
法律关系	由法律规范确认和调整的，在法律主体之间形成的权利义务关系	可选择，且选择后相对稳定

法律事实是能够引起法律关系产生、变更和消灭的客观现象。根据是否以人的意志为转移，分为法律事件和法律行为。

法律关系由主体、客体和内容三个要素构成，缺一不可。根据三个要素的内涵不同，组成不同的法律关系，诸如民事法律关系、行政法律关系、刑事法律关系等。建设法律关系也由主体、客体和内容三个要素所组成。

1.1.4.1 建设法律关系主体

建设法律关系主体，主要是指参加或管理、监督建设活动，受建设工程法律规范调整，在法律上享有权利、承担义务的自然人、法人或其他组织，必要时，包含国家。

（1）自然人

自然人是指因出生而获得生命的人类个体，是权利主体或义务主体最基本的形态，一般包括本国公民、外国公民和无国籍人。自然人在建设活动中可以成为建设法律关系的主体，例如，注册建筑师、注册结构工程师等与有关单位签订合同时即成为建设法律关系的主体。自然人的民事行为能力的区分见表1-2。

表1-2 自然人的民事行为能力的区分

分类	概念	具体种类	行为效力及法律后果
完全民事行为能力	能以自己的行为独立享有民事权利，承担民事义务的自然人	（1）18周岁以上的自然人 （2）16周岁以上不满18周岁，但以自己的劳动收入为主要生活来源的人 （3）精神健康	可以独立实施民事法律行为，也就是该类人可以依靠自己的能力独立实施全部的民事法律行为，不会因民事权利能力的欠缺而产生行为的效力瑕疵

---

❶ 推荐阅读：陈胜云. 习近平新时代中国特色社会主义思想的本体论、认识论与方法论［J］. 广西社会科学，2022（01）：91-99.

分类	概念	具体种类	行为效力及法律后果
限制民事行为能力	只能部分独立地在一定范围内具有民事行为能力的自然人	(1) 8周岁以上、不满18周岁的未成年人 (2) 不能完全辨别自己行为的成年人	(1) 实施纯获利的民事法律行为：有效 (2) 实施与其智力、精神健康状况相适应的民事法律行为：有效 (3) 其他民事法律行为：效力待定，实施民事法律行为由其法定代理人（监护人）代理或者经其法定代理人同意、追认
无民事行为能力	无独立从事民事活动资格的自然人	(1) 不满8周岁的未成年人 (2) 完全不能辨别自己行为的成年人以及不能辨别自己行为的8周岁以上的未成年人	实施的民事法律行为一律无效，由其法定代理人代理实施民事法律行为

(2) 法人

法人是与自然人相对应的概念，是指具有民事权利能力和民事行为能力，依法独立享有民事权利和承担民事义务的组织。

《中华人民共和国民法典》（以下简称《民法典》）第五十八条规定："法人应当依法成立。法人应当有自己的名称、组织机构、住所、财产或者经费。法人成立的具体条件和程序，依照法律、行政法规的规定。设立法人，法律、行政法规规定须经有关机关批准的，依照其规定。"法人是建设活动中最主要的主体。法人的分类见表1-3。

表1-3 法人的分类

分类	概念	适用范围	适用条件
营利法人	以取得利润并分配给股东等出资人为目的成立的法人，为营利法人	包括有限责任公司、股份有限公司等	营利法人经依法登记成立。依法设立的营利法人，由登记机关发给营利法人营业执照。营业执照签发日期为营利法人的成立日期
非营利法人	为公益目的或者其他非营利目的成立，不向出资人、设立人或者会员分配所取得利润的法人，为非营利法人	包括事业单位、社会团体、基金会、社会服务机构等	具备法人条件，为适应经济社会发展需要，提供公益服务设立的事业单位，经依法登记成立，取得事业单位法人资格；依法不需要办理法人登记的，从成立之日起，具有事业单位法人资格
特别法人	机关法人、农村集体经济组织法人、城镇农村的合作经济组织法人、基层群众性自治组织法人为特别法人	包括机关、农村集体经济组织、城镇农村的合作经济组织、基层群众性自治组织等	有独立经费的机关和承担行政职能的法定机构从成立之日起，具有机关法人资格，可以从事为履行职能所需要的民事活动

(3) 其他组织

其他组织是指依法或者依据有关政策成立、有一定的组织机构和财产但又不具备法人资格的各类组织。在现实生活中，这些组织也称为非法人组织，包括非法人企业，如一些不具备法人资格的合伙企业、私营企业、个体工商户、农村承包经营户等。

1.1.4.2 建设法律关系客体

建设法律关系客体，是指建设法律关系主体享有的权利和承担的义务所共同指向的对象。在通常情况下，建设法律关系的主体都是为了某一客体，彼此才设立一定的权利、义务，从而产生工程建设法律关系，这里的权利、义务所指向的对象，便是工程建设法律关系的客体。法学理论上，一般将客体分为财、物、行为和非物质财富。建设法律关系客体也不外乎这四类。

（1）表现为财的客体

财一般指资金及各种有价证券。在法律关系中表现为财的客体主要是工程款项、建设资金等，如基本建设贷款合同的标的，即一定数量的货币。

（2）表现为物的客体

法律意义上的物是指可为人们所控制的并具有一定经济价值的生产资料和消费资料。在工程建设法律关系中表现为物的客体主要是建筑材料，如钢材、木材、水泥等及其构成的建筑物、工程设备以及施工机械等。除此之外，某个具体基本建设项目也是工程建设法律关系中的客体。

（3）表现为行为的客体

法律意义上的行为是指人的有意识的活动。在工程建设法律关系中，行为多表现为完成一定的工作，如勘察设计、施工安装、检查验收等活动。工程建设勘察设计合同的标的，即完成一定的勘察设计任务；工程建设施工合同的标的，即按期完成一定质量要求的施工行为。

（4）表现为非物质财富的客体

法律意义上的非物质财富是指人们脑力劳动的成果或智力方面的创作，也称智力成果。在建设法律关系中，也存在此类非物质财富。比如，设计单位提供的具有创造性的设计图纸，该设计单位依法或依照合同约定可以享有著作权，使用单位未经允许不能无偿使用。

1.1.4.3 建设法律关系的内容

建设法律关系的内容是指与具体建设活动有关，由建设法律关系主体依照合同约定或者法律规定所享有的权利和承担的义务。

（1）建设权利

建设权利，是指建设法律关系主体在法定范围内，根据国家建设管理要求和自己企业活动的需要进行各种建设活动的权利。权利主体可要求其他主体为或不为一定行为，以实现自己的建设权利。因其他主体的行为而使建设权利不能实现时，建设权利主体有权要求国家机关加以保护并予以制裁。

（2）建设义务

建设义务，是指建设法律关系主体必须按法律规定或约定承担应负的责任。建设义务和建设权利是相对应的。义务主体应自觉履行建设义务，不履行或不适当履行需承担由此产生的法律责任。

1.1.4.4 建设法律关系的产生、变更和消灭

建设法律关系并不是由建设法规本身产生的，而是只有在一定的情况下才能产生，因此这种法律关系的变更和消灭也是由一定情况引起的。这种引起建设法律关系产生、变更和消灭的客观现象称为法律事实，包括法律事件和法律行为。

(1) 建设法律关系的产生

建设法律关系的产生，是指建设法律关系的主体之间形成了一定的权利和义务关系，基于某个法律事实而产生。比如，某建设单位与某施工单位签订了工程建设承包合同，主体双方产生了相应的权利和义务；此时，受建设法规调整的建设法律关系即产生。

(2) 建设法律关系的变更

建设法律关系的变更包括主体变更、客体变更、内容变更。主体变更是指建设法律关系的主体数目增多或减少，也可以是主体改变，主体改变又称为合同转让。客体变更是指建设法律关系中权利和义务所指向的客体发生变化。客体变更可以是范围变更，也可以是性质变更。建设法律关系中主体与客体的变更，必然导致相应的权利和义务的变更，即内容的变更。

(3) 建设法律关系的消灭

建设法律关系的消灭是指建设法律关系主体之间的权利义务不复存在，彼此丧失了约束力，包括自然消灭、协议消灭和违约消灭。

建设法律关系自然消灭，是指建设法律关系所规范的权利和义务顺利得到履行，建设主体分别取得了各自的利益，从而使该法律关系达到完结。建设法律关系的协议消灭，是指建设法律关系主体之间协商解除建设法律关系规范的权利和义务，致使该法律关系归于消灭。建设法律关系违约消灭，是指建设法律关系主体一方违约或发生不可抗力，致使建设法律关系规范的权利不能实现而告终结。

1.2 建设法规体系

中国特色社会主义法律体系是一个立足中国国情和实际、适应改革开放和社会主义现代化建设需要、集中体现党和人民意志的，以宪法为统帅，以宪法相关法、民法商法等多个法律部门的法律为主干，由法律、行政法规、地方性法规等多个层次的法律规范构成的法律体系，该法律体系的建成和完善使得国家经济建设、政治建设、文化建设、社会建设以及生态文明建设的各个方面均有法可依。❶

1.2.1 建设法规体系的含义

建设法规体系是指把已经制定和需要制定的建设法律、建设行政法规和建设部门规章衔接起来，形成一个相互联系、相互补充、相互协调的有机统一的框架结构。就广义的建设法规体系而言，还包括地方性建设法规和建设规章。建设法规体系是国家法律体系的重要组成部分，应覆盖建设活动的各个行业、各个领域以及工程建设的全过程，使建设活动的各个方面都有法可依；同时，还应注意纵向不同层次法规之间的相互衔接和横向同层次法规之间的配套协调，防止不同法规之间出现立法重复、矛盾和抵触的现象。

我国建设立法按照这一规划建立与完善，至 2021 年，除实施的《中华人民共和国民法典》这一普通法外，已制定并实施的建筑法律有 8 部，包括《中华人民共和国土地管理法》《中华人民共和国城乡规划法》《中华人民共和国建筑法》《中华人民共和国招标投标法》《中华人民

---

❶ 推荐阅读：李学辉. 党的领导与中国特色社会主义法律体系 [N]. 人民法院报，2021-06-03（005）.

共和国城市房地产管理法》《中华人民共和国安全生产法》《中华人民共和国环境保护法》《中华人民共和国环境影响评价法》；房地产及建筑法规 100 余部，涉及相关文件及司法解释 600 余条；地方性建设法规及地方建设规章则有几千部。需要指出的是，许多法律、行政法规和部门规章与建设活动密切相关，虽不属建设法规体系，但其有些规定对调整建设活动有着十分重要的作用，对此，需密切关注。

1.2.2　建设法规体系构成

建设法规体系具有有机统一的框架结构，除《中华人民共和国宪法》外，主要包含以下形式和内容。

（1）建设法律

建设法律，是指由全国人民代表大会及其常务委员会制定颁布的调整建设活动中行政管理关系和民事关系的各项法律，在全国范围内适用，是建设法规体系的核心和基础。这些建设法律主要包括《中华人民共和国建筑法》《中华人民共和国城市房地产管理法》《中华人民共和国城乡规划法》《中华人民共和国招标投标法》《中华人民共和国安全生产法》等。

（2）建设行政法规

建设行政法规，是由国务院制定颁布以及依据全国人民代表大会及其常务委员会特别授权所制定的规范性文件的总称，在全国范围内适用，是建设法规体系的重要组成部分。常见的建设行政法规有《建设工程质量管理条例》《建设工程安全生产管理条例》《建设工程勘察设计管理条例》《国有土地上房屋征收与补偿条例》《招标投标法实施条例》等。

（3）建设部门规章

建设部门规章，指由国务院建设行政主管部门或国务院建设行政主管部门与国务院其他相关部门协作，根据国务院规定的职责范围，依法制定并颁布的各项规定、办法、实施细则，在全国范围内适用，是建设法规体系的有效组成部分。常见的建设部门规章包括《建筑业企业资质管理规定》《建设工程勘察设计企业资质管理规定》《工程监理企业资质管理规定》等。建设技术规范包括实施工程建设勘察、设计、规划、施工、安装、检测、验收等技术规程、规范、定额等规范性文件，作为全国建设业共同遵守的准则和依据。

（4）地方性建设法规、自治条例和单行条例

地方性建设法规，指在不与宪法、法律、行政法规相抵触的前提下，由省、自治区、直辖市人民代表大会及其常务委员会根据本行政区域的实际和发展需要制定颁发的规范性文件。目前，各地方都制定了大量的规范建设活动的地方性法规、自治条例和单行条例，如《青岛市建筑市场管理条例》《内蒙古自治区建筑市场管理条例》等。

（5）地方政府建设规章

地方政府建设规章，指由省、自治区、直辖市人民政府或设区的市、自治州的人民政府，根据法律、行政法规和本省、自治区、直辖市的地方性法规，制定的适用于本行政区域的规范性文件。

此外，还有最高人民法院关于建设法律适用的司法解释，如最高人民法院发布的《关于审理建设工程施工合同纠纷案件适用法律问题的解释》《关于建设工程价款优先受偿权问题的批复》等。目前，司法解释在我国并不是法律体系的构成部分，但在解决建设法律关系纠纷时有重要的参考作用。

在建设法规体系中，建设法律的效力最高，建设行政法规、建设部门规章、地方性建设规

章的效力依次递减。法律效力低的建设法规不得与法律效力高的建设法规抵触，抵触部分无效。

建设法规体系是国家法律体系的重要组成部分，同时又自成体系，具有相对独立性。根据法制统一原则，建设法规体系应与宪法和相关基本法律保持一致，建设行政法规、部门规章和地方性法规、规章不得与宪法、法律相抵触。在建设法规体系内部，纵向不同层次的法之间，应当相互衔接，不能抵触；横向同层次的法规之间，应协调配套，不能互相矛盾、重复或者留白。建设法规体系作为法律体系中的一个子系统，还应考虑与法律体系其他子系统之间的衔接。

1.2.3 建设法规的效力层级

法的效力层级，是指法律体系中的各种法的形式，由于制定的主体、程序、时间、适用范围等的不同，具有不同的效力，形成法的效力层级体系。

（1）宪法至上

宪法是由全国人民代表大会依照特别程序制定的具有最高效力的根本法。宪法是集中反映统治阶级的意志和利益，规定国家制度、社会制度的基本原则，具有最高法律效力的根本大法。其主要功能是制约和平衡国家权力，保障公民权利。宪法是我国的根本大法，在我国法律体系中具有最高的法律地位和法律效力，是我国最高的法律形式。

宪法也是建设法规的最高形式，是国家进行建设管理、监督的权力基础。任何法律、法规都必须遵循宪法而产生，无论是维护社会稳定、保障社会秩序，还是规范经济活动，都不能违背宪法的基本准则。

（2）上位法优于下位法

在我国法律体系中，法律的效力是仅次于宪法而高于其他法的形式。行政法规的法律地位和法律效力仅次于宪法和法律，高于地方性法规和部门规章。地方性法规的效力，高于本级和下级地方政府规章。省、自治区人民政府制定的规章的效力，高于本行政区域内的较大市人民政府制定的规章。

自治条例和单行条例依法对法律、行政法规、地方性法规作变通规定的，在本自治地方适用自治条例和单行条例的规定。经济特区法规根据授权对法律、行政法规、地方性法规作变通规定的，在本经济特区适用经济特区法规的规定。部门规章之间、部门规章与地方政府规章之间具有同等效力，在各自的权限范围内施行。

（3）特别法优于一般法

特别法优于一般法，是指公法权力主体在实施公权力行为中，当一般规定与特别规定不一致时，优先适用特别规定。《中华人民共和国立法法》（以下简称《立法法》）规定，同一机关制定的法律、行政法规、地方性法规、自治条例和单行条例、规章，特别规定与一般规定不一致的，适用特别规定。

（4）新法优于旧法

新法、旧法对同一事项有不同规定时，新法的效力优于旧法。《立法法》规定，同一机关制定的法律、行政法规、地方性法规、自治条例和单行条例、规章，新的规定与旧的规定不一致的，适用新的规定。

（5）需要由有关机关裁决适用的特殊情况

法律之间对同一事项的新的一般规定与旧的特别规定不一致，不能确定如何适用时，由全国人民代表大会常务委员会裁决。

行政法规之间对同一事项的新的一般规定与旧的特别规定不一致，不能确定如何适用时，由国务院裁决。

地方性法规、规章之间不一致时，由有关机关依照以下规定的权限作出裁决：

① 同一机关制定的新的一般规定与旧的特别规定不一致时，由制定机关裁决。

② 地方性法规与部门规章之间对同一事项的规定不一致，不能确定如何适用时，由国务院提出意见。国务院认为应当适用地方性法规的，应当决定在该地方适用地方性法规的规定；认为应当适用部门规章的，应当提请全国人民代表大会常务委员会裁决。

③ 部门规章之间、部门规章与地方政府规章之间对同一事项的规定不一致时，由国务院裁决。根据授权制定的法规与法律规定不一致，不能确定如何适用时，由全国人民代表大会常务委员会裁决。

1.2.4 建设法规的立法原则

建设法规立法的基本原则，是指建设立法时所必须遵循的基本准则及要求，现阶段我国建设法规立法时必须遵循的基本原则如下：

(1) 遵循市场经济规律原则

市场经济，是指市场对资源配置起基础性作用的经济体制。社会主义市场经济，是指市场在国家宏观调控下对资源配置起基础性作用的，与社会主义基本制度相结合的经济体制。国家实行社会主义市场经济不仅是宪法的基本原则，也是建设法规的立法原则。

遵循市场经济规律，就是要建立健全以市场为主体的法律体系。在建设法规立法中，建设法规要规定各种建设市场主体的法律地位，对他们在建设活动中的权利和义务作出明确的规定。这些主体包括建设行政主管部门、勘察规划设计单位、建设监理单位、建设施工单位、房地产开发经营部门、土地管理部门、标准化部门、城市市政公用事业单位、环境保护部门、建设材料供应部门及其他从事建设活动的相关人员等。

遵循市场经济规律，要求建设法规的立法要确立建设市场体系的统一性和开放性。建设立法应当确立建设活动的规划与设计市场、建设监理市场、工程承包的招标投标市场、建设资金市场等多元化的建设活动大市场；同时，建设工程管理、房地产管理、市政公用事业管理等建设活动应当能保障建设市场健康、有序、协调、统一地发展。

遵循市场经济规律，要求建设法规的立法要确立以间接手段为主的宏观调控体系。建设法规主要运用行政手段实现对建设行为的调整，这种调整不应当是直接干预性的。建设主体在具体的建设行为中都享有独立性和自主性，国家对其行为实施的调控只能是间接性的。

遵循市场经济规律，要求建设法规立法本身具有完备性。要把建设行为纳入法制轨道，必须要先使建设法规自身完备。只有如此，才能有效地规范建设市场主体行为，维护建设市场活动秩序。

(2) 遵循法制统一原则

所有法律有着内在统一的联系，并在此基础上构成一国法律体系。建设法规体系是我国法律体系中的一个组成部分，组成本体系的每一个法律都必须符合宪法的精神与要求。该法律体系与其他法律体系也不应冲突。建设行政法规和部门规章及地方性建设法规、规章都必须遵循基本法的有关规定，而且地位同等的法律、法规所确立的有关内容之间应相互协调、相互补充。

建设法规系统内部高层次的法律、法规对低层次的法规、规章具有制约性和指导性。地位相等的建设法规和规章在内容上不应相互矛盾。这就是建设法规的立法所必须遵循的法制统一原则。

建设法规的立法坚持法制统一原则，不仅是对立法本身所应提出的规范化、科学化的要求，更主要的是便于实际操作，不致因法律制度自相矛盾而导致建设法规无所适用。

（3）遵循责权利相一致原则

责权利相一致是在建设立法上对建设行为主体的权利、义务或责任提出的一项基本要求，具体表现为两个方面。

① 统一性。建设法规主体享有的权利和履行的义务是统一的。任何一个主体享有建设法规规定的权利，同时必须履行法规所规定的义务。

② 关联性。权利和义务彼此结合。建设行政主管部门行使行政管理权既是其权利，也是其法定责任或义务。

（4）遵循科学技术规律，确保建设工程安全与质量原则

建设工程的安全与质量是整个建设活动的核心，是关系到生命安全、财产安全的重大问题。建设工程的安全是指建设工程对人身的安全和对财产的安全。建设工程质量是指国家规定和合同约定的对建设工程的适用、安全、经济、美观等一系列指标的要求。建设工程的质量与安全管理必须纳入法制化的轨道，建立健全建设技术法规，确保建设活动符合建设技术法规有关安全、质量等各项指标的要求，确保建设工程不会引起人身伤亡和财产损失。

建设法规的立法应大力推动建设领域的科学技术研究，提倡采用先进技术、先进设备、先进工艺、新型建筑材料的现代管理方式，努力提高建设活动的精细度和劳动生产率，鼓励节约能源和环境保护，走可持续发展的建设之路。

（5）遵循民主立法原则

民主立法原则是指行政机关依照法律规定进行建设立法时，应通过各种方式听取各方面的意见，保证民众广泛地参与行政立法。

民主立法原则要求：立法草案应提前公布，以便于广泛征求广大民众对特定行政立法事项的意见，并将听取意见作为立法的必经环节和法定程序；要及时向人民群众公布对立法意见的处理结果；应设置专门的立法咨询机关和咨询程序，对特别重要的行政立法进行专门咨询，并作为必经程序；对违反民主立法原则的立法应视为无效。

1.3 建设工程法律责任

法律责任是指行为人由于违法行为、违约行为或者由于法律规定而应承受的某种不利的法律后果。法律责任是社会责任的一种，但与其他社会责任明显不同，其范围、性质、大小、期限等均在法律上有明确规定。

1.3.1 法律责任的特征和类型

法律责任的特征：①法律责任是因违反法律上的义务（包括违约等）而形成的法律后果，

以法律义务存在为前提；②法律责任即承担不利的后果；③法律责任的认定和追究，由国家专门机关依法定程序进行；④法律责任的实现由国家强制力作保障。

按照违法行为的性质和危害程度，可以将法律责任分为：违宪法律责任、刑事法律责任、民事法律责任、行政法律责任和国家赔偿责任。

1.3.2　建设工程民事责任

民事责任是指民事主体在民事活动中，因实施了民事违法行为，根据民法所应承担的对其不利的民事法律后果或者基于法律特别规定而应承担的民事法律责任。民事责任的实现手段主要是民事救济，通过民事救济手段使受害人被侵犯的权益得以恢复。民事责任主要是财产责任，如《中华人民共和国合同法》（以下简称《合同法》）规定的损害赔偿、支付违约金等，但也不限于财产责任，还有恢复名誉、赔礼道歉等。

《民法典》规定，承担民事责任的方式主要有：①停止侵害；②排除妨碍；③消除危险；④返还财产；⑤恢复原状；⑥修理、重作、更换；⑦继续履行；⑧赔偿损失；⑨支付违约金；⑩消除影响、恢复名誉；⑪赔礼道歉。

以上承担民事责任的方式，可以单独适用，也可以合并适用。

1.3.3　建设工程行政责任

行政责任是指违反有关行政管理的法律法规规定，但尚未构成犯罪的行为，依法应承担的行政法律后果，包括行政处罚和行政处分。

（1）行政处罚

2021年修订的《中华人民共和国行政处罚法》规定："行政处罚的种类：（一）警告、通报批评；（二）罚款、没收违法所得、没收非法财物；（三）暂扣许可证件、降低资质等级、吊销许可证件；（四）限制开展生产经营活动、责令停产停业、责令关闭、限制从业；（五）行政拘留；（六）法律、行政法规规定的其他行政处罚。

在建设工程领域，法律、行政法规所设定的行政处罚主要有：警告、罚款、没收违法所得、责令限期改正、责令停业整顿、取消一定期限内参加依法必须进行招标的项目的投标资格、责令停止施工、降低资质等级、吊销资质证书（同时吊销营业执照）、责令停止执业、吊销执业资格证书或其他许可证等。

（2）行政处分

行政处分是指国家机关、企事业单位对所属的国家工作人员违法失职行为尚不构成犯罪，依据法律法规所规定的权限而给予的一种惩戒。

行政处分种类有：①警告；②记过；③记大过；④降级；⑤撤职；⑥开除。

1.3.4　建设工程刑事责任

刑事责任，是指犯罪主体因违反刑法，实施了犯罪行为所应承担的法律责任。刑事责任是法律责任中最强烈的一种，其承担方式主要是刑罚，也包括一些非刑罚的处罚方法。

《中华人民共和国刑法》（以下简称《刑法》）规定，刑罚分为主刑和附加刑。主刑包括：①管制；②拘役；③有期徒刑；④无期徒刑；⑤死刑。附加刑包括：①罚金；②剥夺政治权利；③没收财产。

在建设工程领域，常见的刑事法律责任如下：

(1) 重大责任事故罪

《刑法》第一百三十四条规定："在生产、作业中违反有关安全管理的规定，因而发生重大伤亡事故或者造成其他严重后果的，处三年以下有期徒刑或者拘役；情节特别恶劣的，处三年以上七年以下有期徒刑。强令他人违章冒险作业，或者明知存在重大事故隐患而不排除，仍冒险组织作业，因而发生重大伤亡事故或者造成其他严重后果的，处五年以下有期徒刑或者拘役；情节特别恶劣的，处五年以上有期徒刑。"

根据《最高人民法院、最高人民检察院关于办理危害矿山生产安全刑事案件具体应用法律若干问题的解释》，具有下列情形之一的，属于重大伤亡事故：①造成死亡一人以上，或者重伤三人以上；②造成直接经济损失一百万元以上；③造成其他严重后果的情形。

(2) 重大劳动安全事故罪

《刑法》第一百三十五条规定："安全生产设施或者安全生产条件不符合国家规定，因而发生重大伤亡事故或者造成其他严重后果的，对直接负责的主管人员和其他直接责任人员，处三年以下有期徒刑或者拘役；情节特别恶劣的，处三年以上七年以下有期徒刑。"

(3) 工程重大安全事故罪

《刑法》第一百三十七条规定："建设单位、设计单位、施工单位、工程监理单位违反国家规定，降低工程质量标准，造成重大安全事故的，对直接责任人员处五年以下有期徒刑或者拘役，并处罚金；后果特别严重的，处五年以上十年以下有期徒刑，并处罚金。"

(4) 串通投标罪

《刑法》第二百二十三条规定：投标人相互串通投标报价，损害招标人或者其他投标人利益，情节严重的，处三年以下有期徒刑或者拘役，并处或者单处罚金。投标人与招标人串通投标，损害国家、集体、公民的合法利益的，依照前款的规定处罚。

 案例

1. 背景：

2021年11月，山东省某建设公司中标了某建设工程，公司安排副经理程某全面负责项目开工前期准备工作，被告人汉某作为该工程的现场施工人员负责现场具体施工。2021年12月20日，被告人程某和汉某在未取得施工许可证的情况下，组织人员开挖沟槽。当日11时许，施工现场发生塌方，导致在沟槽底清理渣土的刘某等四名民工被埋压死亡。

2. 问题：

(1) 程某和汉某违反了哪条常见的刑事法律责任。

(2) 如何防范此类事故的再次发生。

 思考题

1. 列举法律关系三要素及其具体内容。

2. 阐述法的效力层级，并对法律法规之间的冲突提出解决路径。

3. 阐述民事责任、行政责任、刑事责任的主要类型。

4. 对工程重大安全事故罪、重大责任事故罪、重大劳动安全事故罪进行辨析，并举例说明。

 实战题

××市一栋在建住宅楼发生楼体倾覆事故，造成一名工人身亡。经调查分析，事故调查组认定是一起重大责任事故。其直接原因是：紧贴该楼北侧，在短时间内堆土过高，最高处达10m左右；紧邻该楼南侧的地下车库基坑正在开挖，开挖深度4.6m。大楼两侧的压力差使土体产生水平位移，过大的水平力超过了桩基的抗侧能力，导致房屋倾倒。此外，还主要存在六个方面的间接原因：一是土方堆放不当。在未对天然地基进行承载力计算的情况下，开发商随意指定将开挖土方短时间内集中堆放于该楼北侧。二是开挖基坑违反相关规定。土方开挖单位在未经监理方同意、未进行有效监测并不具备相应资质的情况下，没有按照相关技术要求开挖基坑。三是监理不到位。监理方对开发商、施工方的违法违规行为未进行有效处置，对施工现场的事故隐患未及时报告。四是管理不到位。开发商管理混乱，违章指挥，违法指定施工单位，不合理压缩施工工期。五是安全措施不到位。施工方对基坑开挖及土方处置未采取专项防护措施。六是围护桩施工不规范。施工方未严格按照相关要求组织施工，施工速度快于规定的技术标准要求。

事故发生后，该楼所在地的副区长和镇长、副镇长等公职人员，因对辖区内建设工程安全生产工作负有领导责任，分别被给予行政警告、行政记过、行政记大过处分；开发商、总包单位对事故发生负有主要责任，土方开挖单位对事故发生负有直接责任，基坑围护及桩基工程施工单位对事故发生负有一定责任，分别给予了经济罚款，其中对开发商、总包单位均处以法定最高限额罚款50万元，并吊销总包单位的建筑施工企业资质证书及安全生产许可证，待事故善后处理工作完成后吊销开发商的房地产开发企业资质证书；监理单位对事故发生负有重要责任，吊销其工程监理资质证书；工程监测单位对事故发生负有一定责任，予以通报批评处理。监理单位、土方开挖单位的法定代表人等8名责任人员，对事故发生负有相关责任，被处以吊销执业证书、罚款、解除劳动合同等处罚。秦某、张某、夏某、陆某、张某、乔某6人，犯重大责任事故罪，被追究刑事责任，分别被判处有期徒刑3~5年。该楼的21户购房户，有11户业主退房，10户置换，分别获得相应的赔偿费。

问题：

(1) 本案中的民事责任有哪些？

(2) 本案中的行政责任有哪些？

(3) 本案中的刑事责任有哪些？

第 2 章
建设法规基础

 导言

市场经济是法治经济。❶ 在建设工程开展过程中,首先要确定项目参与各方在建设活动中所扮演的角色以及由角色产生的权利义务关系,进而掌握整个交易过程。

民法是调整平等主体之间的财产关系和人身关系的法律规范的总称,进行民事活动,离不开民法的调整。 因此,本章将就民法中建设工程的代理制度、物权制度、债权制度、知识产权制度、担保制度和保险制度内容进行阐述。

 引例

某房地产开发企业甲急欲销售其开发的某住宅区的最后一套别墅,遂打电话向乙、丙、丁发出售房要约,并声明该要约有效期为 1 个月。 要约发出后第 10 日,甲与乙签订买卖合同并交付该别墅,乙支付了全部房款,但未办理产权变更登记。 第 21 日,甲与不知情的丙签订买卖合同并办理了产权变更登记。 第 25 日,甲又与不知情的丁签订了买卖合同。 第 26 日,该别墅被意外焚毁。

请问:
① 若房屋未焚毁,丙是否有权要求乙搬离房屋?
② 乙对房屋的占有是否为善意、自主占有?
③ 乙是否应向丙赔偿因房屋焚毁而造成的损失?

---

❶ 推荐阅读:习近平. 论坚持全面依法治国 [J]. 马克思主义与现实,2021(01):206.

学习目标

本章根据《民法典》及相关法律讲述了代理的含义,在此基础上阐述了转代理的特点和要求,区分了无权代理和表见代理的法律要件,明确了代理中的连带责任。与此同时,本章从建设工程物权、债权、知识产权、担保以及保险制度五个方面进行详细阐述,并对建设用地使用权、地役权、不动产和动产物权的变动要件、工程建设中常见的债的责任承担以及建筑工程一切险、安装工程一切险等保险范围、除外责任等进行了细化分析。

掌握: 代理制度及其相关规定;物权制度及其相关规定;债权制度及其相关规定;知识产权制度及其相关规定;担保制度及其相关规定;保险制度及其相关规定。

2.1 建设工程代理制度

在建设工程活动中,许多民事法律行为都是通过代理实施的。因此,从事建设工程的相关人员应当对有关代理的基本法律知识有必要的认识和了解。

2.1.1 代理的含义和类型

《民法典》第一百六十一条规定:"民事主体可以通过代理人实施民事法律行为。"所谓代理,是指代理人在被授予的代理权限范围内,以被代理人的名义与第三人实施法律行为,而行为后果由该被代理人承担的法律制度。代理涉及三方当事人,即被代理人、代理人和代理关系所涉及的第三人(图2-1)。

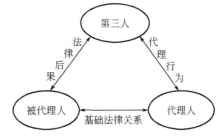

图 2-1 委托代理关系示意图

2.1.1.1 代理的法律特征

(1) 代理人必须在代理权限范围内实施代理行为

代理人实施代理活动的直接依据是代理权。代理人在被赋予代理权的同时,被代理人又对代理权加以限制,即规定了代理权的范围。因此,代理人必须在代理权限范围内与第三人或相对人实施代理行为。

代理人实施代理行为时有独立进行意思表示的权利。代理制度的存在,正是为了弥补一些民事主体没有资格、精力和能力去处理有关事务的缺陷。如果仅是代为传达当事人的意思表示或接受意思表示,而没有任何独立决定意思表示的权利,则不是代理,只能视为传达意思表示的使者。

(2) 代理人一般以被代理人的名义实施代理行为

《民法典》第一百六十二条规定:"代理人在代理权限内,以被代理人名义实施的民事法律行为,对被代理人发生效力。"

代理人如果以自己的名义实施代理行为,则该代理行为产生的法律后果只能由代理人自行承担。那么,这种行为是自己的行为而非代理行为。

(3) 代理行为必须是具有法律意义的行为

代理人为被代理人实施的行为必须能够产生法律上的权利义务关系,产生法律后果。如果是代理人请朋友吃饭、聚会等,不能产生权利义务关系,则不是代理行为。

(4) 代理行为的法律后果归属于被代理人

代理人在代理权限内,以被代理人名义同第三人进行的具有法律意义的行为,在法律上产生与被代理人自己的行为同样的后果。因而,被代理人对代理人的代理行为承担民事责任。

2.1.1.2 代理的主要种类

《民法典》第一百六十三条明确规定:"代理包括委托代理和法定代理。"

(1) 委托代理

委托代理人按照被代理人的委托行使代理权。因委托代理中,被代理人是以意思表示的方法将代理权授予代理人的,故又称"意定代理"或"任意代理"。

委托代理授权采用书面形式的,授权委托书应当载明代理人的姓名或者名称、代理事项、权限和期间,并由被代理人签名或者盖章。数人为同一代理事项的代理人的,应当共同行使代理权,但是当事人另有约定的除外。

代理人知道或者应当知道代理事项违法仍然实施代理行为,或者被代理人知道或者应当知道代理人的代理行为违法未作反对表示的,被代理人和代理人应当承担连带责任。

(2) 法定代理

法定代理人依照法律的规定行使代理权。

《民法典》第二十三条规定:"无民事行为能力人、限制民事行为能力人的监护人是其法定代理人。"

2.1.2 代理行为的设立和终止

工程建设活动专业性极强且内容形式都极为复杂,因此会涉及大量的代理行为,如工程招标代理、材料设备采购代理以及诉讼代理等。

2.1.2.1 代理行为的设立

建设工程活动不同于一般的经济活动,其代理行为不仅要依法实施,有些还要受到法律的限制。

(1) 不得委托代理的建设工程活动

《民法典》第一百六十一条规定:"依照法律规定、当事人约定或者民事法律行为的性质,应当由本人亲自实施的民事法律行为,不得代理。"

建设工程的承包活动不得委托代理。《建筑法》规定,禁止承包单位将其承包的全部建筑工程转包给他人,禁止承包单位将其承包的全部建筑工程肢解以后以分包的名义分别转包给他人。施工总承包的,建筑工程主体结构的施工必须由总承包单位自行完成。

(2) 须取得法定资格方可从事的建设工程代理行为

一般的代理行为可以由自然人、法人担任代理人,对其资格并无法定的严格要求。即使是诉讼代理人，也不要求必须由具有律师资格的人担任。

《中华人民共和国民事诉讼法》（下简称《民事诉讼法》）规定，下列人员可以被委托为诉讼代理人：①律师、基层法律服务工作者；②当事人的近亲属或者工作人员；③当事人所在社区、单位以及有关社会团体推荐的公民。

但是，某些建设工程代理行为必须由具有法定资格的组织方可实施。《中华人民共和国招标投标法》（以下简称《招标投标法》）还规定，从事工程建设项目招标代理业务的招标代理机构，其资格由国务院或者省、自治区、直辖市人民政府的建设行政主管部门认定。

(3) 民事法律行为的委托代理

建设工程代理行为多为民事法律行为的委托代理。在法律、行政法规没有特别规定或者当事人没有约定的情况下，委托代理授权可以采用书面形式、口头形式或者其他形式中的任何一种。其中，书面形式是最主要的一种授权形式，称为授权委托书。但是，法律规定用书面形式的，应当用书面形式。

2.1.2.2 代理行为的终止

《民法典》第一百七十三条规定，有下列情形之一的，委托代理终止：（一）代理期限届满或者代理事务完成；（二）被代理人取消委托或者代理人辞去委托；（三）代理人丧失民事行为能力；（四）代理人或者被代理人死亡；（五）作为代理人或者被代理人的法人、非法人组织终止。

(1) 代理期间届满或代理事项完成

被代理人通常授予代理人某一特定期间内的代理权，或者授予某一项也可能是某几项特定事务的代理权，那么在这一期间届满或者被授权的代理事项全部完成，代理关系即告终止，代理行为也随之终止。

(2) 被代理人取消委托或者代理人辞去委托

委托代理是被代理人基于对代理人的信任而授权其进行代理事务的。如果被代理人由于某种原因失去了对代理人的信任，法律就不应当强制被代理人仍须以其为代理人。反之，如果代理人由于某种原因不愿意再进行代理，法律也不能强制要求代理人继续从事代理。因此，法律规定被代理人有权根据自己的意愿单方取消委托，也允许代理人单方辞去委托，均不必以对方同意为前提，通知到达对方时，代理权即行消灭。

但是，单方取消或辞去委托可能会承担相应的民事责任。《民法典》第九百三十三条规定："委托人或者受托人可以随时解除委托合同。因解除合同造成对方损失的，除不可归责于该当事人的事由外，无偿委托合同的解除方应当赔偿因解除时间不当造成的直接损失，有偿委托合同的解除方应当赔偿对方的直接损失和合同履行后可以获得的利益。"

(3) 作为代理人或者被代理人的法人、非法人组织终止

在建设工程活动中，不管是被代理人还是代理人，任何一方的法人或者非法人组织终止，代理关系均随之终止。因为，对方的主体资格已消灭，代理行为将无法继续，其法律后果亦将无从承担。

《民法典》第一百七十五条规定，有下列情形之一的，法定代理终止：（一）被代理人取得或者恢复完全民事行为能力；（二）代理人丧失民事行为能力；（三）代理人或者被代理人死亡；（四）法律规定的其他情形。

2.1.3 代理的特别规定

建设工程代理法律关系与其他代理关系一样，存在着两个法律关系：一是代理人与被代理人之间的委托关系；二是被代理人与第三人的合同关系（表2-1）。

表2-1 代理法律关系

类别		后果承担
有权代理	法定代理	被代理人承担
	委托代理	
无权代理	表见代理	
	一般代理	被代理人追认：被代理人承担 被代理人未追认：行为人承担

（1）代理效力

《民法典》第一百六十二条规定了代理人与被代理人基本权利和义务。代理人必须取得代理权，并依据代理权限，以被代理人的名义实施民事法律行为。被代理人要对代理人的代理行为承担民事责任。

（2）转代理的规定

《民法典》第一百六十九条规定："代理人需要转委托第三人代理的，应当取得被代理人的同意或者追认。

转委托代理经被代理人同意或者追认的，被代理人可以就代理事务直接指示转委托的第三人，代理人仅就第三人的选任以及对第三人的指示承担责任。转委托代理未经被代理人同意或者追认的，代理人应当对转委托的第三人的行为承担责任。但是，在紧急情况下代理人为了维护被代理人的利益需要转委托第三人代理的除外。"

（3）无权代理

《民法典》第一百七十一条规定："行为人没有代理权、超越代理权或者代理权终止后，仍然实施代理行为，未经被代理人追认的，对被代理人不发生效力。

相对人可以催告被代理人自收到通知之日起三十日内予以追认。被代理人未作表示的，视为拒绝追认。行为人实施的行为被追认前，善意相对人有撤销的权利。撤销应当以通知的方式作出。

行为人实施的行为未被追认的，善意相对人有权请求行为人履行债务或者就其受到的损害请求行为人赔偿。但是，赔偿的范围不得超过被代理人追认时相对人所能获得的利益。

相对人知道或者应当知道行为人无权代理的，相对人和行为人按照各自的过错承担责任。"

无权代理是指行为人不具有代理权，但以他人的名义与第三人进行法律行为。无权代理一般存在三种表现形式：①自始至终未经授权。如果行为人自始至终没有被授予代理权，就以他人的名义进行民事行为，属于无权代理。②超越代理权。代理权限是有范围的，超越了代理权限，依然属于无权代理。③代理权已终止。行为人虽曾得到被代理人的授权，但该代理权已经终止的，行为人如果仍以被代理人的名义进行民事行为，则属无权代理。

（4）表见代理

表见代理是指行为人虽无权代理，但由于行为人的某些行为造成了足以使善意第三人相信其有代理权的表象，而与善意第三人进行的、由本人承担法律后果的代理行为。

《民法典》第一百七十二条规定："行为人没有代理权、超越代理权或者代理权终止后，仍然实施代理行为，相对人有理由相信行为人有代理权的，代理行为有效。"

表见代理除需符合代理的一般条件外，还需具备以下特别构成要件：①须存在足以使相对人相信行为人具有代理权的事实或理由。这是构成表见代理的客观要件。它要求行为人与本人之间应存在某些事实上或法律上的联系，如行为人持有由本人发出的委任状、已加盖公章的空白合同书或者有显示本人向行为人授予代理权的通知函告等证明类文件。②须本人存在过失。其过失表现为本人表达了足以使第三人相信其有授权的意思表示，或者实施了足以使第三人相信其有授权的行为，发生了外表授权的事实。③须相对人为善意且无过失。这是构成表见代理的主观要件。如果相对人明知行为人无代理权而仍与之实施民事行为，则相对人为主观恶意，不构成表见代理。

表见代理对本人产生有权代理的效力，即在相对人与本人之间产生民事法律关系。本人受表见代理人与相对人之间实施的法律行为的约束，享有该行为设定的权利，履行该行为约定的义务。本人不能以无权代理为由进行抗辩。本人在承担表见代理行为所产生的责任后，可以向无权代理人追偿因代理行为而遭受的损失。

（5）代理中的连带责任

连带责任是指两个或者两个以上当事人对基于其合伙、担保、承包等法律关系而产生的共同债务，每个人都负有清偿全部债务的责任，各责任人之间有连带关系。

① 委托书授权不明应承担的法律责任。委托书授权不明的，被代理人应当向第三人承担民事责任，代理人负连带责任。

② 损害被代理人利益应承担的法律责任。代理人不履行职责而给被代理人造成损害的，应当承担民事责任。代理人和第三人串通，损害被代理人的利益的，由代理人和第三人负连带责任。

③ 第三人故意行为应承担的法律责任。第三人知道行为人没有代理权、超越代理权或者代理权已终止还与行为人实施民事行为给他人造成损害的，由第三人和行为人负连带责任。

④ 违法代理行为应承担的法律责任。代理人知道被委托代理的事项违法仍然进行代理活动的，或者被代理人知道代理人的代理行为违法不表示反对的，被代理人和代理人负连带责任。

 随堂小练

（1）张某原是甲建筑公司采购员，辞职后与王某合办了一家建筑设备租赁公司。张某现在以甲公司的名义与其长期负责的大客户乙公司签订3000t钢材购销合同，乙公司对张某辞职并不知情。对该合同承担付款义务的是（　　）。

A. 甲建筑公司　　　　　　　　B. 建筑设备租赁公司

C. 张某　　　　　　　　　　　D. 张某、王某与建筑设备租赁公司

（2）案例分析

吴某是甲公司员工，持有甲公司授权委托书。吴某与温某签订了借款合同，该合同由温某签字、吴某用甲公司合同专用章盖章。后温某要求甲公司还款。

下列哪些情形有助于甲公司否定吴某的行为构成表见代理？

① 如果温某未向甲公司核实，即将借款借给吴某，吴某是否构成表见代理？

② 温某明知授权委托书载明甲公司仅授权吴某参加投标活动，未表示反对，能否要求甲公司还款？

2.2 建设工程物权制度

《中华人民共和国民法典》（物权编）是规范财产关系的民事基本法律，起到保护公有和私有财产，维护社会主义市场经济秩序，明确物的归属，发挥物的效用，保护权利人的物权，实现定分止争的立法目的。

2.2.1 物权的含义及类型

物权，是指权利人依法对特定的物享有直接支配和排他的权利。它是一项基本民事权利，也是大多数经济活动的基础和目的。建设单位对建设工程项目的权利来自物权中最基本的权利——所有权。

所有民事主体都能够成为物权权利人，包括自然人、法人和其他组织。物权的客体一般是物，包括不动产和动产。法律规定权利作为物权客体的，依照其规定。

不动产，是指土地以及房屋、建筑、林木等地上定着物。动产是指不动产以外的物。

2.2.1.1 物权的法律特征

物权主要特征有：支配权、绝对权、财产权和排他性权利。

（1）物权是支配权

物权是权利人直接支配物的权利，即物权人可以依自己的意志就标的物直接行使权利，无须他人的意思表示或义务人的行为介入。

（2）物权是绝对权

物权的权利人可以对抗一切不特定的人。物权的权利人是特定的，义务人是不特定的，且义务内容是不作为，即只要不妨碍物权人行使权利就是履行义务。

（3）物权是财产权

物权是一种具有物质内容的、直接体现为财产利益的权利。财产利益体现为对物的利用、物的归属和就物的价值设立的担保。

（4）物权具有排他性

物权人有权排除他人对于其行使物权的干涉，而且同一物上不许有内容不相容的物权并存，即"一物一权"。

2.2.1.2 物权的类型

物权包括所有权、用益物权和担保物权（表2-2）。

表 2-2 物权的类型

物权	所有权		占有、使用、收益、处分	
	用益物权		土地承包经营权、建设用地使用权、居住权、宅基地使用权、地役权	
	担保物权	抵押权	不转移占有	约定（需对方同意）
		质权	转移占有	欠A扣B	约定（需对方同意）
		留置权	转移占有	欠A扣A	法定（不需对方同意）

（1）所有权

《民法典》第二百四十条规定："所有权人对自己的不动产或者动产，依法享有占有、使用、收益和处分的权利。"它是一种财产权，又称财产所有权。所有权是物权中最重要且最完全的一种权利。当然，所有权在法律上也受到一定限制。

《民法典》第二百四十三条规定："为了公共利益的需要，依照法律规定的权限和程序可以征收集体所有的土地和组织、个人的房屋以及其他不动产。"征收集体所有的土地，应当依法及时足额支付土地补偿费、安置补助费以及农村村民住宅、其他地上附着物和青苗等的补偿费用，并安排被征地农民的社会保障费用，保障被征地农民的生活，维护被征地农民的合法权益。征收组织、个人的房屋以及其他不动产，应当依法给予征收补偿，维护被征收人的合法权益；征收个人住宅的，还应当保障被征收人的居住条件。任何组织或者个人不得贪污、挪用、私分、截留、拖欠征收补偿费等费用。

（2）用益物权

《民法典》第三百二十三条规定："用益物权人对他人所有的不动产或者动产，依法享有占有、使用和收益的权利。"用益物权由所有权派生，是受限制的物权，但用益物权一经成立，便具有了独立于所有权而存在的特征。

国家所有或者国家所有由集体使用以及法律规定属于集体所有的自然资源，单位、个人依法可以占有、使用和收益。此时，单位或者个人就成为用益物权人。因不动产或者动产被征收、征用，致使用益物权消灭或者影响用益物权行使的，用益物权人有权获得相应补偿。

（3）担保物权

担保物权是权利人在债务人不履行到期债务或者发生当事人约定的实现担保物权的情形时，依法享有的就担保财产优先受偿的权利，主要包括抵押权、质权、留置权。

债权人在借贷、买卖等民事活动中，为保障实现其债权，需要担保的，可以依照《民法典》和其他法律的规定设立担保物权。

2.2.2 与土地相关的物权

建设工程与土地有着千丝万缕的联系，二者的完美结合才铸就了一项项伟大的工程奇迹。因此，在建设活动中与土地有关的物权也显得尤为重要。

2.2.2.1 土地所有权

土地所有权是国家或农民集体依法对归其所有的土地所享有的占有、使用、收益和处分的权利。我国实行土地的社会主义公有制，即全民所有制和劳动群众集体所有制（图 2-2）。

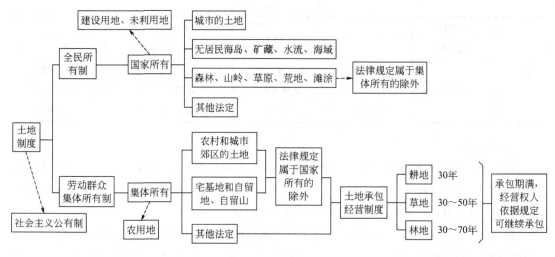

图 2-2 土地所有权

全民所有即国家所有土地的所有权由国务院代表国家行使。农民集体所有的土地由本集体经济组织的成员承包经营，分别用来从事种植业、林业、畜牧业和渔业等的生产活动。耕地承包经营期限为 30 年。发包方和承包方应当据此订立承包合同，约定双方的权利和义务。承包经营土地的农民有保护和按照承包合同约定的用途合理利用土地的义务。农民的土地承包经营权受法律保护。在土地承包经营期限内，对个别承包经营者之间承包的土地进行适当调整的，必须经村民会议三分之二以上成员或者三分之二以上村民代表的同意，并报乡（镇）人民政府和县级人民政府农业行政主管部门批准。

国家实行土地用途管制制度。在国家编制的土地利用总体规划中，按照土地的用途，将土地分为农用地、建设用地和未利用地。严格限制农用地转为建设用地，控制建设用地总量，对耕地实行特殊保护。

（1）我国土地所有权的法律特征

① 土地所有权是一项专有权，其权利主体具有特定性。土地所有权的权利主体只能是国家或农民集体，其他任何单位或个人都不享有土地所有权。这是由我国实行土地的社会主义公有制决定的。

② 交易的限制性。任何单位和个人不得侵占、买卖或者以其他形式非法转让土地。显然，土地所有权的买卖、赠与、互易和以土地所有权作为投资，均属非法，在民法上均应视作无效。

③ 权属的稳定性。由于主体的特定性和交易的限制性，我国的土地所有权处于高度稳定的状态。除国家为公共利益的需要，可以依法对集体的土地实行征用以外，土地所有权的归属状态不能改变。

④ 权能的分离性。土地所有权包括对土地的占有、使用、收益和处分的权利，是一种最全面、最充分的物权。在土地所有权高度稳定的情况下，为实现土地资源的有效利用，法律需要将土地使用权从土地所有权中分离出来，使之成为一种相对独立的物权形态且能够交易。因此，《民法典》中关于土地所有权的观念已由近代物权法中的"以所有为中心"转化为"以利用为中心"。

⑤ 土地所有权的排他性。即土地所有权的垄断性，就是说一块土地只能有一个所有者，不能同时有多个所有者。马克思指出："土地所有权的前提是，一些人垄断一定量的土地，把它作为排斥其他一切人的、只服从自己个人意志的领域。"

⑥ 土地所有权的追及力。土地被他人非法占有时，无论转入何人或何单位控制，土地所有权人都能向其主张权利。

(2) 土地所有权的分类

集体土地所有权的主体，即享有土地所有权的集体组织，有以下 3 类：

① 村农民集体，村集体经济组织或者村民委员会对土地进行经营、管理；

② 如果村范围内的土地已经分别属于村内两个以上农村集体经济组织的农民集体所有的，由村内各农村集体经济组织或者村民小组经营、管理；

③ 土地已经属于乡（镇）农民集体所有的，由乡（镇）农村集体经济组织经营、管理。

2.2.2.2 建设用地使用权

(1) 建设用地使用权的概念

建设用地使用权是因建造建筑物、构筑物及其附属设施而使用国家所有的土地的权利。建设用地使用权只能存在于国家所有的土地上，不包括集体所有的农村土地。《民法典》第三百四十四条规定："建设用地使用权人依法对国家所有的土地享有占有、使用和收益的权利，有权利用该土地建造建筑物、构筑物及其附属设施。"

(2) 建设用地使用权的设立

建设用地使用权可以在土地的地表、地上或者地下分别设立。新设立的建设用地使用权，不得损害已设立的用益物权。

设立建设用地使用权，可以采取出让或者划拨等方式。工业、商业、旅游、娱乐和商品住宅等经营性用地以及同一土地有两个以上意向用地者的，应当采取招标、拍卖等公开竞价的方式出让。严格限制以划拨方式设立建设用地使用权。通过招标、拍卖、协议等出让方式设立建设用地使用权的，当事人应当采用书面形式订立建设用地使用权出让合同。

设立建设用地使用权的，应当向登记机构申请建设用地使用权登记。建设用地使用权自登记时设立。登记机构应当向建设用地使用权人发放建设用地使用权证书。建设用地使用权人应当合理利用土地，不得改变土地用途；需要改变土地用途的，应当依法经有关行政主管部门批准。

(3) 建设用地使用权的流转、续期和消灭

《民法典》第三百五十三条规定："建设用地使用权人有权将建设用地使用权转让、互换、出资、赠与或者抵押，但法律另有规定的除外。"

建设用地使用权人将建设用地使用权转让、互换、出资、赠与或者抵押，应当符合以下规定：

① 当事人应当采取书面形式订立相应的合同。使用期限由当事人约定，但不得超过建设用地使用权的剩余期限。

② 应当向登记机构申请变更登记。

③ 附着于该土地上的建筑物、构筑物及其附属设施一并处分。建筑物、构筑物及其附属设施转让、互换、出资或者赠与的，该建筑物、构筑物及其附属设施占用范围内的建设用地使

用权一并处分。

住宅建设用地使用权期间届满的,自动续期。非住宅建设用地使用权期间届满后的续期,依照法律规定办理。该土地上的房屋及其他不动产的归属,有约定的,按照约定;没有约定或者约定不明确的,依照法律、行政法规的规定办理。

建设用地使用权期间届满前,因公共利益需要提前收回该土地的,应当依照相关法律规定对该土地上的房屋及其他不动产给予补偿,并退还相应的出让金。

建设用地使用权消灭的,出让人应当及时办理注销登记。登记机构应当收回权属证书。

2.2.2.3 地役权

(1) 地役权的概念

地役权,是指为使用自己不动产的便利或提高其效益而按照合同约定利用他人不动产的权利。他人的不动产为供役地,自己的不动产为需役地。从性质上说,地役权是按照当事人的约定设立的用益物权。

(2) 地役权的性质

① 地役权是存在于他人不动产之上的物权;

② 地役权是以他人不动产为自己的不动产提供便利的权利;

③ 地役权具有从属性;

④ 地役权具有不可分性。

(3) 地役权的设立

设立地役权,当事人应当采取书面形式订立地役权合同。地役权自地役权合同生效时设立。当事人要求登记的,可以向登记机构申请地役权登记;未经登记不得对抗善意第三人。地役权合同一般包括下列条款:①当事人的姓名或者名称和住所;②供役地和需役地的位置;③利用目的和方法;④地役权期限;⑤费用及其支付方式;⑥解决争议的方法。

土地上已设立土地承包经营权、建设用地使用权、宅基地使用权等权利的,未经用益物权人同意,土地所有权人不得设立地役权。地役权的期限由当事人约定,但不得超过土地承包经营权、建设用地使用权等用益物权的剩余期限。

(4) 地役权的变动

地役权不得单独转让。土地承包经营权、建设用地使用权等转让的,地役权一并转让,但合同另有规定的除外。地役权不得单独抵押。土地承包经营权、建设用地使用权等抵押的,在实现抵押权时,地役权一并转让。

需役地以及需役地上的土地承包经营权、建设用地使用权、宅基地使用权部分转让时,转让部分涉及地役权的,受让人同时享有地役权。供役地以及供役地上的土地承包经营权、建设用地使用权、宅基地使用权部分转让时,转让部分涉及地役权的,地役权对受让人具有约束力。

2.2.3 物权的变动

物权的设立、变更、转让、消灭构成了物权变动。物权变动,就物权本身而言是指物权的发生、变更、消灭的动态变化过程,就如同人的生老病死一样。从权利人的角度看,是指物权的取得、设立、内容变更及丧失。

《民法典》第一百一十五条规定："物包括不动产和动产。法律规定权利作为物权客体的，依照其规定。"

《民法典》第二百零八条规定："不动产物权的设立、变更、转让和消灭，应当依照法律规定登记。动产物权的设立和转让，应当依照法律规定交付。"物权变动见图2-3。

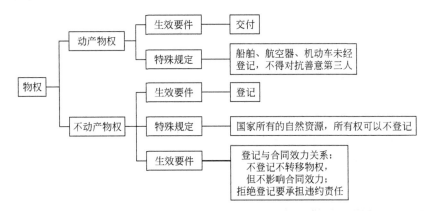

图2-3　物权变动

2.2.3.1　不动产物权的设立、变更、转让、消灭

《民法典》第二百零九条规定："不动产物权的设立、变更、转让和消灭，经依法登记，发生效力；未经登记，不发生效力，但是法律另有规定的除外。依法属于国家所有的自然资源，所有权可以不登记。"

不动产登记，由不动产所在地的登记机构办理。国家对不动产实行统一登记制度。统一登记的范围、登记机构和登记办法，由法律、行政法规规定。

物权变动的基础往往是合同关系，如买卖合同导致物权的转让。需要注意的是，当事人之间订立有关设立、变更、转让和消灭不动产物权的合同，除法律另有规定或者合同另有约定外，自合同成立时生效；未办理物权登记的，不影响合同效力。

2.2.3.2　动产物权的设立和转让

动产物权以占有和交付为公示手段。动产物权的设立和转让，应当依照法律规定交付。《民法典》第二百二十四条规定："动产物权的设立和转让，自交付时发生效力，但是法律另有规定的除外。"《民法典》第二百二十五条规定："船舶、航空器和机动车等的物权的设立、变更、转让和消灭，未经登记，不得对抗善意第三人。"

物权的保护，是指通过法律规定的方法和程序保障物权人在法律许可的范围内对其财产行使占有、使用、收益、处分权利的制度。物权受到侵害的，权利人可以通过和解、调解、仲裁、诉讼等途径解决。

因物权的归属、内容发生争议的，利害关系人可以请求确认权利。无权占有不动产或者动产的，权利人可以请求返还原物。妨害物权或者可能妨害物权的，权利人可以请求排除妨害或者消除危险。造成不动产或者动产毁损的，权利人可以请求修理、重作、更换或者恢复原状。侵害物权，造成权利人损害的，权利人可以请求损害赔偿，也可以请求承担其他民事责任。对于物权保护方式，可以单独适用，也可以根据权利被侵害的情形合并适用。

侵害物权，除承担民事责任外，违反行政管理规定的，依法承担行政责任；构成犯罪的，依法追究刑事责任。

 随堂小练

2020年11月21日，甲公司与相邻土地的建设用地使用权人乙公司签订书面合同，约定："甲在乙的土地上修筑一条机动车道，以利于出行方便；使用期限为30年；甲每年向乙支付8万元费用。"11月25日，甲向乙支付第一笔费用，12月25日该车道修筑完成并通车，12月30日双方向有关主管部门办理了权利登记。

思考：

① 该权利属于何种物权？该物权什么时间设立？

② 该权利自何日起可以对抗善意第三人？

③ 后来，甲将其土地转让给丙，乙能否拒绝丙在自己地块上继续通行？

2.3 建设工程债权制度

在建设工程活动中，经常会遇到一些债权债务的问题。因此，学习有关债权的基本法律知识，有助于在实践中预防和规避债务风险。

2.3.1 债的含义

现代民法上债的概念源自罗马法。罗马法上的债，既指债权、债务，也指债权债务关系，有时并称之为"法锁"。罗马法学家盖尤斯法学著作《法学阶梯》称："债是依国法使他人为一定给付的法锁。"

债是特定当事人之间的法律关系。债权人只能向特定的人主张自己的权利，债务人也只需向享有该项权利的特定人履行义务，即债具有相对性。

（1）债的内容

债的内容，是指债的主体双方间的权利与义务，即债权人享有的权利和债务人负担的义务，即债权与债务。债权为请求特定人为特定行为的权利。

债权与物权不同，物权是绝对权，而债权是相对权。债权相对性理论的内涵，可以归纳为以下三个方面：①债权主体的相对性；②债权内容的相对性；③债权责任的相对性。债务是根据当事人的约定或者法律规定，债务人所负担的应为特定行为的义务。

（2）债的特征

① 债的主体具有特定性。无论是债权人，还是债务人都是特定的。

② 债的客体具有广泛性。债的客体可以是物、行为或者智力成果。

③ 债的内容是债权和债务。债权人享有请求债务人为或不为一定行为的权利，债务人负有满足债权人请求的义务。

④ 债是按照合同的约定或者法律规定而发生的。

2.3.2 债的发生依据

建设工程债的产生,是指特定当事人之间债权债务关系的产生。引起债产生的一定法律事实,就是债产生的根据。债权是因合同、侵权行为、无因管理、不当得利以及法律的其他规定,权利人请求特定义务人为或者不为一定行为的权利。

(1) 合同之债

合同是平等主体的自然人、法人和其他组织之间设立、变更、终止民事权利义务关系的协议。合同依法成立后,即在当事人之间产生债权债务关系。合同引起债的关系,是债发生的最主要、最普遍的依据。合同产生的债称为合同之债。

建设工程债的产生,最主要的依据也是合同。施工合同的订立,会在施工单位与建设单位之间产生债;材料设备买卖合同的订立,会在施工单位与材料设备供应商之间产生债的关系。

(2) 侵权之债

侵权,是指侵害他人民事权利的行为,即公民或法人没有法律依据而侵害他人的财产权利或人身权利。侵权行为一经发生,即在侵权行为人和被侵权人之间形成债的关系。侵权行为产生的债被称为侵权之债。在建设工程活动中,也常会产生侵权之债。如施工现场的施工噪声,有可能产生侵权之债。

建筑物、构筑物或者其他设施及其搁置物、悬挂物发生脱落、坠落造成他人损害,所有人、管理人或者使用人不能证明自己没有过错的,应当承担侵权责任。所有人、管理人或者使用人赔偿后,有其他责任人的,有权向其他责任人追偿。

建筑物、构筑物或者其他设施倒塌造成他人损害的,由建设单位与施工单位承担连带责任。建设单位、施工单位赔偿后,有其他责任人的,有权向其他责任人追偿。因其他责任人的原因,建筑物、构筑物或者其他设施倒塌造成他人损害的,由其他责任人承担侵权责任。从建筑物中抛掷物品或者从建筑物上坠落的物品造成他人损害,难以确定具体侵权人的,除能够证明自己不是侵权人的外,由有可能加害的建筑物使用人给予补偿。

(3) 无因管理之债

无因管理,是指没有法定的或者约定的义务,为避免他人利益受损失进行管理的行为。因无因管理产生的债称为无因管理之债。

无因管理之债并不是基于当事人的意愿设定的,而是根据法律的规定,为法定之债。无因管理在管理人员或服务人员与受益人之间形成了债的关系。

(4) 不当得利之债

不当得利,是指没有法律上或者合同上的依据,有损于他人利益而自身取得利益的行为。不当得利造成他人利益的损害,因而在得利者与受害者之间形成债的关系。得利者应当将所得的不当利益返还给受损失的人。不当得利产生的债称为不当得利之债。

不当得利之债既不同于合同之债,也不同于无因管理之债。不当得利不是当事人双方间的合意,并非当事人追求的法律目的,也不以当事人的意志为转移,而是法律为纠正不当得利的现象而直接赋予当事人的权利义务。

随堂小练

甲建筑设备生产企业将乙施工单位订购的价值10万元的某设备错发给了丙施工单位，几天后，甲索回该设备并交付给乙，乙因丙曾使用过该设备造成部分磨损而要求甲减少价款1万元。

问题：

① 甲将设备错发给丙，甲和丙之间构成何种债的关系，为什么？

② 甲向乙少收1万元货款属于何种债的关系，为什么？

③ 丙擅自使用该设备对谁应承担侵权之债？

2.3.3 债的终止

债的终止，即债的消灭，是指民事主体之间债权债务关系因为一定的法律事实而不再存在的情况。

(1) 债的终止的情形

① 债的清偿。清偿，亦即履行，是指债务人按照法律的规定或者合同的约定向债权人履行义务。债务人向债权人为特定行为，从债务人方面说，为给付；从债权人方面说，为履行；从债的消灭上说，为清偿。债务人清偿了债务，债权人的权利实现，债的目的达到，债当然也就消灭。因此，清偿为债的消灭的最正常、最常见的原因。

② 债的解除。即合同有效成立后，因一方当事人的意思表示或双方的协议而导致债的消灭。双方协议终止债的，债即因双方的协议而消灭。但当事人终止债的协议，不得违反法律的强行规定或禁止性规定。

③ 抵销。抵销是指当事人双方相互负有相同种类的给付，将两项债务相互冲抵，使其相互在对等额内消灭。抵销债务，也就是抵销债权。

④ 提存。这是指债务人在债务履行期届满时，将无法给付的标的物交给提存机关，以消灭债务的行为。

⑤ 债务免除。这是指债权人抛弃债权，而使债务人的债务消灭的单方的民事法律行为。因免除成立后，债务人自不再负担被免除的债务，债权人的债权也就不再存在，债即消灭，因此免除债务也为债的消灭原因。

⑥ 混同。即债权与债务同归于一个民事主体，而使债的关系消灭的法律事实。

⑦ 债务更新。这是指当事人双方成立新债务而使旧债务消灭的法律行为。

(2) 债的终止的效力

① 债的关系不再存在，债权债务关系终止。

② 从权利和从义务一并消灭。债的关系消灭的，依附于主债权债务的从属债权、债务，如担保、违约金等一并消灭。

③ 负债字据应当返还。负债字据是债权债务存在的证明，债的关系消灭的，债权人应当将债务人的负债字据返还债务人，因故不能返还的，应向债务人出具债务已经消灭的字据。

④ 在债的当事人之间产生后契约义务。后契约义务是在债的关系消灭后，依诚实信用原则在原债的当事人之间产生的通知、协助、保密等义务。违反后契约义务给对方造成损害的，

应负相应的法律责任。

2.4 建设工程知识产权制度

知识产权是智慧的结晶，是创新的源泉。知识产权法律制度的制定与完善引领着我国建筑业突飞猛进，取得一项又一项的技术进步，与此同时，相关权利人的利益也得到了相应的保护。国家扶持建筑业的发展，支持建筑科学技术研究，提高房屋建筑技术水平，鼓励节约能源和保护环境，提倡采用先进技术、先进设备、先进工艺、新型建筑材料和现代管理方式。

2.4.1 知识产权概述

知识产权是权利人对其创造的智力成果依法享有权利。

《民法典》第一百二十三条规定："民事主体依法享有知识产权。知识产权是权利人依法就下列客体享有的专有的权利：（一）作品；（二）发明、实用新型、外观设计；（三）商标；（四）地理、标志；（五）商业秘密；（六）集成电路布图设计；（七）植物新品种；（八）法律规定的其他客体。"

（1）知识产权的含义

知识产权可以分为两大类：一类是著作权，包括邻接权；另一类是工业产权，主要包括专利权和商标权。世界各国对工业产权范围的理解有所不同，我国的知识产权包括著作权（版权）、专利权、商标专用权、发现权、发明权以及其他科技成果权，其中，前三类权利构成了我国知识产权的主体，在建设工程活动中也具有举足轻重的地位。

（2）知识产权的法律特征

知识产权作为一种无形财产权，对其进行法律保护不同于有形财产，从而也就具有了不同于有形财产的法律特征。

① 财产权和人身权的双重属性。在《民法典》对民事权利的分类中，其他的民事权利都只有财产权和人身权的单一属性，只有知识产权具有财产权和人身权的双重属性。

② 专有性。知识产权同其他财产所有权一样，具有绝对的排他性。权利人对智力成果享有专有权，其他人若要利用这一成果必须经权利人同意，否则构成侵权。

③ 地域性。知识产权在空间上的效力并不是无限的，而要受地域的限制，其效力只及于确认和保护知识产权的异国法律所能及的地域内。对于有形财产则不存在这一问题，无论财产转移到哪个国家，都不会发生财产所有人自动丧失所有权的情形。

④ 期限性。知识产权仅在法律规定的期限内受法律的保护，一旦超过法定界限，这一权利就自行消灭。该智力成果就成为整个社会的共同财富，为全人类共同所有，有形财产权没有时间限制，只要财产存在，权利就会必然存在。

2.4.2 建设工程知识产权的常见种类

在建设工程中常见的知识产权主要是专利权、商标权、著作权，计算机软件也是工程建设中经常使用的，计算机软件属于著作权保护的客体。

2.4.2.1 专利权

(1) 专利权的概念

专利权是指权利人在法律规定的期限内，对其发明创造所享有的制造、使用和销售的专有权，国家授予权利人对其发明创造享有专有权，能保护权利人的利益，使其公开其发明创造的技术内容，有利于发明创造的应用。在建设工程活动中，不断有新技术产生，有许多新技术是取得了专利权的。

(2) 专利法保护的对象

专利法保护的对象就是专利权的客体，各国规定各不相同，《中华人民共和国专利法》(以下简称《专利法》)保护的是发明创造，并规定发明创造是指发明、实用新型和外观设计。

① 发明。《专利法》规定，发明是指产品、方法或者其改进所提出的新的技术方案。

专利法保护的主要对象，应具备以下条件：a. 必须是一种能够解决特定技术问题做出的创造性构思；b. 必须是具体的技术方案；c. 必须是利用自然规律的结果。

② 实用新型。实用新型是指对产品的形状、构成或者其结合所提出的适用于实用的新的技术方案。它与发明相似，都是一种新的技术方案，但发明专利的创造性水平要高于实用新型。因此，实用新型被称为"小发明"。

我国实用新型保护的客体必须具有一定的形状或者结构，或者两者的结合。如果是方法，不能获得实用新型专利。即使是产品，如果没有固定的形式或者是材料本身，也不能成为实用新型的客体。

③ 外观设计。外观设计是指对产品的形状、图案或者其结合以及色彩与形状、图案的结合所做出的富有美感并适于工业应用的新设计。

外观设计必须具备以下条件：a. 是形状、图案、色彩或者其结合的设计；b. 是对产品的外表所做的设计；c. 具有美感；d. 是适合于工业上应用的新设计。

(3) 授予专利权的条件

① 授予发明和实用新型专利权的条件。授予专利权的发明和实用新型，应当具备新颖性、创造性和实用性。

a. 新颖性。新颖性是指该发明或者实用新型不属于现有技术，也没有任何单位或者个人就同样的发明或者实用新型在申请日以前向国务院专利行政主管部门提出过申请，并记载在申请日以后公布的专利申请文件或者公告的专利文件中。

但是，申请专利的发明创造在申请日前 6 个月内，有下列情形之一的，不丧失新颖性：在中国政府主办或者承认的国际展览会上首次展出的；在规定的学术会议或者技术会议上首次发表的；他人未经申请人同意而泄露其内容的。

b. 创造性。创造性是指与现有技术相比，该发明或该实用新型具有突出的实质性特点和显著的进步。所谓现有技术，是指申请日以前在国内外为公众所知的技术。

c. 实用性。实用性是指该发明或者实用新型能够制造或者使用，并且能够产生积极效果。取得专利权的发明或者实用新型必须是能够应用于生产领域的，而不能是纯理论的，需要注意的是，实用性并不要求发明或者实用新型已经产生积极效果，而是要求将来有产生积极效果的可能性。

② 授予外观设计专利权的条件。授予外观设计专利权的，应当同申请日以前在国内外出

版物上公开发表过或者国内公开使用过的外观设计不相同和不相近似,并不得与他人在先取得的合法权利相冲突。除了新颖性外,外观设计还应当具备富有美感和适于工业应用两个条件。

(4) 专利权人的权利和专利权的期限、终止、无效

① 专利权人的权利。发明和实用新型专利权被授予后,除《专利法》另有规定的以外,任何单位或者个人未经专利权人许可,都不得实施其专利,即不得为生产经营目的制造、使用、许诺销售、销售、进口其专利产品,或者使用其专利方法以及使用、许诺销售、销售、进口其专利产品,或者使用其专利方法以及使用、许诺销售、销售、进口依照该专利方法直接获得的产品。

外观设计专利权被授予后,任何单位或者个人未经专利权人许可,都不得实施其专利,即不得为生产经营目的制造、销售、进口其外观设计专利产品。

② 专利权的期限。发明专利权的期限为20年,实用新型专利权的期限为10年,外观设计专利权的期限为15年,均自申请日起计算。

《民法典》第八百六十五条是关于专利实施许可合同有效期限的规定。专利权与生活中常见的其他财产权有所不同,专利权是一种无形财产权,不存在因客体消失而权利自然终止的问题。再加上专利的本质是以公开化保护,让专利权人在一段时间内获得收益,以促进社会技术的发展,但是如果无限期保护专利权人的利益,不仅会阻碍社会科技的发展,还会侵犯公众的利益,因此法律将专利权作为一种有期限的权利进行保护。

③ 专利权的终止和无效。在专利被宣告无效或者专利期限届满的情况下,专利权作为一项无形财产权,被法律拟制地消灭。由于专利实施许可合同的标的就是专利权,在专利权消灭的情况下,专利实施许可合同已经没有继续履行的可能性,因此法律做出禁止性规定,也就是专利权有效期限届满或者专利权被宣告无效的,专利权人不得就该专利与他人订立专利实施许可合同。

综上所述,专利权人在订立专利实施许可合同时需要注意以下两点:

第一,专利实施许可合同仅在该专利权的存续期限内有效。

第二,专利权有效期限届满或者专利权被宣告无效的,专利权人不得就该专利与他人订立专利实施许可合同。存续期限届满或者专利权被宣告无效,专利权人的专利权消灭,专利权人就不能再许可他人使用该专利。

(5) 专利的申请和审批

① 申请专利应当提交的文件。申请发明或者实用新型专利的,应当提交请求书、说明书及其摘要和权利要求书等文件。

a. 请求书。请求书应当写明发明或者实用新型的名称,发明人或者设计人的姓名,申请人姓名或者名称、地址以及其他事项。

b. 说明书及其摘要。说明书应当对发明或者实用新型做出清楚、完整的说明,以所属技术领域的技术人员能够实现为准;必要的时候,应当有附属图。摘要应当简要说明发明或者实用新型的技术要点。

c. 权利要求书。权利要求书应当以说明书为依据,说明要求专利保护的范围。

② 专利申请日。国务院专利行政主管部门收到专利申请文件之日为申请日。如果申请文件是邮寄的,以寄出的邮戳日为申请日。

③ 专利审批制度。

a. 初步审查和公布申请。初步审查是指审查专利申请是否具备《专利法》规定的文件和其他必要的文件，以及这些文件是否符合规定的格式。国务院专利行政主管部门收到发明专利申请后，经初步审查认为符合《专利法》要求的，自申请日起满 18 个月，即行公布。国务院专利行政主管部门可以根据申请人的请求早日公布其申请。

b. 实质审查。发明专利申请自申请日起 3 年内，国务院专利行政主管部门可以根据申请人随时提出的请求，对其申请进行实质审查；申请人无正当理由逾期不请求实质审查的，该申请即被视为撤回。国务院专利行政主管部门认为必要的时候，可以自行对发明专利申请进行实质审查。

c. 专利权的授予。发明专利申请经实质审查没有发现驳回理由的，由国务院专利行政主管部门做出授予发明专利权的决定，发给发明专利证书，同时予以登记和公告。发明专利权自公告之日起生效。实用新型和外观设计专利申请经初步审查没有发现驳回理由的，由国务院专利行政主管部门做出授予实用新型专利权或者外观设计专利权的决定，发给相应的专利证书，同时予以登记和公告。实用新型专利权和外观设计专利权自公告之日起生效。

 随堂小练

某施工企业准备将一项发明创造申请专利，导致该发明创造新颖性丧失的情形是（   ）。
A. 申请日前 5 个月被他人泄密的
B. 申请日前 3 个月在学术论文中发表的
C. 申请日当日在规定的技术会议上首次发表的
D. 申请日前 3 个月在中国政府承认的国际展览会首次展出的

2.4.2.2 商标权

商标是指企业、事业单位和个体工商业者，为了使其生产经营的商品或者提供的服务项目有别于他人的商品或者服务项目，用具有显著特征的文字、图形、字母、数字、三维标志、颜色和声音等组合，以及上述要素的组合来表示的标志。商标可以分为商品商标和服务商标两大类。

商标专用权是指企业、事业单位和个体工商业者对其注册的商标依法享有的专用权。由于商标有表示质量和信誉的作用，他人使用商标所有人的商标，有可能对商标所有人的信誉造成损害，必须严格禁止。

《中华人民共和国商标法》（以下简称《商标法》）规定，自然人、法人或者其他组织在生产经营活动中，对其商品或者服务需要取得商标专用权的，应当向商标局申请商标注册。

（1）商标专用权的内容以及保护对象

商标专用权是指商标所有人对注册商标所享有的具体权利。同其他知识产权不同，商标专用权的内容只包括财产权，商标设计者的人身权受《中华人民共和国著作权法》以下简称《著作权法》保护。

商标专用权包括使用权和禁止权两个方面。使用权是商标注册人对其注册商标充分支配和完全使用的权利。权利人也有权将商标使用权转让给他人或者通过合同许可他人使用其注册商标。禁止权是商标注册人禁止他人未经其许可而使用注册商标的权利。

商标专用权的保护对象是经过国家商标管理机关核准注册的商标，未经核准注册的商标不受《商标法》保护。商标注册人有权标明"注册商标"或者注册标记。任何能够将自然人、法人或者其他组织的商品与他人的商品区别开的标志,包括文字、图形、字母、数字、三维标志、颜色组合和声音等,以及上述要素的组合,均可以作为商标申请注册。

(2) 商标注册的申请、审查和批准

商标注册是指自然人、法人或者其他组织将已经使用或准备使用的商标,按照法定的条件、原则和程序,向商标局提出申请,经商标局核准注册,授予商标专用权的法律事实。

注册商标的有效期为 10 年,自核准注册之日起计算。但是,商标与其他知识产权的客体不同,往往使用时间越长越有价值。商标的知名度高往往也是长期使用的结果。因此,注册商标可以无数次提出续展申请,其理论上的有效期是无限的。注册商标有效期满,需要继续使用的,应当在期满前 12 个月内申请续展注册;在此期间未能提出申请的,可以给予 6 个月的宽展期,宽展期满仍未提出申请的,注销其注册商标。每次续展注册的有效期为 10 年。

注册商标的使用许可是指商标注册人通过签订商标使用许可合同,许可他人使用其注册商标的法律行为。许可人应当监督被许可人使用其注册商标的商品或者服务的质量。被许可人应当保证使用注册商标的商品或服务的质量。经许可使用他人注册商标的,必须在使用该注册商标的商品上标明被许可人的名称和商品产地。

2.4.2.3 著作权

著作权,是指作者及其他著作权人依法对文学、艺术和科学作品所享有的专有权。在我国,著作权等同于版权。

(1) 建设工程活动中常见的著作权作品

著作权保护的客体是作品,即文学、艺术和科学领域内具有独创性并能以某种有形形式复制的智力成果,在建设工程活动中,会产生许多具有著作权的作品。

① 文字作品。对于施工单位而言,施工单位编制的投标文件等文字作品、项目经理完成的工作报告等,都享有著作权。建设单位编制的招标文件等文字作品也享有著作权。

② 建筑作品。建筑作品,是指以建筑物或者构筑物形式表现的有审美意义的作品。

③ 图形作品。图形作品,是指为施工、生产绘制的工程设计图、产品设计图以及反映地理现象、说明事物原理或者结构的地图、示意图等作品。

(2) 著作权主体

著作权的主体是指从事文学、艺术、科学等领域的创作出作品的作者及其他享有著作权的公民、法人或者其他组织。在特定情况下,国家也可以成为著作权的主体。

在建设工程活动中,有许多作品属于单位作品。由法人或者其他组织主持,代表法人或者其他组织意志创作,并由法人或者其他组织承担责任的作品,法人或者其他组织视为作者。如招标文件、投标文件,往往就是单位作品。单位作品的著作权完全归单位所有。

在建设工程活动中,有些作品属于职务作品。公民为完成法人或者其他组织工作任务所创作的作品是职务作品。职务作品与单位作品在形式上的区别在于,单位作品的作者是单位,而职务作品的作者是公民个人,一般情况下,职务作品的著作权由作者享有,但法人或者其他组织有权在其业务范围内优先使用,作品完成两年内,未经单位同意,作者不得许可第三人以与单位使用相同的方式使用该作品。

《著作权法》规定:"有下列情形之一的职务作品,作者享有署名权,著作权的非法人权利由法人或者非法人组织享有,法人或者非法人组织可以给予作者奖励:(一) 主要是利用法人或者非法人组织的物质技术条件创作，并由法人或者非法人组织承担责任的工程设计图、产品设计图、地图、示意图、计算机软件等职务作品；……（三）法律、行政法规规定或者合同约定著作权由法人或者非法人组织享有的职务作品。"

在建设工程活动中，有些作品属于委托作品，一般情况下，勘察设计文件都是勘察设计单位接受建设单位委托创作的委托作品，受委托创作的作品，著作权的归属由委托人和受托人通过合同约定，合同未做明确约定或者没有订立合同的，著作权属于受托人。

(3) 著作权的保护期

著作权的保护期由于权利内容以及主体的不同而有所不同：①作者的署名权、修改权、保护作品完整权的保护期不受限制。②公民的作品，其发表权、使用权和获得报酬权的保护期，为作者终生及其死后五十年。如果是合作作品，截止于最后死亡的作者死亡后第五十年的12月31日。③法人或者非法人组织的作品、著作权（署名权除外）法人或者非法人组织享有的职务作品，其发表权、使用权和获得报酬权的保护期为五十年，截止于作品首次发表后第五十年的12月31日，但作品自创作完成后五十年内未发表的，不再受《著作权法》保护。

2.4.2.4 计算机软件的法律保护

计算机软件是指计算机程序及其有关文档。计算机程序，是指为了得到某种结果而可以由计算机等具有信息处理能力的装置执行的代码化指令序列，或者可以被自动转化成代码化指令序列的符号化指令序列或者符号化的语句序列。同一计算机程序的源程序和目标程序为同一作品。文档，是指用来描述程序的内容、组成、设计、功能规格、开发情况、测试结果及使用方法的文字资料和图表等，如程序设计说明书、流程图、用户手册等。

(1) 软件著作权的归属

软件著作权归属于软件开发者，《计算机软件保护条例》另有规定的除外。如无相反证明，在软件上署名的自然人、法人或者其他组织为开发者。

由两个以上的自然人、法人或者其他组织合作开发的软件，其著作权的归属由合作开发者签订书面合同约定，接受他人委托开发的软件，其著作权的归属由委托人与受托人签订书面合同约定，无书面合同或者合同未做明确约定的，其著作权由受托人享有。由国家机关下达任务开发的软件，著作权的归属与行使由项目任务书或者合同约定，项目任务书或者合同中未做明确规定的，软件著作权由接受任务的法人或者其他组织享有。

自然人在法人或者其他组织中任职期间所开发的软件有下列情形之一的，该软件著作权由该法人或者其他组织享有，该法人或者其他组织可以对开发软件的自然人进行奖励：①针对本职工作中明确指定的开发目标所开发的软件；②开发的软件是从事本职工作活动所预见的结果或者自然的结果；③主要使用了法人或者其他组织的奖金、专用设备、未公开的专门信息等物质技术条件所开发并由法人或者其他组织承担责任的软件。

(2) 软件著作权的限制

软件的合法复制品所有人享有下列权利：①根据使用的需要把该软件装入计算机等具有信息处理能力的装置内。②为了防止复制品损坏而制作备份复制品，这些备份复制品不得通过任何方式提供给他人使用，并在所有人丧失该合法复制品的所有权时，负责将复制品销毁。③为了把该软件用于实际的计算机应用环境或者改进其功能、性能而进行必要的修改；但是，除合同另有约定外，未经该软件著作权人许可，不得向任何第三方提供修改后的软件。

软件著作制度也存在合理使用，即为了学习和研究软件内涵的设计思想和原理，通过安装、显示、传输或者存储软件等方式使用软件的，可以不经软件著作权人许可，不向其支付报酬。

(3) 软件著作权的保护期限

①自然人的软件著作权，保护期为自然人终生及其死亡后 50 年，截止于自然人死亡后第 50 年的 12 月 31 日；②软件是合作开发的，截止于最后死亡的自然人死亡后第 50 年的 12 月 31 日；③法人或者其他组织的软件著作权，保护期为 50 年，截止于软件首次发表后第 50 年的 12 月 31 日，但软件自开发完成之日起 50 年内未发表的，不再受到《计算机软件保护条例》的保护。

2.4.3 建设工程知识产权的保护

建设工程知识产权权利人的权益受到损害的情况包括违约和侵权两种情况，当事人可以寻求的保护途径包括民法保护、行政法保护和刑法保护。

建设工程知识产权发生纠纷后，由当事人协商解决；不愿协商或协商不成的，权利人或者利害关系人可以按照《民事诉讼法》向人民法院起诉，也可以请求知识产权行政主管部门处理。

(1) 建设工程专利权的保护

《专利法》规定，建设工程发明或者实用新型专利权的保护范围以其权利要求的内容为准，说明书及附图可以用于解释权利要求的内容。外观设计专利权的保护范围以表示在图片或者照片中的该产品的外观设计为准，简要说明可以用于解释图片或者照片所表示的该产品的外观设计。

专利权人或者利害关系人有证据证明他人正在实施或者即将实施侵犯专利权的行为，如不及时制止将会使其合法权益受到难以弥补的损害的，可以在起诉前向人民法院申请采取责令停止有关行为的措施，申请人提出申请时，应当提供担保，不提供担保的，驳回申请。

人民法院应当自接受申请之日起 48 小时内做出裁定，有特殊情况需要延长的，可以延长 48 小时，裁定责令停止有关行为的，应当立即执行。当事人对裁定不服的，可以申请复议一次，复议期间不停止裁定的执行。

(2) 建设工程商标权的保护

《商标法》规定，注册商标的专用权，以核准注册的商标和核定使用的商品为限。有下列行为之一的，均属侵犯注册商标专用权：①未经商标注册人的许可，在同一种商品上使用与其注册商标相同的商标的；②未经商标注册人的许可，在同一种商品上使用与其注册商标近似的商标，或者在类似商品上使用与其注册商标相同或近似的商标，容易导致混淆的；③销售侵犯注册商标专用权的商品的；④伪造、擅自制造他人注册商标标识或者销售伪造、擅自制造的注册商标标识的；⑤未经商标注册人同意，更换其注册商标并将该更换商标的商品又投入市场的；⑥故意为侵犯他人商标专用权行为提供便利条件，帮助他人实施侵犯商标专用权行为的；⑦给他人的注册商标专用权造成其他损害的。

县级以上工商行政管理部门根据已经取得的违法嫌疑证据或者举报，对涉嫌侵犯他人注册商标专用权的行为进行查处时，可以行使下列职权：①询问有关当事人，调查与侵犯他人注册商标专用权有关的情况；②查阅、复制当事人与侵权活动有关的合同、发票、账簿以及其他有关资料；③对当事人涉嫌从事侵犯他人注册商标专用权活动的场所实施现场检查；④检查与侵权活动有关的物品，对有证据证明是侵犯他人注册商标专用权的物品，可以查封或者扣押。

（3）建设工程著作权的保护

对于著作权的保护，主要是民法保护。如果侵犯行为同时损害公共利益的，可以由著作权行政管理部门责令停止侵权行为，没收违法所得，没收、销毁侵权复制品，并可处以罚款；情节严重的，著作权行政管理部门还可以没收主要用于制作侵权复制品的材料、工具、设备等；构成犯罪的，依法追究刑事责任。

2.4.4 建设工程知识产权侵权的法律责任

知识产权与人类的生活息息相关，在商业竞争上我们可以看出到处充满了知识产权的重要应用。对知识产权的保护一直是国家科技进步的前提。专利侵权行为人应当承担的法律责任包括民事责任、行政责任以及刑事责任。

（1）建设工程知识产权侵权的民事责任

在建设工程知识产权侵权的民事责任中，最主要的是赔偿损失。赔偿损失的数额有4种确定方法：①侵权的赔偿数额按照权利人因被侵权所受到的实际损失确定；②实际损失难以确定的，可以按照侵权人因侵权所获的利益确定；③权利人的损失或者侵权人获得的利益难以确定的，参照知识产权许可使用费的倍数合理确定；④权利人的损失、侵权人获得的利益和许可使用费均难以确定的，人民法院可以根据专利权的类型、侵权行为的性质和情节等因素，确定给予一定数额的赔偿。如侵犯的是建设工程专利权，应当为1万元以上100万元以下的赔偿；侵犯的是建设工程著作权，应当是50万元以下的赔偿；侵犯的是建设工程商标权，应当是300万元以下的赔偿。赔偿数额还应当包括权利人为制止侵权行为所支付的合理开支。

（2）建设工程知识产权侵权的行政责任

建设工程知识产权侵权的行政责任在侵犯建设工程专利权的行为中，需要承担行政责任的主要是假冒专利，除依法承担民事责任外，由负责专利执法的部门责令改正并予公告，没收违法所得，可以处违法所得5倍以下的罚款；没有违法所得的或者违法所得在5万元以下的，可以处25万元罚款。

（3）建设工程知识产权侵权的刑事责任

建设工程知识产权侵权行为中，可能构成犯罪的是违反知识产权保护法规，未经知识产权所有人许可，非法利用其知识产权，侵犯国家对知识产权的管理秩序和知识产权所有人的合法权益，违法所得数额较大或者情节严重的行为。

2.5 建设工程担保制度

建设工程担保制度是指为了促使建设工程参与各方诚实守信、按约履行而引入的，对建设工程中一系列合同的履行进行监督并对违约责任的承担进行担保的风险管理机制。担保方式为保证、抵押、质押、留置和定金（表2-3）。

表 2-3 担保方式比较

类型	方式			
人的担保	保证	第三人提供	不转移占有	信用
物的担保	抵押	可能是债务人本人，也可能是第三人提供	不转移占有	动产+不动产
	质押		转移占有	动产+权利
	留置	债务人本人提供	转移占有	动产
金钱担保	定金		转移占有	金钱

2.5.1 担保概述

担保是指当事人根据法律规定或者双方约定，为确保债务人如期履行债务实现债权人的权利而设立的法律制度。

《民法典》第三百八十七条规定："第三人为债务人向债权人提供担保的，可以要求债务人提供反担保。反担保适用本法和其他法律的规定。"

设立担保物权，应当依照本法和其他法律的规定订立担保合同。担保合同包括抵押合同、质押合同和其他具有担保功能的合同。担保合同是主债权债务合同的从合同。主债权债务合同无效的，担保合同无效，但是法律另有规定的除外。担保合同被确认无效后，债务人、担保人、债权人有过错的，应当根据其过错各自承担相应的民事责任。

担保物权的担保范围包括主债权及其利息、违约金、损害赔偿金、保管担保财产和实现担保物权的费用。当事人另有约定的，按照其约定。被担保的债权既有物的担保又有人的担保的，债务人不履行到期债务或者发生当事人约定的实现担保物权的情形，债权人应当按照约定实现债权；没有约定或者约定不明确，债务人自己提供物的担保的，债权人应当先就该物的担保实现债权；第三人提供物的担保的，债权人可以就物的担保实现债权，也可以请求保证人承担保证责任。提供担保的第三人承担担保责任后，有权向债务人追偿。

2.5.2 保证的规定

在建设工程活动中，保证是最为常用的一种担保方式。所谓保证，是指作为保证人的第三人和债权人约定，当债务人不履行债务时，保证人按照约定履行债务或者承担责任的行为。

(1) 保证合同

保证人与债权人应当以书面形式订立保证合同。保证人与债权人可以就单个主合同分别订立保证合同，也可以协议在最高债权额限度内就一定期间连续发生的借款合同或者某项商品交易合同订立一个保证合同。

保证合同应当包括以下内容：①被保证的主债权种类、数额；②债务人履行债务的期限；③保证的方式；④保证担保的范围；⑤保证的期间；⑥双方认为需要约定的其他事项。保证合同不完全具备以上规定内容的，可以补正。

(2) 保证方式

根据《民法典》的规定，保证的方式有两种：①一般保证；②连带责任保证。

当事人在保证合同中约定，债务履行期届满，债务人不能履行债务，由保证人承担保证责任的,为一般保证。当事人在保证合同中约定保证人在保证期间内与债务人对债务承担连带责任的,为连带责任保证。连带责任保证的债务人在主合同规定的债务履行期届满没有履行债务的,债权人可以要求债务人履行债务,同时也可以要求保证人在其保证范围内承担保证责任。

当事人在保证合同中对保证方式没有约定或者约定不明确的,按照一般保证承担保证责任。

(3) 保证人资格

保证人可以是具有代为清偿债务能力的法人、其他组织或者自然人。但在建设工程活动中,由于担保的标的额较大,保证人往往是银行,或者其他信用较高的担保人,如担保公司。银行出具的保证通常称为保函,其他保证人出具的书面保证一般称为保证书。《民法典》第六百八十三条规定,两类主体不得为保证人:第一,机关法人,但是经国务院批准为使用外国政府或者国际经济组织贷款进行转贷的除外;第二,以公益为目的的非营利法人、非法人组织。

(4) 保证责任

保证合同生效后,保证人就应当在合同约定的保证范围和保证期间内承担保证责任。保证担保的范围包括主债权及利息、违约金、损害赔偿金和实现债权的费用。保证合同另有约定的,按照约定。当事人对保证担保的范围没有约定或者约定不明确的,保证人应当对全部债务承担责任。

保证期间,债权人依法将主债权转让给第三人的,保证人在原保证担保的范围内继续承担保证责任。保证合同另有约定的,按照约定。保证期间,债权人许可债务人转让债务的,应当取得保证人书面同意,保证人对未经其同意转让的债务,不再承担保证责任。债权人与债务人协议变更主合同的,应当取得保证人书面同意,未经保证人书面同意的,保证人不再承担保证责任。保证合同另有约定的,按照约定。

一般保证的保证人与债权人未约定保证期间的,保证期间为主债务履行期届满之日起 6 个月。连带责任保证的保证人与债权人未约定保证期间的,债权人有权自主债务履行期届满之日起 6 个月内要求保证人承担保证责任。

 随堂小练

甲乙双方签订买卖合同,丙为乙的债务提供保证,但担保合同未约定担保方式及保证期间。思考:

① 丙的保证方式是什么?

② 甲在保证期内未经丙书面同意将主债权转让给丁,丙是否还需承担保证责任?

③ 甲在保证期间未要求丙承担保证责任,丙能否免除保证责任?

2.5.3 抵押权、质权、留置权的规定

2.5.3.1 抵押权

根据《民法典》规定,抵押是指债务人或者第三人不转移对财产的占有,将该财产作为债权人实现债权的担保。债务人不履行债务时,债权人有权依照法律规定将该财产折价或者以拍卖、变卖该财产的价款优先受偿。其中,债务人或者第三人称为抵押人,债权人称为抵押权人。

(1) 抵押物

债务人或者第三人提供担保的财产为抵押物。由于抵押物是不转移其占有的,因此能够成为抵押物的财产必须具备一定的条件。这类财产轻易不会灭失,其所有权的转移应当经过一定的程序。

债务人或者第三人有权处分的下列财产可以抵押：①建筑物和其他土地附着物；②建设用地使用权；③以招标、拍卖、公开协商等方式取得的荒地等土地承包经营权；④生产设备、原材料、半成品、产品；⑤正在建造的建筑物、船舶、航空器；⑥交通运输工具；⑦法律、行政法规未禁止抵押的其他财产。

下列财产不得抵押：①土地所有权；②耕地、宅基地、自留地、自留山等集体所有的土地使用权；③学校、幼儿园、医院等以公益为目的的事业单位、社会团体的教育设施、医疗卫生设施和其他社会公益设施；④所有权、使用权不明或者有争议的财产；⑤依法被查封、扣押、监管的财产；⑥依法不得抵押的其他财产。

当事人以下列财产抵押的，应当办理抵押登记，抵押权自登记时设立：①建筑物和其他土地附着物；②建设用地使用权；③以招标、拍卖、公开协商等方式取得的荒地等土地承包经营权；④正在建造的建筑物。当事人以下列财产抵押的，抵押权自抵押合同生效时设立，未经登记，不得对抗善意第三人：①生产设备、原材料、半成品、产品；②交通运输工具；③正在建造的船舶、航空器。办理抵押物登记，应当向登记部门提供主合同、抵押合同、抵押物的所有权或者使用权证书。

（2）抵押的效力

抵押担保的范围包括主债权及利息、违约金损害赔偿金和实现抵押权的费用。当事人也可以在抵押合同中约定抵押担保的范围。

抵押人有义务妥善保管抵押物并保证其价值。抵押期间，抵押人转让已办理登记的抵押物，应当通知抵押权人并告知受让人转让物已经抵押的情况；否则，该转让行为无效。

抵押人转让抵押物的价款，应当向抵押权人提前清偿该抵押物所担保的债权或者向与抵押权人约定的第三人提存。超过债权的部分归抵押人所有，不足部分由债务人清偿。转让抵押物的价款不得明显低于其价值。抵押人的行为足以使抵押物价值减少的，抵押权人有权要求抵押人停止其行为。

抵押权与其担保的债权同时存在。抵押权不得与债权分离而单独转让或者作为其他债权的担保。

（3）抵押权的实现

债务人不履行到期债务或者发生当事人约定的实现抵押权的情形，抵押权人可以与抵押人协议以抵押财产折价或者以拍卖、变卖该抵押财产所得的价款优先受偿。协议损害其他债权人利益的，其他债权人可以在知道或者应当知道撤销事由之日起一年内请求人民法院撤销该协议。抵押权人与抵押人未就抵押权实现方式达成协议的，抵押权人可以请求人民法院拍卖、变卖抵押财产。抵押财产折价或者变卖的，应当参照市场价格。

抵押物折价或者拍卖、变卖后，其价款超过债权数额的部分归抵押人所有，不足部分由债务人清偿。

同一财产向两个以上债权人抵押的，拍卖、变卖抵押物所得的价款按照以下规定清偿：①抵押合同已登记生效的，按抵押物登记的先后顺序清偿；顺序相同的，按照债权比例清偿。②抵押合同自签订之日起生效的，如果抵押物未登记的，按照合同生效的先后顺序清偿；顺序相同的，按照债权比例清偿。抵押物已登记的先于未登记的受偿。

 案例

甲施工公司与乙银行订立合同，约定甲公司向乙银行借款300万元，用于购买进口钢材。

同时，双方订立抵押合同，约定甲公司以其现有的以及将有的生产设备、原材料、产品为前述借款设立抵押。借款合同和抵押合同订立后，乙银行向甲公司发放了贷款，但未办理抵押登记。之后，根据乙银行要求，丙为此项贷款提供保证，丁以一台大型挖掘机作质押并交付。

问题：

① 乙银行的抵押权何时生效？

② 如甲公司违反合同约定将借款用于购买其他进口设备，那么乙银行是否可以就该批设备优先受偿？

③ 如果乙银行放弃了对甲公司的抵押权，并将这一情况通知了丙，丙表示反对，那么丙是否可以免除保证责任？

2.5.3.2 质权

根据《民法典》的规定，质押是指债务人或者第三人将其动产或权利移交债权人占有，将该动产或权利作为实现其债权的担保。债务人不履行债务时，债权人有权依照法律规定将该动产或权利折价或者以拍卖、变卖该动产或权利的价款优先受偿。

质权是一种约定的担保物权，以转移占有为特征。债务人或者第三人为出质人，债权人为质权人，移交的动产或权利为质物。

质押分为动产质押和权利质押。动产质押是指债务人或者第三人将其动产移交债权人占有，将该动产作为债权的担保。能够用作质押的动产没有限制。权利质押一般是将权利凭证交付质押人作为债权的担保。可以质押的权利包括：①汇票、支票、本票、债券、存款单、仓单、提单；②依法可以转让的股份、股票；③依法可以转让的商标专用权、专利权、著作权中的财产权；④现有的以及将有的应收账款；⑤依法可以质押的其他权利。

2.5.3.3 留置权

《民法典》第四百四十七条规定："债务人不履行到期债务，债权人可以留置已经合法占有的债务人的动产，并有权就该动产优先受偿。前款规定的债权人为留置权人，占有的动产为留置财产。"

法律规定或者当事人约定不得留置的动产，不得留置。留置财产为可分物的，留置财产的价值应当相当于债务的金额。留置权人负有妥善保管留置财产的义务；因保管不善致使留置财产毁损、灭失的，应当承担赔偿责任。

留置权人有权收取留置财产的孳息。前款规定的孳息应当先充抵收取孳息的费用。

留置权人与债务人应当约定留置财产后的债务履行期限；没有约定或者约定不明确的，留置权人应当给债务人六十日以上履行债务的期限，但是鲜活易腐等不易保管的动产除外。债务人逾期未履行的，留置权人可以与债务人协议以留置财产折价，也可以就拍卖、变卖留置财产所得的价款优先受偿。留置财产折价或者变卖的，应当参照市场价格。

债务人可以请求留置权人在债务履行期限届满后行使留置权；留置权人不行使的，债务人可以请求人民法院拍卖、变卖留置财产。留置财产折价或者拍卖、变卖后，其价款超过债权数额的部分归债务人所有，不足部分由债务人清偿。

同一动产上已经设立抵押权或者质权，该动产又被留置的，留置权人优先受偿。留置权人对留置财产丧失占有或者留置权人接受债务人另行提供担保的，留置权消灭。

2.5.4 定金的规定

《民法典》第五百八十六条规定，当事人可以约定一方向对方给付定金作为债权的担保。定金合同自实际交付定金时成立。

定金的数额由当事人约定；但是，不得超过主合同标的额的百分之二十，超过部分不产生定金的效力。实际交付的定金数额多于或者少于约定数额的，视为变更约定的定金数额。

《民法典》第五百八十七条规定，债务人履行债务的，定金应当抵作价款或者收回。给付定金的一方不履行债务或者履行债务不符合约定，致使不能实现合同目的的，无权请求返还定金；收受定金的一方不履行债务或者履行债务不符合约定，致使不能实现合同目的的，应当双倍返还定金。

随堂小练

2022年1月11日甲乙双方签订总价款为1000万元的建材买卖合同，约定由买方支付定金300万元。由于资金周转困难，买方于1月22日交付定金250万元，卖方予以签收。

请问：

(1) 该定金合同什么时间成立？为什么？

(2) 若卖方不能交付货物，应返还买方多少钱？为什么？

(3) 若买方不履行购买义务，可以要求卖方返还多少钱？

2.6 建设工程保险制度

尽管国家对建筑行业已制定了许多的法律法规，但由于建筑业发展极为迅速，技术水平要求又高，各方面施工难度较大，因此，总有一些不安全因素避之不及。保险制度作为一种分散风险、消化损失的法律制度，不仅是在建筑行业，在整个社会大环境中都占有至关重要的地位。

2.6.1 保险与保险索赔的规定

建设工程具有投资大、工期长、涉及面广、技术要求复杂等特点，往往风险较高。推行工程保险制度，可以减少工程风险的不确定性，规避工程风险，增强建筑企业的竞争力。

2.6.1.1 保险概述

保险是指投保人根据合同约定，向保险人支付保险费，保险人对于合同约定的可能发生的事故因其发生所造成的财产损失承担赔偿保险金责任，或者当被保险人死亡、伤残、疾病或者达到合同约定的年龄、期限等条件时承担给付保险金责任的商业保险行为。

保险是一种受法律保护的分散危险、消化损失的法律制度。因此，危险的存在是保险产生的前提。但危险是否发生以及发生的时间地点都具有极大的不确定性，因此，危险所造成的损失也具有极大的不确定性。由此可见，保险行为产生的后果也具有极大的不确定性。

保险合同是指投保人与保险人约定保险权利义务关系的协议。投保人是指与保险人订立保险合同,并按照合同约定支付保险费的人。保险人是指与投保人订立保险合同,并按照合同约定承担赔偿或者给付保险金责任的保险公司。

保险合同在履行中还会涉及被保险人和受益人。被保险人是指其财产或者人身受保险合同保障,享有保险金请求权的人。投保人可以为被保险人。受益人是指人身保险合同中由被保险人或者投保人指定的享有保险金请求权的人。投保人、被保险人可以为受益人。投保人提出保险要求,经保险人同意承保,保险合同成立。保险人应当及时向投保人签发保险单或者其他保险凭证。

保险合同一般是以保险单的形式订立的。保险合同可以分为人身保险合同和财产保险合同,具体如下:

(1) 人身保险合同

人身保险合同是以人的寿命和身体为保险标的保险合同。人身保险的保险人在被保险人投保后,根据约定在被保险人因保单载明的意外事故、灾难及年老等原因而发生死亡、疾病、伤残、丧失工作能力或退休等情形时,给付一定的保险金额或年金。投保人应向保险人如实申报被保险人的年龄、身体状况。投保人于合同成立后,可以向保险人一次支付全部保险费,也可以按照合同规定分期支付保险费。人身保险的受益人由被保险人或者投保人指定。

保险人对人身保险的保险费,不得用诉讼方式要求投保人支付。

(2) 财产保险合同

财产保险合同是以财产及其有关利益为保险标的保险合同。投保人向保险人交纳保险费,在保险事故发生造成所保财产或利益损失时,保险人在保险责任范围内承担赔偿责任,或在约定期限届满时,由保险人承担给付保险金。在财产保险合同中,保险合同的转让应当通知保险人,经保险人同意继续承保后,依法转让合同。

在合同的有效期内,保险标的危险程度显著增加的,被保险人应当按照合同约定及时通知保险人,保险人可以按照合同约定增加保险费或者解除合同。建筑工程一切险和安装工程一切险即为财产保险合同。

2.6.1.2 保险索赔

对于投保人而言,保险的根本目的是发生灾难事件时能够得到补偿,而这一目的必须通过索赔来实现。

(1) 投保人进行保险索赔须提供必要的有效证明

保险事故发生后,投保人、被保险人或者受益人应当向保险人提供其所能提供的与确认保险事故的性质、原因、损失程度等有关的证明和资料,依照保险合同请求保险人赔偿或者给付保险金。

这就要求投保人在日常管理中应当注意证据的收集和保存。当保险事件发生后,更应注意证据收集,有时还需要有关部门的证明。索赔的证据一般包括保单、建设工程合同、事故照片、鉴定报告以及保单中规定的证明文件。

(2) 投保人等应当及时提出保险索赔

投保人、被保险人或者受益人知道保险事故发生后,应当及时通知保险人。这与索赔的成功与否密切相关。因为,资金是有时间价值的,如果保险事件发生后很长时间才能取得索赔,即使是全额赔偿也不足以补偿自己的全部损失。而且,时间过长还会给索赔人的取证或保险人的理赔增加很大的难度。

(3) 计算损失大小

保险单上载明的保险财产全部损失，应当按照全损进行保险索赔。保险单上载明的保险财产没有全部损失，应当按照部分损失进行保险索赔。但是，财产虽然没有全部毁损或者灭失，但其损坏程度已达到无法修理，或者虽然能够修理但修理费将超过赔偿金额的，应当按照全损进行索赔。如果一个建设工程项目同时由多家保险公司承保，则应当按照约定的比例分别向不同的保险公司提出索赔要求。

2.6.2 建筑工程一切险

建筑工程一切险是承保各类民用、工业和公用事业工程建设项目，包括道路、桥梁、水坝、港口等，在建造过程中因自然灾害或意外事故而引起的一切损失的险种。因在建工程抗灾能力差，危险程度高，一旦发生损失，不仅会对工程本身造成巨大的物质财富损失，甚至可能殃及邻近人员与设施设备等的财产安全。因此，随着各种新建、扩建、改建的建设工程项目日渐增多，许多保险公司已经开设这一险种。

建筑工程一切险往往还加保第三者责任险。第三者责任险是指在保险有效期内因在施工工地上发生意外事故造成在施工工地及邻近地区的第三者人身伤亡或财产损失，依法应由被保险人承担的经济赔偿责任。

(1) 投保人与被保险人

《建设工程施工合同（示范文本）》中规定，除专用合同条款另有约定外，发包人应投保建筑工程一切险或安装工程一切险；发包人委托承包人投保的，因投保产生的保险费和其他相关费用由发包人承担。

建筑工程一切险的被保险人范围较为广泛，所有在工程进行期间对该项工程承担一定风险的有关各方（即具有可保利益的各方），均可作为被保险人。如果被保险人不止一家，则各家接受赔偿的权利以不超过其对保险标的可保利益为限。被保险人具体包括：①业主或工程所有人；②承包商或者分包商；③技术顾问，包括业主聘用的建筑师、工程师及其他专业顾问。

(2) 保险责任范围

保险人对下列原因造成的损失和费用，负责赔偿：①自然事件，指地震、海啸、雷电、飓风、台风、龙卷风、风暴、暴雨、洪水、水灾、冻灾、冰雹、地崩、山崩、雪崩、火山爆发、地面下陷下沉及其他人力不可抗拒的破坏力强大的自然现象；②意外事故，指不可预料的以及被保险人无法控制并造成物质损失或人身伤亡的突发性事件，包括火灾和爆炸。

(3) 除外责任

保险人对下列各项原因造成的损失不负责赔偿：①设计错误引起的损失和费用；②自然磨损、内在或潜在缺陷、物质本身变化、自燃、自热、氧化、锈蚀、渗漏、鼠咬、虫蛀、大气（气候或气温）变化、正常水位变化或其他渐变原因造成的保险财产自身的损失和费用；③因原材料缺陷或工艺不善引起的保险财产本身的损失以及为换置、修理或矫正这些缺点错误所支付的费用；④非外力引起的机械或电气装置的本身损失或施工用机具、设备、机械装置失灵造成的本身损失；⑤维修保养或正常检修的费用；⑥档案、文件、账簿、票据、现金、各种有价证券、图表资料及包装物料的损失；⑦盘点时发现的短缺；⑧领有公共运输行驶执照的，或已有其他保险予以保障的车辆、船舶和飞机的损失；⑨除非另有约定，在保险工程开始以前已经存在或形成的位于工地范围内或其周围的属于被保险人的财产的损失；⑩除非另有约定，在保险单保险期限终止以前，保险财产中已由工程所有人签发完工验收证书或验收合格或实际占有或使用或接收的部分。

（4）第三者责任险

建筑工程一切险如果加保第三者责任险，保险人对下列原因造成的损失和费用，负责赔偿：①在保险期限内，因发生与所保工程直接相关的意外事故引起工地内及邻近区域的第三者人身伤亡、疾病或财产损失；②被保险人因上述原因支付的诉讼费用以及事先经保险人书面同意而支付的其他费用。

（5）赔偿金额

保险人对每次事故引起的赔偿金额应当以法院或政府有关部门根据现行法律裁定的应由被保险人偿付的金额为准。但在任何情况下，赔偿金额均不得超过保险单明细表中对应列明的每次事故赔偿限额。在保险期限内，保险人经济赔偿的最高赔偿金额不得超过本保险单明细表中列明的累计赔偿限额。

（6）保险期限

建筑工程一切险的保险责任自保险工程在工地动工或用于保险工程的材料、设备运抵工地之时起始，至工程所有人对部分或全部工程签发完工验收证书或验收合格，或工程所有人实际占用或使用或接收该部分或全部工程之时终止，以先发生者为准。但在任何情况下，保险期限的起始或终止不得超出保险单明细表中列明的保险生效日或终止日。

2.6.3 安装工程一切险

安装工程一切险是承保安装机器、设备、储油罐、钢结构工程、起重机、吊车以及包含机械工程因素的各种安装工程的险种。科学技术日益进步，现代工业的机器设备已进入电子计算机操控的时代，工艺精密、构造复杂、技术高度密集，价格十分昂贵。如果在安装、调试机器设备的过程中遇到自然灾害或意外事故将会造成巨大的经济损失。安装工程一切险可以保障机器设备在安装、调试过程中，被保险人可能遭受的损失能够得到经济补偿。

安装工程一切险往往还加保第三者责任险。安装工程一切险的第三者责任险，是指在保险期限内，因发生意外事故，造成在工地及邻近地区的第三者人身伤亡、疾病或财产损失，依法应由被保险人赔偿的经济损失，以及因此而支付的诉讼费用和经保险人书面同意而支付的其他费用。

（1）保险责任范围

保险人对因自然灾害、意外事故（具体内容与建筑工程一切险基本相同）造成的损失和费用，负责赔偿。

（2）除外责任

出现下列情形，保险人可不承担赔偿责任：①因设计错误、铸造或原材料缺陷或工艺不善引起的保险财产本身的损失以及为换置、修理或矫正这些缺点错误所支付的费用；②由于超负荷、超电压、碰线、电弧、漏电、短路、大气放电及其他电气原因造成电气设备或电气用具本身的损失；③施工用机具、设备、机械装置失灵造成的本身损失。

（3）保险期限

安装工程一切险的保险责任自保险工程在工地动工或用于保险工程的材料、设备运抵工地之时起始,至工程所有人对部分或全部工程签发完工验收证书或验收合格,或工程所有人实际占有或使用或接收该部分或全部工程之时终止,以先发生者为准。但在任何情况下,安装期保险期限的起始或终止不得超出保险单明细表中列明的保险生效日或终止日。

安装工程一切险的保险期内,一般应包括一个试车考核期,它是指机器设备在安装完毕后,投入生产性使用前,为了保证正式运行的可靠性、准确性及工作指标所进行的试运转期间。试车考核期的长短一般根据安装工程合同中的约定进行确定,但不得超出安装工程保险单明细表中列明的试车和考核期限。安装工程一切险对考核期的保险责任一般不超过3个月,若超过3个月,应另行加收保险费。安装工程一切险对于旧机器设备不负考核期的保险责任,也不承担其维修期的保险责任。

建筑工程保险制度的实施与运行不仅有效地规避了在建设过程中可能出现的风险,还能使受害者或受损失单位在风险过后得到最大限度的补偿。建设工程活动涉及的法律关系较为复杂,风险也多样化。因此,建设工程的相关单位大多都在工程开工之前建立相关的保险合同关系来预防不确定性的危险,保障工程的顺利进行。

 随堂小练

某建筑工程,业主投保了建筑工程一切险。工程竣工移交后,在合同约定保险期限内发生地震,造成部分建筑物损坏,业主向保险公司提出索赔,则应由(   )。

A. 保险公司承担全部损失
B. 保险公司承担除外责任以外的全部损失
C. 业主自行承担全部损失
D. 业主和保险公司协商分担损失

 思考题

1. 阐述代理的含义,并对其法律要件进行分析。
2. 结合实际,阐述工程中常见的委托代理的情形,并书写提交一份材料采购委托书。
3. 阐述无权代理和表见代理的含义,并结合实例对其后果进行剖析。
4. 阐述物权的含义,并对物权包含的具体类型逐一分析。
5. 阐述债发生的依据和消亡的类型。
6. 阐述保险的内涵,并对建筑工程一切险保险范围进行分析。

 实战题

2020年7月,浙江省某建设单位将其在建的某工程投保建筑工程一切险,保险期间,因夏季水位上升,施工单位编制的降水方案不当造成基坑部分坍塌,并导致保险标的危险程度显著增加。保险公司知道此事后要求增加7%的保险费,否则解除合同。请问:

① 保险公司是否可以要求增加保费?
② 保险公司对基坑塌陷是否应当承担赔偿责任?

第 3 章
工程建设执业管理制度

 导言

施工许可是我国建筑法规定的基本建设制度之一,同竣工验收制度一起,对项目建设把好头、收好尾。工程建设执业资格制度的建立就像在宏观的建设市场的"门口"设立了一个"售票员"和一个"检票员",通过这个"售票"和"检票"的程序,防止不具备法定资格的公民或者企业涉足建设工程,从而维护建设市场秩序,保证建筑业健康、有序地发展。

 引例

2022 年新年第一天,某房地产开发项目 39 栋楼被责令拆除。××市综合行政执法局的拆除决定书称:某地块 2 号岛共建设 39 栋楼,总建筑面积 43 万多平方米,因违法取得的规划许可证已被撤销,项目存在违反《中华人民共和国城乡规划法》第四十条之规定情形,依据规定,现责令该公司在 10 日内自行拆除上述违法建筑物。据悉,该建设项目这 39 栋楼都已经修建完毕了,总建筑面积达到 43.49 万平方米。经过多方协商之后,为节约资源,避免生产资料的浪费以及后续拆除给环境带来影响,4 月 3 日,原本被要求限期拆除的 39 栋楼,改为被当地政府没收处理。

针对上述案例,大家有何感想和启示?

学习目标

本章主要介绍了工程建设执业资格制度的概念和基本情况,另外对有关单位、专业技术人员及关键岗位的执业资格管理也进行了相关的介绍。建设工程施工活动作为一种专业性、技术性极强的特殊活动,其施工条件的完备便成了建设活动顺利开展的保障,因此应当进行严格管理。我国目前对建设工程开工条件的审批,多数工程是办理施工许可证,部分工程则是批准开工报告。同时,对从事施工活动的单位和专业技术人员也进行严格管理。而建立健全建筑市场信用体系有助于国家对建筑市场更有效地管理。

掌握:建设工程施工许可制度;企业资质管理规定;从业人员执业资格管理;建筑市场信用管理。

3.1 建设工程施工许可制度

3.1.1 施工许可的含义

施工许可是由国家授权的有关行政主管部门,在建设工程开工之前对其是否符合法定的开工条件进行审核,对符合条件的建设工程允许其开工建设的法定制度。

施工许可制度的建立,一方面可以保证建设工程的开工符合必要条件,另一方面也可以避免不具备条件的建设工程盲目开工而给当事人造成损失或导致国家财产的浪费,从而使建设工程在开工后能够顺利实施。除此之外,施工许可制度的建立还能帮助有关行政主管部门了解和掌握所辖范围内有关建设工程的数量、规模以及施工队伍等的基本情况,从而依法进行指导和监督,保证建设工程活动依法有序进行。

3.1.2 施工许可证的适用与申请

(1) 需要办理施工许可证的建设工程

《建筑工程施工许可管理办法》规定,在中华人民共和国境内从事各类房屋建筑及其附属设施的建造、装修装饰和与其配套的线路、管道、设备的安装,以及城镇市政基础设施工程的施工,建设单位在开工前应当依照本办法的规定,向工程所在地的县级以上地方人民政府住房城乡建设主管部门申请领取施工许可证。

(2) 不需要办理施工许可证的建设工程

按照《建筑法》的规定,国务院建设行政主管部门确定的限额以下的小型工程,可以不申请办理施工许可证。据此,《建筑工程施工许可管理办法》规定,工程投资额在 30 万元以下或者建筑面积在 $300m^2$ 以下的建筑工程,可以不申请办理施工许可证。省、自治区、直辖市人民政府住房城乡建设主管部门可以根据当地的实际情况,对限额进行调整,并报国务院住房城乡建设主管部门备案。

(3) 由其他法律调整的建设工程

《建筑法》规定,军用房屋建筑工程建筑活动的具体管理办法,由国务院、中央军事委员会依据本法制定。据此,军用房屋建筑工程是否实行施工许可,由国务院、中央军事委员会另行规定。

《建筑法》规定，抢险救灾及其他临时性房屋建筑和农民自建低层住宅的建筑活动，不适用本法。这几类工程各有其特殊性，所以，从实际出发，法律规定不需要办理施工许可证。《建筑法》规定，依法核定作为文物保护的纪念建筑物和古建筑等的修缮，依照文物保护的有关法律规定执行。

（4）不重复办理施工许可证的建设工程

为避免同一建设工程的开工由不同行政主管部门重复审批的现象，《建筑法》规定，按照国务院规定的权限和程序批准开工报告的建筑工程，不再领取施工许可证。这有两层含义：一是实行开工报告批准制度的建设工程，必须符合国务院的规定，其他任何部门的规定无效；二是开工报告与施工许可证不要重复办理。

开工报告审查的主要内容包括：资金到位情况；投资项目市场预测；设计图纸是否满足施工要求；现场条件是否具备"三通一平"等的要求。

国务院规定的开工报告制度，不同于建设监理中的开工报告工作。虽然在字面上都是"开工报告"，但二者之间有着诸多不同：

① 性质不同。前者是政府主管部门的一种行政许可制度，后者则是建设监理过程中的监理单位对施工单位开工准备工作的认可。

② 主体不同。前者是建设单位向行政主管部门申报，后者则是施工单位向监理单位提出。

③ 内容不同。前者主要是建设单位应具备的开工条件，后者则是施工单位应具备的开工条件。

（5）施工许可证的申请主体

《建筑法》规定，建设工程开工前，建设单位应当按照国家有关规定向工程所在地县级以上人民政府建设行政主管部门申请领取施工许可证。

建设单位是建设项目的投资者，如果建设项目是政府投资，则建设单位为该建设项目的管理单位或使用单位。因此，建设单位有义务为建设工程开工和施工单位进场做好各项前期准备工作。施工许可证是对建设项目的批准和认可，办理该证是建设工程开工前的必经过程，所以必须由建设单位负责，而不是由施工单位或其他单位负责。

（6）施工许可证的法定批准条件

《建筑法》规定，申请领取施工许可证，应当具备下列条件：

① 已经办理该建筑工程用地批准手续。

② 依法应当办理建设工程规划许可证的，已经取得建设工程规划许可证。

③ 需要拆迁的，其拆迁进度符合施工要求。

④ 已经确定建筑施工企业。按照规定应当招标的工程没有招标，应当公开招标的工程没有公开招标，或者肢解发包工程，以及将工程发包给不具备相应资质条件的企业的，所确定的施工企业无效。

⑤ 有满足施工需要的资金安排、施工图纸及技术资料。建设单位应当提供建设资金已经落实承诺书，施工图设计文件已按规定审查合格。

⑥ 有保证工程质量和安全的具体措施。施工企业编制的施工组织设计中有根据建筑工程特点制订的相应质量、安全技术措施。建立工程质量安全责任制并落实到人。专业性较强的工程项目编制专项质量、安全施工组织设计，并按照规定办理工程质量、安全监督手续。

3.1.3 施工许可证的监管

（1）开工期限的规定

《建筑法》规定，建设单位应当自领取施工许可证之日起三个月内开工。因故不能按期开工的，应当向发证机关申请延期；延期以两次为限，每次不超过三个月。既不开工又不申请延期或者超过延期时限的，施工许可证自行废止。

施工活动不同于一般的生产活动，其受气候、经济、环境等因素的制约较大，根据客观条件的变化，允许适当延期是必要的。但是，申请延期也须有必要的限制。

（2）中止施工的规定

《建筑法》规定，在建的建筑工程因故中止施工的，建设单位应当自中止施工之日起一个月内，向发证机关报告，并按照规定做好建筑工程的维护管理工作。建筑工程恢复施工时，应当向发证机关报告；中止施工满一年的工程恢复施工前，建设单位应当报发证机关核验施工许可证。

所谓中止施工，是指建设工程开工后，由于特殊情况的发生，施工单位中途停止施工的一种行为。中止施工的原因很复杂，如地震、洪水等不可抗力，以及宏观调控压缩基建规模、停建缓建建设工程等。

对于因故中止施工的，建设单位应当按照规定的时限向发证机关报告，并按照规定做好建设工程的维护管理工作，防止建设工程在中止施工期间遭受不必要的损失，保证在恢复施工时可以尽快启动。例如，建设单位与施工单位应当确定合理的停工部位，并协商提出善后处理的具体方案，明确双方的职责、权利和义务；建设单位应当派专人负责，定期检查中止施工工程的质量状况，发现问题及时解决；建设单位要与施工单位共同做好中止施工的工地现场安全、防火、防盗、维护等各项工作，防止因工地脚手架、施工铁架、外墙挡板等腐烂、锈蚀、断裂、坠落、倒塌等导致发生人身安全事故，并保管好工程技术档案资料。

在恢复施工前，建设单位应当向发证机关报告恢复施工的有关情况。中止施工满一年的，在建设工程恢复施工前，建设单位还应当报发证机关核验施工许可证，看是否仍具备组织施工的条件，经核验符合条件的，应允许恢复施工，施工许可证继续有效；经核验不符合条件的，应当收回其施工许可证，不允许恢复施工，待条件具备后，由建设单位重新申领施工许可证。

（3）重新办理开工报告的规定

对于实行开工报告制度的建设工程，《建筑法》规定，按照国务院有关规定批准开工报告的建筑工程，因故不能按期开工或者中止施工的，应当及时向批准机关报告情况。因故不能按期开工超过六个月的，应当重新办理开工报告的批准手续。

按照国务院有关规定批准开工报告的建筑工程，一般都属于大中型建设项目。对于这类工程因故不能按期开工或者中止施工的，在审查和管理上更应该严格。

 随堂小练

某市一食品厂为扩大生产规模需要建设一栋综合楼，12层框架结构，建筑面积30000 m²。通过工程监理招标，该市某建设监理有限公司中标并与该厂签订了委托监理合同，合同价款50万元；通过施工招标，该市某建筑公司中标，并与该厂签订了建设工程施工合同，合同价款 6000 万元。合同签订后，建筑公司进入现场施工。在施工过程中，该厂发现建筑公司工程进度拖延并出现质量问题，为此双方出现纠纷，并闹到当地政府主管部门。当地政府主管部门在了解情况时，发现该厂的综合楼工程项目未办理规划许可、施工许可手续，责令该项目停止施工，限期改正，并对建设单位进行相应的罚款处理。

针对上述案例，谈谈你对施工许可的认识。

 案例

2019 年 7 月初，某小区某地块项目开始施工，实行分期分批建设。由于某小区某地块项目拿地合同是分期支付，当时因未支付完全部土地款，影响了不动产权证（国有土地使用证）申领，进而拖延了《建筑工程施工许可证》办理，导致出现未批先建现象。在取得《建筑工程施工许可证》前，所开工建设的某商铺及其地下室是某小区某地块项目的第一期第一栋，仅建了某商铺的地下室及地面二层主体框架结构，为该整体工程的一小部分。2019 年 8 月 13 日，市城管执法局对茂名市某小区某地块项目商铺及其地下室涉嫌未取得施工许可证，擅自施工的行为进行立案调查。

依据《建筑法》与《建筑工程施工许可管理办法》相关规定，对项目建设单位、施工单位及其项目负责人应当分别予以何种处罚？

3.2 建筑企业资质管理

在建设工程中，施工单位、勘察单位、设计单位、监理单位等通常是具有特定资质的组织。建设单位一般也应当具有法人资格，但有时候，建设单位也可能是没有资质要求的且不具有法人资格的其他组织。

3.2.1 建设工程施工企业资质规定

建设工程专业性强、技术难度大、危险程度高。因此，国家相关部门对建设活动的要求也相对严格。通过对从事建设活动的单位和专业技术人员进行严格的管理和事前控制，从而规范建设市场秩序，保证建设工程质量和安全生产，提高投资效益，保障公民生命财产安全和国家财产安全。

（1）施工企业资质的法定条件

根据《建筑业企业资质管理规定》，企业应当按照其拥有的资产、主要人员、已完成的工程业绩和技术装备等条件申请建筑业企业资质，经审查合格，取得建筑业企业资质证书后，方可在资质许可的范围内从事建筑施工活动。

① 有符合规定的净资产。根据《关于调整建筑业企业资质标准中净资产指标考核有关问题的通知》，企业净资产以企业申请资质前一年度或当期合法的财务报表中净资产指标为准考核。

② 有符合规定的主要人员。工程建设施工活动是一种专业性、技术性很强的活动。因此，建筑业企业必须拥有注册建造师及其他注册人员、工程技术人员、施工现场管理人员和技术

工人。

③ 有符合规定的已完成工程业绩。已完工的且符合相关规定竣工验收的工程项目等业绩，可以作为一个有力的评价指标，对本建筑企业资质的评价和获取有着极大的帮助。

④ 有符合规定的技术装备。作为一个正常运作的建筑施工企业，必须要有独立的施工装备并掌握必要的操作技术和相关施工工法，方能保证建设项目的正常顺利实施。

（2）企业资质序列、类别和等级划分

建设施工企业资质分为施工总承包企业、专业承包企业和劳务分包三个序列。

① 获得施工总承包资质的企业，可以对工程实施总承包或者对主体工程实行施工承包。承担施工总承包的企业可以对所承接的工程全部自行施工，也可以将非主体、非关键的工程或者劳务作业分包给具有相应专业承包资质或者劳务分包资质的其他建筑业企业。② 获得专业承包资质的企业，可以承接施工总承包企业分包的专业工程或者建设单位按照规定发包的专业工程。专业承包企业可以对所承接的工程全部自行施工，也可以将劳务作业分包给具有相应劳务分包资质的劳务分包企业。③ 获得劳务分包资质的企业，可以承接施工总承包企业或者专业承包企业分包的劳务作业。

施工总承包资质、专业承包资质、劳务分包资质序列按照工程性质和技术特点划分为若干资质类别。其中，施工总承包企业资质划分为12个资质类别，专业承包企业资质划分为36个资质类别，劳务分包企业资质不再划分类别。

各资质类别按照规定的条件划分为若干等级。施工总承包企业资质分为特级、一级、二级、三级；专业承包企业资质分为一级、二级、三级和无级别；劳务分包企业资质不再划分等级。

（3）无资质违法行为应承担的法律责任

① 企业申请办理资质的违法行为应承担的法律责任。《建筑法》规定，以欺骗手段取得资质证书的，吊销资质证书，处以罚款；构成犯罪的，依法追究刑事责任。

《建筑业企业资质管理规定》规定，申请企业隐瞒有关真实情况或者提供虚假材料申请建筑业企业资质的，资质许可机关不予许可并给予警告，申请企业在1年内不得再次申请建筑业企业资质。

企业以欺骗、贿赂等不正当手段取得建筑业企业资质的，由原资质许可机关予以撤销；由县级以上地方人民政府住房城乡建设主管部门或者其他有关部门给予警告，并处3万元的罚款；申请企业3年内不得再次申请建筑业企业资质。

企业未按照本规定及时办理建筑业企业资质证书变更手续的，由县级以上地方人民政府建设主管部门责令限期办理；逾期不办理的，可处以1000元以上1万元以下的罚款。

② 无资质承揽工程应承担的法律责任。《建筑法》规定，发包单位将工程发包给不具有相应资质条件的承包单位的，或者违反本法规定将建筑工程肢解发包的，责令改正，处以罚款。未取得资质证书承揽工程的，予以取缔，并处罚款；有违法所得的，予以没收。

③ 超越资质等级承揽工程应承担的法律责任。《建筑法》规定，超越本单位资质等级承揽工程的，责令停止违法行为，处以罚款，可以责令停业整顿，降低资质等级；情节严重的，吊销资质证书；有违法所得的，予以没收。

④ 允许其他单位或者个人以本单位名义承揽工程应承担的法律责任。《建筑法》规定，建筑施工企业转让、出借资质证书或者以其他方式允许他人以本企业的名义承揽工程的，责令改

正，没收违法所得，并处罚款，可以责令停业整顿，降低资质等级；情节严重的，吊销资质证书。对因该项承揽工程不符合规定的质量标准造成的损失，建筑施工企业与使用本企业名义的单位或者个人承担连带赔偿责任。

⑤ 违法分包应承担的法律责任。《建筑法》规定，承包单位将承包的工程转包的，或者违反本法规定进行分包的，责令改正，没收违法所得，并处罚款，可以责令停业整顿，降低资质等级；情节严重的，吊销资质证书。承包单位有以上规定的违法行为的，对因转包工程或者违法分包的工程不符合规定的质量标准造成的损失，与接受转包或者分包的单位承担连带赔偿责任。

3.2.2 建设工程勘察设计单位资质规定

《建设工程勘察设计企业资质管理规定》《工程勘察资质标准》《工程设计资质标准》等对工程勘察单位、工程设计单位的资质等级与标准、申请与审批、业务范围等做出了明确规定。

（1）工程勘察资质范围

工程勘察资质范围包括建设项目的岩土工程、水文地质勘查和工程测量等专业。其中岩土工程是指：岩土工程勘察、设计、测试、监测、检测、咨询、监理、治理。工程勘察资质分为综合类、专业类和劳务类三类。综合类包括工程勘察所有专业；专业类是指岩土工程、水文地质勘查、工程测量等专业中的某一项，其中岩土工程专业类可以是岩土工程勘察、设计、测试、检测、咨询、监理中的一项或全部；劳务类是指岩土工程治理、钻探、凿井等。工程勘察综合类资质只设甲级，工程勘察专业类资质原则上设甲、乙两个级别，确有必要设置丙级勘察资质的地区经住房和城乡建设部批准后方可设置，工程勘察劳务类资质不分级别。

（2）工程设计资质范围

工程设计范围包括本行业建设工程项目的主体工程和必要的配套工程（含厂区内的自备电站、道路、铁路专用线、各种管网和配套的建筑物等全部配套工程），以及与主体工程、配套工程相关的工艺、土木、建筑、环境保护、消防、安全、卫生、节能等工程。工程设计资质分工程设计综合资质、工程设计行业资质和工程设计专项资质三类。工程设计行业资质设甲、乙、丙三个级别，除建筑工程、市政公用、水利和公路等行业的工程设计丙级资质可独立进入设计市场外，其他行业工程设计丙级资质设置的对象仅为企业内部所属的非独立法人设计单位；工程设计专项资质根据专业发展需要设置级别，工程设计专项资质的设立，需由相关行业部门或授权的行业协会提出，并经住房和城乡建设部批准。

3.2.3 建设工程监理单位资质规定

《工程监理企业资质管理规定》对工程监理单位的资质等级与标准、申请与审批、业务范围等做出了明确规定。工程监理企业的资质等级分为甲级、乙级和丙级，并按照工程性质和技术特点划分为若干工程类别。

（1）甲级资质标准

① 由取得监理工程师资格证书的在职高级工程师、高级建筑师或者高级经济师作单位负

责人，或者由取得监理工程师资格证书的在职高级工程师、高级建筑师作技术负责人；

② 取得监理工程师资格证书的工程技术与管理人员不少于 50 人，且专业配套，其中高级工程师和高级建筑师不少于 10 人，高级经济师不少于 3 人；

③ 注册资金不少于 100 万元；

④ 一般应当监理过 5 个一等的一般工业与民用建设项目或者 2 个一等的工业、交通建设项目。

（2）乙级资质标准

① 由取得监理工程师资格证书的在职高级工程师、高级建筑师或者高级经济师作单位负责人，或者由取得监理工程师资格证书的在职高级工程师、高级建筑师作技术负责人；

② 取得监理工程师资格证书的工程技术与管理人员不少于 30 人，且专业配套，其中高级工程师和高级建筑师不少于 5 人，高级经济师不少于 2 人；

③ 注册资金不少于 50 万元；

④ 一般应当监理过 5 个二等的一般工业与民用建设项目或者 2 个二等的工业、交通建设项目。

（3）丙级资质标准

① 由取得监理工程师资格证书的在职高级工程师、高级建筑师或者高级经济师作单位负责人，或者由取得监理工程师资格证书的在职高级工程师、高级建筑师作技术负责人；

② 取得监理工程师资格证书的工程技术与管理人员不少于 10 人，且专业配套，其中高级工程师或高级建筑师不少于 2 人，高级经济师不少于 1 人；

③ 注册资金不少于 10 万元；

④ 一般应当监理过 5 个三等的一般工业与民用建设项目或者 2 个三等的工业、交通建设项目。

3.3 建设工程从业人员资格管理

执业资格制度是指对具备一定专业学历、资历的从事建筑活动的专业技术人员，通过考试和注册确定其执业的技术资格，从而使其获得相应建筑工程文件签字权的一种制度，该制度的实施对保证执业人员素质、促进市场经济有序发展具有重要作用。目前，我国对从事建筑活动的专业技术人员已建立起多种执业资格制度，如注册建筑师、注册土木工程师（岩土）、注册结构工程师、注册建造师、注册监理工程师以及注册造价工程师等。

3.3.1 注册建筑师

注册建筑师是指经考试、特许、考核认定取得中华人民共和国注册建筑师执业资格证书，或者经资格互认方式取得建筑师互认资格证书，并注册取得中华人民共和国注册建筑师注册证书和中华人民共和国注册建筑师执业印章，从事建筑设计及相关业务活动的专业技术人员。国务院颁布的《中华人民共和国注册建筑师条例》和住房和城乡建设部颁布的《中华人民共和国注册建筑师条例实施细则》，对注册建筑师的考试、注册管理、执业范围等做出了具体规定，我国注册建筑师分为两级，即一级注册建筑师和二级注册建筑师。

（1）报考的条件

无论是一级注册建筑师还是二级注册建筑师，报考之前都需要在建筑类相关专业取得一定的专业学历，并且满足相应的工作年限要求。随着我国建筑业的飞速发展，国家对相关职业人员的报考政策也将更加严谨。具体参加考试资格请查阅当年报名网站。

（2）注册建筑师的考试形式与科目

一级注册建筑师执业资格考试注重对专业知识的考查，如：设计前期与场地设计（知识）、建筑设计（知识）；建筑结构；建筑物理与设备；建筑材料与构造；建筑经济、施工及设计业务管理；建筑方案设计（作图）；建筑技术设计（作图）；场地设计（作图）。

二级注册建筑师考查范围略小于一级注册建筑师，更倾向于作图设计，如建筑设计（作图）；建筑构造与详图（作图）；建筑结构与设备；法律、法规、经济与施工。

（3）注册建筑师的执业范围

① 建筑设计；

② 建筑设计技术咨询；

③ 建筑物调查与鉴定；

④ 对本人主持设计的项目进行施工指导和监督；

⑤ 国务院建设主管部门规定的其他业务。

一级注册建筑师业务范围不受建筑规模和工程复杂程度的限制，而二级注册建筑师只能在国家规定的建筑规模和工程复杂程度范围内执行业务。

（4）注册建筑师的权利和义务

① 注册建筑师的权利。注册建筑师有权以注册建筑师的名义执行注册建筑师业务。国家规定的超过一定跨度、跨径和高度以上的房屋建筑，应当由注册建筑师主持设计并在文件上签字。任何单位和个人修改注册建筑师的设计图纸，应当征得该注册建筑师同意。但是，因特殊情况不能征得该注册建筑师同意的除外。

② 注册建筑师的义务。注册建筑师应当遵守法律、法规和职业道德，维护社会公共利益；保证建筑设计的质量，并在其负责的设计图纸上签字；保守在执业中知悉的单位和个人的秘密；不得同时受聘于两个以上建筑设计单位执行业务；不能准许他人以本人名义执行业务。

3.3.2 注册土木工程师（岩土）

土木工程师（岩土）是指取得土木工程师（岩土）执业资格和注册证书，主要研究工程岩土的物质构成、分析岩土样本数据、计算工地所需建筑岩土的规格等的专业人员。地基、桩、挡土墙、水坝、隧道等的设计都需要岩土工程师为其提供建议。

（1）土木工程师（岩土）的报考条件

凡中华人民共和国公民，遵守国家法律、法规，恪守职业道德，并具备相应专业教育和职业实践条件者，均可申请参加注册土木工程师（岩土）执业资格考试。具体参加考试资格请查阅当年报名网站。

（2）土木工程师（岩土）的考试形式与科目

我国土木工程师（岩土）考试分两阶段进行：基础部分和专业部分。

① 基础部分。主要考查高等数学、普通物理、普通化学、理论力学、材料力学、流体力学、电工电子技术、信号与信息技术、计算机应用基础、工程经济、法律法规11个项目，以及与岩土工程直接有关的土木工程材料、工程测量、土木工程施工与管理、工程地质、结构力学、结构设计、土力学与基础工程、岩体力学与岩体工程等专业理论知识。

② 专业部分。主要考查岩土工程勘察；浅基础；深基础；地基处理；土工结构、边坡、基坑与地下工程；特殊条件下的岩土工程；地震工程和工程经济与管理科目。

(3) 土木工程师（岩土）的执业范围

① 岩土工程勘察。与各类建设工程项目相关的岩土工程勘察、工程地质勘察、工程水文地质勘察、环境岩土工程勘察、固体废弃物堆填勘察、地质灾害与防治勘察、地震工程勘察。

② 岩土工程设计。与各类建设工程项目相关的地基基础设计、岩土加固与改良设计、边坡与支护工程设计、开挖与填方工程设计、地质灾害防治设计、地下水控制设计（包括施工降水、隔水、回灌设计及工程抗浮措施设计等）、土工结构设计、环境岩土工程设计、地下空间开发岩土工程设计以及与岩土工程、环境岩土工程相关的其他技术设计。

③ 岩土工程检验、监测的分析与评价。与各类建设工程项目相关的地基基础工程、岩土加固与改良工程、边坡与支护工程、开挖与填方工程、地质灾害防治工程、土工构筑物工程、环境岩土工程以及地下空间开发工程的施工、使用阶段相关岩土工程质量检验及工程性状监测；地下水水位、水压力、水质、水量等的监测；建设工程对建设场地周边相邻建筑物、构筑物、道路、基础设施、边坡等的环境影响监测；其他岩土工程治理质量检验与工程性状监测。

④ 岩土工程咨询。上述各类岩土工程勘察、设计、检验、监测等方面的相关咨询；岩土工程、环境岩土工程专项研究、论证和优化；施工图文件审查；岩土工程、环境岩土工程项目管理咨询；岩土工程、环境岩土工程风险管理咨询；岩土工程质量安全事故分析；岩土工程、环境岩土工程项目招标文件编制与审查；岩土工程、环境岩土工程项目投标文件审查。

⑤ 住房和城乡建设主管部门对岩土工程专业规定的其他业务。

(4) 土木工程师（岩土）的权利和义务

① 土木工程师（岩土）的权利。使用注册工程师称谓；在规定范围内从事执业活动；依据本人能力从事相应的执业活动；保管和使用本人的注册证书和执业印章；对本人执业活动进行解释和辩护；接受继续教育；获得相应的劳动报酬；对侵犯本人权利的行为进行申诉。

② 土木工程师（岩土）的义务。遵守法律、法规和有关管理规定；执行工程建设标准规范；保证执业活动成果的质量，并承担相应责任；接受继续教育，努力提高执业水准；在本人执业活动所形成的勘察、设计文件上签字、加盖执业印章；保守在执业中知悉的国家秘密和他人的商业、技术秘密；不得涂改、出租、出借或者以其他形式非法转让注册证书或者执业印章；不得同时在两个或两个以上单位受聘或者执业；在本专业规定的执业范围和聘用单位业务范围内从事执业活动；协助注册管理机构完成相关工作。

3.3.3 注册结构工程师

注册结构工程师是指取得中华人民共和国注册结构工程师执业资格证书和注册证书，从事结构工程设计；结构工程设计技术咨询；建筑物、构筑物、工程设施等调查和鉴定；对本人主持设计的项目进行施工指导和监督；住房和城乡建设部和国务院有关部门规定的其他业务的人员。我国注册结构工程师分为一级注册结构工程师和二级注册结构工程师。

（1）注册结构工程师的报考条件

注册结构工程师考试实行全国统一大纲、统一命题、统一组织的方法，原则上每年举行一次且只在省会城市设立考点。注册结构工程师报考条件包含了本专业（结构工程和建筑工程）以及相近专业和其他工科专业要求以及部分专业职业实践要求。具体参加考试资格请查阅当年报名网站。

通过基础考试的人员，从事结构工程师设计或相关业务符合规定年限，方可申请参加专业考试。

（2）注册结构工程师的考试形式与科目

一级注册结构工程师考试设基础考试和专业考试两部分：

基础部分为客观题，主要考查高等数学、普通物理、普通化学、理论力学、材料力学、流体力学、计算机应用基础、电工电子技术、工程经济、信号与信息技术、法律法规、土木工程材料、工程测量、职业法规、土木工程施工与管理、结构设计、结构力学、结构试验、土力学与地基基础。

专业部分的考查主要采取主客观相结合的方法，如钢筋混凝土结构、钢结构、砌体结构与木结构、地基与基础、高层建筑、高耸结构与横向作用、桥梁结构。

二级注册结构工程师只考专业课部分，具体科目为：钢筋混凝土结构、钢结构、砌体结构与木结构、地基与基础、高层建筑、高耸结构与横向作用。

（3）注册结构工程师的执业范围

注册结构工程师可以从事：

① 结构工程设计；

② 结构工程设计技术咨询；

③ 建筑物、构筑物、工程设施等调查和鉴定；

④ 对本人主持设计的项目进行施工指导和监督；

⑤ 住房和城乡建设部和国务院有关部门规定的其他业务。

一级注册结构工程师的勘察设计范围不受项目规模及工程复杂程度的限制。二级注册结构工程师的勘察设计范围仅限国家规定的民用建筑工程三级及以下或工业小型项目。

结构工程师是属于建筑业中的结构设计和研究，不包括建筑设计和机电设计。

（4）注册结构工程师的权利和义务

① 注册结构工程师的权利。注册结构工程师有权以注册结构工程师的名义执行注册结构工程师业务；非注册结构工程师不得以注册结构工程师的名义执行注册结构工程师业务；国家规定的一定跨度、高度等以上的结构工程设计，应当由注册结构工程师主持设计；任何单位和个人修改注册结构工程师的设计图纸，应当征得该注册结构工程师同意（因特殊情况不能征得该注册结构工程师同意的除外）。

② 注册结构工程师的义务。遵守法律、法规和职业道德，维护社会公众利益；保证工程设计的质量，并在其负责的设计图纸上签字盖章；保守在执业中知悉的单位和个人的秘密；不得同时受聘于两个以上勘察设计单位执行业务；不得准许他人以本人名义执行业务；按规定接受必要的继续教育，定期进行业务和法规培训。

3.3.4 注册建造师

注册建造师是指通过考核认定或考试合格后取得中华人民共和国建造师资格证书，并按照规定注册，取得中华人民共和国建造师注册证书和执业印章，担任施工单位项目负责人及从事相关活动的专业技术人员。《建造师执业资格制度暂行规定》中规定，建造师分为一级建造师和二级建造师。

（1）注册建造师的报考条件

无论是一级注册建造师还是二级注册建造师，报考之前都需要在建筑相关专业取得一定的专业学历，并且满足相应的工作年限要求。具体报考条件请查阅当年报名网站。

（2）注册建造师的考试形式与科目

① 一级建造师考试科目。建设工程经济、建设工程项目管理、建设工程法规及相关知识、专业工程管理与实务（专业包含：建筑工程、公路工程、铁路工程、民航机场工程、港口与航道工程、水利水电工程、市政公用工程、通信与广电工程、矿业工程、机电工程10个类别）。

② 二级建造师考试科目。建设工程施工管理、建设工程法规及相关知识、专业工程管理与实务（专业包含：建筑工程、公路工程、水利水电工程、矿业工程、机电工程和市政公用工程6个类别）。

（3）注册建造师的执业范围

注册建造师有权以建造师的名义担任建设工程项目施工的项目经理；从事其他施工活动的管理；从事法律法规或国务院行政主管部门规定的其他业务。一级建造师可以担任特级、一级建筑企业资质的建设工程项目施工的项目经理；二级建造师可以担任二级及以下建筑企业资质的建设工程项目施工的项目经理。注册建造师不得同时担任两个及以上建设工程施工项目负责人。发生下列情形之一的除外：

① 同一工程相邻分段发包或分期施工的；

② 合同约定的工程验收合格的；

③ 因非承包方原因致使工程项目停工超过120天（含），经建设单位同意的。

（4）注册建造师的权利和义务

① 注册建造师的权利。使用注册建造师名称；在规定范围内从事执业活动；在本人执业活动中形成的文件上签字并加盖执业印章；保管和使用本人注册证书、执业印章；对本人执业活动进行解释和辩护；接受继续教育；获得相应的劳动报酬；对侵犯本人权利的行为进行申诉。

建设工程施工活动中形成的有关工程施工管理文件，应当由注册建造师签字并加盖执业印章。经施工单位签署的质量合格的文件上，必须有注册建造师的签字盖章。

② 注册建造师的义务。遵守法律法规和有关管理规定，恪守职业道德；执行技术标准、规范和规程；保证执业成果的质量，并承担相应责任；接受继续教育，努力提高执业水准；保守在执业中知悉的国家秘密和他人的商业、技术等秘密；与当事人有利害关系的，应当主动回避；协助注册管理机关完成相关工作。

3.3.5 监理工程师

监理工程师系岗位职务，是指经全国统一考试合格并经注册取得监理工程师岗位证书的工程建设监理人员。

（1）监理工程师的报考条件

监理工程师资格考试，各省统一组织考试，原则上每年进行一次。参加监理工程师资格考试者，必须具备一定专业的学历和相应的工作年限，且在指定的单位经培训合格取得培训证书。

具体参加考试资格请查阅当年报名网站。

（2）监理工程师的考试科目

注册监理工程师考试设4个科目，具体是：建设工程监理基本理论和相关法规、建设工程合同管理、建设工程目标控制、建设工程监理案例分析。

（3）监理工程师的执业范围

取得资格证书的人员，应当受聘于一个具有建设工程勘察、设计、施工、监理、招标代理、造价咨询等一项或者多项资质的单位，经注册后方可从事相应的执业活动。从事工程监理执业活动的，应当受聘并注册于一个具有工程监理资质的单位。注册监理工程师可以从事工程监理、工程经济与技术咨询、工程招标与采购咨询、工程项目管理服务以及国务院有关部门规定的其他业务。

（4）监理工程师的权利和义务

① 监理工程师的权利。使用注册监理工程师称谓；在规定范围内从事执业活动；依据本人能力从事相应的执业活动；保管和使用本人的注册证书和执业印章；对本人执业活动进行解释和辩护；接受继续教育；获得相应的劳动报酬；对侵犯本人权利的行为进行申诉。

② 监理工程师的义务。遵守法律、法规和有关管理规定；履行管理职责，执行技术标准、规范和规程；保证执业活动成果的质量，并承担相应责任；接受继续教育，努力提高执业水准；在本人执业活动所形成的工程监理文件上签字、加盖执业印章；保守在执业中知悉的国家秘密和他人的商业、技术秘密；不得涂改、倒卖、出租、出借或者以其他形式非法转让注册证书或者执业印章；不得同时在两个或者两个以上单位受聘或者执业；在规定的执业范围和聘用单位业务范围内从事执业活动；协助注册管理机构完成相关工作。

3.3.6 造价工程师

注册造价工程师是通过全国造价工程师执业资格统一考试或者资格认定、资格互认，取得中华人民共和国造价工程师执业资格，并按照《注册造价工程师管理办法》注册，取得中华人民共和国造价工程师注册执业证书和执业印章，从事工程造价活动的专业人员。《造价工程师执业资格制度暂行规定》对造价工程师的考试、注册管理、权利义务关系做出了具体规定。

（1）造价工程师的报考条件

造价工程师执业资格考试实行全国统一大纲、统一命题、统一组织的办法。原则上每年举行一次。凡中华人民共和国公民，遵纪守法且报考之前在建筑类相关专业取得一定的专业学历，并且满足相应的工作年限要求并具备以下条件之一者，均可申请参加造价工程师执业资格考试。具体参加考试资格请查阅当年报名网站。

（2）造价工程师的考试形式与科目

一级造价工程师职业资格考试设建设工程造价管理、建设工程计价、建设工程技术与计量、建设工程造价案例分析4个科目。其中，建设工程造价管理和建设工程计价为基础科目，建设工程技术与计量和建设工程造价案例分析为专业科目。

二级造价工程师职业资格考试设建设工程造价管理基础知识、建设工程计量与计价实务 2 个科目。其中，建设工程造价管理基础知识为基础科目，建设工程计量与计价实务为专业科目。

造价工程师职业资格考试分为土木建筑工程、交通运输工程、水利工程和安装工程 4 个专业类别，考生在报名时可根据实际工作需要选择其一。其中，土木建筑工程、安装工程专业由住房和城乡建设部负责；交通运输工程专业由交通运输部负责；水利工程专业由水利部负责。

（3）造价工程师的执业范围

国家在工程造价领域实施造价工程师执业资格制度，凡是从事工程建设活动的建设、设计、施工、工程造价咨询等单位，必须在计价、评估、审核、审查、控制及管理等岗位配备有造价工程师执业资格的专业人员。造价工程师执业范围包括：

① 建设项目投资估算、概算、预算、结算、决算及工程招标标底价、投标报价的编制或审核。

② 建设项目经济评价和后评价、设计方案技术经济论证和优化、施工方案优选和技术经济评价。

③ 工程造价的监控。

④ 工程经济纠纷的鉴定。

⑤ 工程变更及合同价的调整和索赔费用的计算。

⑥ 工程造价依据的编制和审查。

⑦ 国务院建设行政主管部门规定的其他业务。

（4）造价工程师的权利和义务

① 造价工程师的权利。使用造价工程师名称；依法独立执行业务；签署工程造价文件、加盖执业专用章；申请设立工程造价咨询单位；对违反国家法律法规的不正当计价行为，有权向有关部门举报。

② 造价工程师的义务。遵守法律法规，遵守职业道德；接受继续教育，提高业务技术水平；在执业中保守技术和经济秘密；不得允许他人以本人名义执业；按照有关规定提供工程造价资料。

3.4 建筑市场信用体系建设

良好的信用制度对市场经济的运行和发展起着保障和促进作用。《国务院办公厅关于社会信用体系建设的若干意见》中指出：建设社会信用体系，是完善我国社会主义市场经济体制的客观需要，是整顿和规范市场经济秩序的治本之策。

3.4.1 建筑市场诚信行为信息的分类

住房和城乡建设部《建筑市场信用管理暂行办法》规定，建筑市场信用信息由基本信息、优良信用信息、不良信用信息构成。

（1）基本信息

基本信息是指注册登记信息、资质信息、工程项目信息、注册执业人员信息等。

（2）优良信用信息

优良信用信息是指建筑市场各方主体在工程建设活动中获得的县级以上行政机关或群团组织表彰奖励等信息。

（3）不良信用信息

不良信用信息是指建筑市场各方主体在工程建设活动中违反有关法律、法规、规章或工程建设强制性标准等，受到县级以上住房城乡建设主管部门行政处罚的信息，以及经有关部门认定的其他不良信用信息。

3.4.2 建筑市场施工单位不良行为记录认定标准

《全国建筑市场各方主体不良行为记录认定标准》分别对建设相关单位和注册建造师的不良行为制定了具体认定标准。

施工单位的不良行为记录认定标准分为如下5大类：

① 资质不良行为认定标准：a. 未取得资质证书承揽工程的，或超越本单位资质等级承揽工程的；b. 以欺骗手段取得资质证书承揽工程的；c. 允许其他单位或个人以本单位名义承揽工程的；d. 未在规定期限内办理资质变更手续的；e. 涂改、伪造、出借、转让《建筑业企业资质证书》的；f. 按照国家规定需要持证上岗的技术工种的作业人员未经培训、考核，未取得证书上岗，情节严重的。

② 承揽业务不良行为认定标准：a. 利用向发包单位及其工作人员行贿、提供回扣或者给予其他好处等不正当手段承揽业务的；b. 相互串通投标或与招标人串通投标的，以向招标人或评标委员会成员行贿的手段谋取中标的；c. 以他人名义投标或以其他方式弄虚作假，骗取中标的；d. 不按照与招标人订立的合同履行义务，情节严重的；e. 将承包的工程转包或违法分包的。

③ 工程质量不良行为认定标准：a. 在施工中偷工减料的，使用不合格建筑材料、建筑构配件和设备的，或者有不按照工程设计图纸或施工技术标准施工的其他行为的；b. 未按照节能设计进行施工的；c. 未对建筑材料、建筑构配件、设备和商品混凝土进行检测，或未对涉及结构安全的试块、试件以及有关材料取样检测的；d. 工程竣工验收后，不向建设单位出具质量保修书的，或质量保修的内容、期限违反规定的；e. 不履行保修义务或者拖延履行保修义务的。

④ 工程安全不良行为认定标准：a. 在本单位发生重大生产安全事故时，主要负责人不立即组织抢救或在事故调查处理期间擅离职守或逃匿的，主要负责人对生产安全事故隐瞒不报、谎报或拖延不报的；b. 对建筑安全事故隐患不采取措施予以消除的；c. 不设立安全生产管理机构、配备专职安全生产管理人员或分部分项工程施工时无专职安全生产管理人员现场监督的；d. 主要负责人、项目负责人、专职安全生产管理人员、作业人员或特种作业人员，未经安全教育培训或经考核不合格即从事相关工作的；e. 未在施工现场的危险部位设置明显的安全警示标志，或未按照国家有关规定在施工现场设置消防通道、消防水源，配备消防设施和灭火器材的；f. 未向作业人员提供安全防护用具和安全防护服装的；g. 未按照规定在施工起重

机械和整体提升脚手架、模板等自升式架设设施验收合格后登记的；h. 使用国家明令淘汰、禁止使用的危及施工安全的工艺、设备、材料的；i. 违法挪用列入建设工程概算的安全生产作业环境及安全施工措施所需费用的；j. 施工前未对有关安全施工的技术要求做出详细说明的；k. 未根据不同施工阶段和周围环境及季节、气候的变化，在施工现场采取相应的安全施工措施，或在城市市区内的建设工程的施工现场未实行封闭围挡的；l. 在尚未竣工的建筑物内设置员工集体宿舍的；m. 施工现场临时搭建的建筑物不符合安全使用要求的；n. 未对因建设工程施工可能造成损害的毗邻建筑物、构筑物和地下管线等采取专项防护措施的；o. 安全防护用具、机械设备、施工机具及配件在进入施工现场前未经查验或查验不合格即投入使用的；p. 使用未经验收或验收不合格的施工起重机械和整体提升脚手架、模板等自升式架设设施的；q. 委托不具有相应资质的单位承担施工现场安装、拆卸施工起重机械和整体提升脚手架、模板等自升式架设设施的；r. 在施工组织设计中未编制安全技术措施、施工现场临时用电方案或专项施工方案的；s. 主要负责人、项目负责人未履行安全生产管理职责的，或不服从管理、违反规章制度和操作规程冒险作业的；t. 施工单位取得资质证书后，降低安全生产条件的，或经整改仍未达到与其资质等级相适应的安全生产条件的；u. 取得安全生产许可证发生重大安全事故的；v. 未取得安全生产许可证擅自进行生产的；w. 安全生产许可证有效期满未办理延期手续，继续进行生产的，或逾期不办理延期手续，继续进行生产的；x. 转让安全生产许可证的，接受转让的，冒用或使用伪造的安全生产许可证的。

⑤ 拖欠工程款或工人工资不良行为认定标准：恶意拖欠或克扣劳动者工资的。

3.4.3 建筑市场诚信行为的公布和奖惩机制

（1）建筑市场诚信行为的公布

《建筑市场信用管理暂行办法》规定，各级住房城乡建设主管部门应当完善信用信息公开制度，通过省级建筑市场监管一体化工作平台和全国建筑市场监管公共服务平台，及时公开建筑市场各方主体的信用信息。

公开建筑市场各方主体信用信息不得危及国家安全、公共安全、经济安全和社会稳定，不得泄露国家秘密、商业秘密和个人隐私。

① 公布的时限。建筑市场各方主体的信用信息公开期限为：基本信息长期公开；优良信用信息公开期限一般为 3 年；不良信用信息公开期限一般为 6 个月至 3 年，并不得低于相关行政处罚期限。具体公开期限由不良信用信息的认定部门确定。

省、自治区和直辖市建设行政主管部门负责审查整改结果，对整改确有实效的，由企业提出申请，经批准后，可缩短其不良行为记录信息公布期限，但公布期限最短不得少于 3 个月，同时应当将整改结果列入相应不良行为记录，供有关部门和社会公众查询；对于拒不整改或整改不力的单位，信息发布部门可延长其不良行为记录信息公布期限。

《招标投标违法行为记录公告暂行办法》规定，国务院有关行政主管部门和省级人民政府有关行政主管部门应自招标投标违法行为行政处理决定作出之日起 20 个工作日内对外进行记录公告。违法行为记录公告期限为六个月。依法限制招标投标当事人资质（资格）等方面的行政处理决定，所认定的限制期限长于六个月的，公告期限从其决定。

② 公布的内容和范围。《建筑市场诚信行为信息管理办法》规定，属于《全国建筑市场各方主体不良行为记录认定标准》范围的不良行为记录除在当地发布外，还将由建设部统一在全

国公布,公布期限与地方确定的公布期限相同,法律、法规另有规定的从其规定。通过与工商、税务、纪检、监察、司法、银行等部门建立的信息共享机制,获取的有关建筑市场各方主体不良行为记录的信息,省、自治区、直辖市建设行政主管部门也应参照本规定在本地区统一公布。各地建筑市场综合监管信息系统,要逐步与全国建筑市场诚信信息平台实现网络互联、信息共享和实时发布。

③ 公告的变更。《建筑市场诚信行为信息管理办法》规定,对发布有误的信息,由发布该信息的省、自治区和直辖市建设行政主管部门进行修正,根据被曝光单位对不良行为的整改情况,调整其信息公布期限,保证信息的准确和有效。

(2) 建筑市场诚信行为的奖惩机制

《建筑市场诚信行为信息管理办法》和《关于加快推进建筑市场信用体系建设工作的意见》中规定,应当依据国家有关法律、法规和规章,按照诚信激励和失信惩戒的原则,逐步建立诚信奖惩机制,在行政许可、市场准入、招标投标、资质管理、工程担保与保险、表彰评优等工作中,充分利用已公布的建筑市场各方主体的诚信行为信息,依法对守信行为给予激励,对失信行为进行惩处。

对于一般失信行为,要对相关单位和人员进行诚信法制教育,促使其知法、懂法、守法;对有严重失信行为的企业和人员,要会同有关部门,采取行政、经济、法律和社会舆论等综合惩治措施,对其依法公布、曝光或予以行政处罚、经济制裁;行为特别恶劣的,要坚决追究失信者的法律责任,提高失信成本,使失信者得不偿失。

3.4.4 建筑市场主体诚信评价的基本规定

《建筑市场信用管理暂行办法》规定,省级住房和城乡建设主管部门可以结合本地实际情况,开展建筑市场信用评价工作。鼓励第三方机构开展建筑市场信用评价。

(1) 信用评价的主要内容

建筑市场信用评价主要包括企业综合实力、工程业绩、招标投标、合同履约、工程质量控制、安全生产、文明施工、建筑市场各方主体优良信用信息及不良信用信息等内容。

省级住房城乡建设主管部门应当按照公开、公平、公正的原则,制定建筑市场信用评价标准,不得设置歧视外地建筑市场各方主体的评价指标,不得对外地建筑市场各方主体设置信用壁垒。

鼓励设置建设单位对承包单位履约行为的评价指标。

(2) 信用评价结果的应用

地方各级住房城乡建设主管部门可以结合本地实际,在行政许可、招标投标、工程担保与保险、日常监管、政策扶持、评优表彰等工作中应用信用评价结果。

省级建筑市场监管一体化工作平台应当公开本地区建筑市场信用评价办法、评价标准及评价结果,接受社会监督。

 思考题

1. 阐述施工许可证的申请主体和适用范围。
2. 阐述《建筑法》规定的施工许可证的法定批准条件。

3. 结合所学专业谈谈你对拟考取的执业证书的看法。

实战题

A公司于2019年11月以土地招标方式取得国有土地使用权证,并于2020年4月取得该项目的规划许可证。规划许可证的内容为G房产开发项目(共7栋住宅楼)。总建筑面积为100000m²。2020年5月该项目的施工图设计文件经施工图审查机构审查合格,并取得了施工图审查报告。2020年6月A公司以公开招标方式确定了工程总承包单位为B公司,并签订了建设工程施工合同,合同价款为9500万元。2020年7月A公司在未办理工程质量监督手续和未取得施工许可证的情况下擅自开工建设。被调查时,该项目第1栋楼已完成土石方开挖,第2栋楼已施工至±0,第3栋楼施工至2层,1、2、3栋楼已完成的工程量造价为927万元,1、2、3栋楼的合同价款为3617万元。

请大家对上述案例中存在的违法行为进行分析,并对相应的惩罚整治措施展开讨论。

第4章
建设工程招标投标制度

 导言

　　招标投标制度在我国建筑业领域内应用极为广泛。建设单位将工程发包给具有相应资质的其他单位，由其运用其专业技能和技术领先水平按照合同约定完成工程建设。工程招标投标制度的建立与施行是对计划经济条件下单纯运用行政办法分配建设任务的一项重大改革措施，是保护市场竞争、反对市场垄断和发展市场经济的一个重要标志。

　　一直以来，招标投标活动在工程建设过程中扮演着至关重要的角色，且出现频率极广，如勘察设计招标投标、施工招标投标、货物招标投标、分包单位的招标投标等。近年来，随着建设活动投资规模日趋增大，国家对建设工程的关注度也不断提高，一系列的法律、法规的颁布使得建设工程逐渐系统化、规范化。本章将以《招标投标法》和《民法典》为核心，结合与工程建设相关的法律、法规对建设工程施工的招标投标活动进行阐述与讲解。"工匠精神"，即"敬业、精益、专注、创新"，招标投标环节每个步骤与每个参与者都需具备工匠精神才能使招标投标环节高效、安全、合法地进行下去。

 引例

　　某公路大桥为某高速公路跨越长江的一座特大型公路桥梁，其引桥和接线一期土建招标划分了多个标段，招标人首先对投标人进行了资格预审。资格预审评审后，各标段通过投标人均为8家左右。受招标人委托，某招标代理单位编制了本项目招标文件，根据国家相关法规规定在招标文件中约定"本项目评标采用合理低价法，招标人将于开标前7日以书面形式通知各投标人本项目的招标控制价"。但在开标前7日，招标人出于某些考虑和对通过资格预审的各投标人的信任，发出书面通知告知投标人取消本项目的投标最高限价。开标后，各标段投标人的投标报价均远远超出批准的概算，且经过评审，从投标人报价文件可以明显看出存在投标人串通投标、哄抬标价的行为，为此，评标委员会否决了所有投标。

　　结合本案例，阐述设立招标投标制度的目的是什么？招标投标的原则有哪些？在本项目评标过程中评标委员会为什么要否定所有投标？如果否决所有投标，其依据是什么？所有投标被否决后，接下来该项目如何推进？

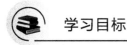 学习目标

本章从招标出发,对招标的原则、方式,法律对招标的要求、禁止以及招标的基本程序做了详细论述。在此基础上,阐述了法律法规对投标的基本要求、对联合体的相关规定、对中标的法定要求、对招标投标投诉与处理以及违法行为应承担的法律责任。最后,本章详细介绍了法律对建筑工程总承包、共同承包、分包的规定,阐述了带资承包的概念、违法性以及发生的原因。

掌握:建设工程招标方式及适用范围;建设工程招标的程序;建设工程投标的基本要求;建设工程招标投标中的违法行为;建设工程总承包的规定。

4.1 建设工程招标

建设工程招标,是建设单位对拟建的建设工程项目通过法定的程序和方式吸引承包单位进行公平竞争,并从中选择条件优越者来完成建设工程任务以实现缩短工期、提高工程质量和节约建设投资的行为。建筑工程招标包括勘察设计、施工、咨询、监理、材料设备供应等内容,应用最普遍的是建筑施工招标。

4.1.1 建设工程招标的原则和方式

4.1.1.1 建设工程招标的原则

《民法典》第七百九十条规定:"建设工程的招标投标活动,应当依照有关法律的规定公开、公平、公正进行"这确定了招标投标活动的基本原则。

(1)公开原则

所谓"公开",首先是指进行招标投标活动的有关信息要公开。招标方应通过在新闻媒体上刊发广告或者其他适当的形式,发布建筑工程招标的信息,并在公开提供的招标文件中,载明招标工程的主要技术要求及对投标人的资格要求等内容,使所有符合条件的承包商都能有机会参与投标竞争。其次,招标投标活动的程序要公开,包括领取招标文件的时间、地点,投标的截止日期,开标的时间、地点,评标的标准和方法及中标的结果等,都应当公开透明,以便各方面监督,不允许进行"暗箱操作"。

(2)公平原则

所谓"公平",是指进行招标投标活动中,要求招标人或评标委员会严格按照规定的条件和程序办事,给予所有投标人平等的机会,使其享有同等的权利,履行同等的义务,招标人不得以任何理由排斥或者歧视任何投标人。《招标投标法》第六条明确规定:"依法必须进行招标的项目,其招标投标活动不受地区或者部门的限制。任何单位和个人不得违法限制或者排斥本地区、本系统以外的法人或者其他组织参加投标,不得以任何方式非法干涉招标投标活动。"

(3)公正原则

所谓"公正",是指在招标投标活动中,招标人或是评标委员会行为应当公正,严格按照

公开的招标条件和程序办事，对所有的投标竞争者都应该平等对待。《招标投标法》第四十条规定："评标委员会应当按照招标文件确定的评标标准和方法，对投标文件进行评审和比较。"评标委员会成员应当客观、公正地履行职务，遵守职业道德。与投标人有利害关系的人员不得作为评标委员会的成员。招标人和投标人双方在招标投标过程中的地位平等，任何一方不得向另一方提出不合理的要求。

（4）诚实信用原则

所谓"诚实信用"，是指在进行招标投标活动中，要求招标人和投标人双方都要诚实守信，不得有欺骗、隐瞒的行为。在招标过程中，招标人不得发布虚假的招标信息，不得擅自终止招标。在投标过程中，投标人不得以他人名义投标，不得与招标人或是其他投标人串通投标。中标通知书发出后，招标人不得擅自对中标内容做出实质性的变动，中标人不得擅自放弃中标项目。

4.1.1.2 建设工程招标的方式

（1）公开招标和邀请招标

公开招标，是指招标人以招标公告的方式邀请不特定的法人或者其他组织参与投标。依法必须进行招标的项目的招标公告，应当通过国家指定的报刊、信息网络或者其他媒介发布。《招标投标法实施条例》明确规定："国有资金占控股或者主导地位的依法必须进行招标的项目，应当公开招标。"

目前公开招标主要分为国际竞争性招标和国内竞争性招标。但不管是国外竞争性招标还是国内竞争性招标都存在其自身的优点及局限性。

邀请招标，是指招标人以投标邀请书的方式邀请特定的法人或者是其他组织参与投标。《招标投标法》第十七条规定："招标人采用邀请招标方式的，应当向三个以上具备承担招标项目的能力、资信良好的特定的法人或者其他组织发出投标邀请书。"国务院发展计划部门确定的国家重点项目和省、自治区、直辖市人民政府确定的重点项目不适宜公开招标的，经国务院发展计划部门和省、自治区、直辖市人民政府批准，可以进行邀请招标。邀请招标的项目范围如表 4-1 所示。❶

表 4-1 邀请招标的项目范围

相关规定	具体内容
《招标投标法》第十一条	国务院发展计划部门确定的国家重点项目和省、自治区、直辖市人民政府确定的地方重点项目不适宜公开招标的，经国务院发展计划部门或者省、自治区、直辖市人民政府批准，可以进行邀请招标
《招标投标法实施条例》第八条	国有资金占控股或者主导地位的依法必须进行招标的项目，应当公开招标；但有下列情形之一的，可以邀请招标： （一）技术复杂、有特殊要求或者受自然环境限制，只有少量潜在投标人可供选择； （二）采用公开招标方式的费用占项目合同金额的比例过大

与公开招标相比，邀请招标不用刊登招标公告，而是仅仅将招标文件发送给几家符合条件

---

❶ 推荐阅读：蒋金萍，蒋守华. 在招标投标和政府采购中代理机构应找准自己的"角色"[N]. 中国政府采购报，2020-11-13（004）.

的法人或其他组织,不仅大大缩短了投标有效期,还能降低投标价格,降低投标风险。

(2) 总承包招标和两阶段招标

《招标投标法实施条例》规定:"招标人可以依法对工程以及与工程建设有关的货物、服务全部或者部分实行总承包招标。以暂估价形式包括在总承包范围内的工程、货物、服务属于依法必须进行招标的项目范围且达到国家规定规模标准的,应当依法进行招标。"其中,暂估价是指在总承包招标时不能确定价格而由招标人在招标文件中暂时估定的工程、货物、服务的金额。

对技术复杂或者无法精确拟定技术规格的项目,招标人可以分两阶段进行招标:

第一阶段:投标人按照招标公告或者投标邀请书的要求提交不带报价的技术建议,招标人根据投标人提交的技术建议确定技术标准和要求,编制招标文件。

第二阶段:招标人向在第一阶段提交技术建议的投标人提供招标文件,投标人按照招标文件的要求提交包括最终技术方案和投标报价的投标文件。

4.1.2 强制招标与不招标的项目界定

《招标投标法》第三条规定:"在中华人民共和国境内进行下列工程建设项目包括项目的勘察、设计、施工、监理以及与工程建设有关的重要设备、材料等的采购,必须进行招标。"强制招标的项目范围如表 4-2 所示。

表 4-2 强制招标的项目范围

分类		必须招标的范围
第一类:在我国境内进行的工程建设项目	大型基础设施、公用事业等关系社会公共利益、公众安全的项目	①煤炭、石油、天然气、电力、新能源等能源基础设施项目; ②铁路、公路、管道、水运以及公共航空和 A1 级通用机场等交通运输设施基础项目; ③电信枢纽、通信信息网络等通信基础设施项目; ④防洪、灌溉、排涝、引(供)水等水利基础设施项目; ⑤城市轨道交通等城建项目
	全部或者部分使用国有资金投资或者国家融资的项目	①使用预算资金 200 万元人民币以上,并且该资金占投资额 10% 以上的项目; ②使用国有企业事业单位资金,并且该资金占控股或者主导地位的项目。
	使用国际组织或者外国政府贷款、援助资金的项目	①使用世界银行、亚洲开发银行等国际组织贷款、援助资金的项目; ②使用国外政府及其机构贷款、援助资金的项目
第二类:为第一类项目的勘察、设计、施工、监理以及与工程建设有关的重要设备、材料等的采购	达到下列标准之一的: ①施工单项合同估算价在 400 万元人民币以上; ②重要设备、材料等货物的采购,单项合同估算价在 200 万元人民币以上; ③勘察、设计、监理等服务的采购,单项合同估算价在 100 万元人民币以上; ④同一项目中可以合并进行的勘察、设计、施工、监理以及与工程建设有关的重要设备、材料等的采购,合同估算价合计达到以上①~③规定标准的	

注:依据《招标投标法》《必须招标的工程项目规定》《必须招标的基础设施和公用事业项目范围规定》。

对于非强制性招标项目是否进行招标以及采用何种招标方式由发包人自行确定。对于强制性招标项目在符合法律规定的特定情形下不宜进行招标的项目按照国家有关规定可以不进行招标。根据现行法律法规的规定可不招标的项目范围如表 4-3 所示。

表 4-3　可不招标的项目范围

相关规定	具体内容
《招标投标法》第六十六条	涉及国家安全、国家秘密、抢险救灾或者属于利用扶贫资金实行以工代赈、需要使用农民工等特殊情况，不适宜进行招标的项目，按照国家有关规定可以不进行招标
《招标投标法实施条例》第九条	除《招标投标法》第六十六条规定的可以不进行招标的特殊情况外，有下列情形之一的，可以不进行招标：（一）需要采用不可替代的专利或者专有技术；（二）采购人依法能够自行建设、生产或者提供；（三）已通过招标方式选定的特许经营项目投资人依法能够自行建设、生产或者提供；（四）需要向原中标人采购工程、货物或者服务，否则将影响施工或者功能配套要求；（五）国家规定的其他特殊情形

4.1.3　招标的基本程序

建设工程招标的基本程序主要包括：履行项目审批手续、委托招标代理机构、编制招标文件及标底、发布招标公告或投标邀请书、资格审查、开标、评标、中标和签订合同以及终止招标等。招标投标具体流程如图 4-1 所示。

（1）履行项目审批手续

《招标投标法》规定："招标项目按照国家有关规定需要履行项目审批手续的，应当先履行审批手续，取得批准。"

招标范围、招标方式、招标组织形式应当报项目审批、核准部门审批、核准。项目审批、核准确定的招标范围、招标方式、招标组织形式通报有关行政监督部门。

（2）委托招标代理机构

《招标投标法》第十二条规定："招标人具有编制招标文件和组织评标能力的，可以自行办理招标事宜。任何单位和个人不得强制其委托招标代理机构办理招标事宜。"

招标代理机构是依法设立、从事招标代理业务并提供相关服务的社会中介组织。《招标投标法》规定："招标人有权自行选择招标代理机构，委托其办理招标事宜。"

招标代理机构应当具备下列条件：

① 有从事招标代理业务的营业场所和相应资金；

② 有能够编制招标文件和组织评标的相应专业力量；

③ 有符合可以作为评标委员会成员人选的技术、经济等方面的专家库。

从事其他招标代理业务的招标代理机构，其资格认定的主管部门由国务院规定。招标代理机构与行政机关和其他国家机关不得存在隶属关系或者其他利益关系。《招标投标法实施条例》规定："招标代理机构在招标人委托的范围内开展招标代理业务，任何单位和个人不得非法干涉。"招标代理机构不得在所代理的招标项目中投标或者代理投标，也不得为所代理的招标项目的投标人提供咨询。

（3）编制招标文件及标底

《招标投标法》第十九条规定："招标人应当根据招标项目的特点和需要编制招标文件。招标文件应当包括招标项目的技术要求、对投标人资格审查的标准、投标报价要求和评标标准等

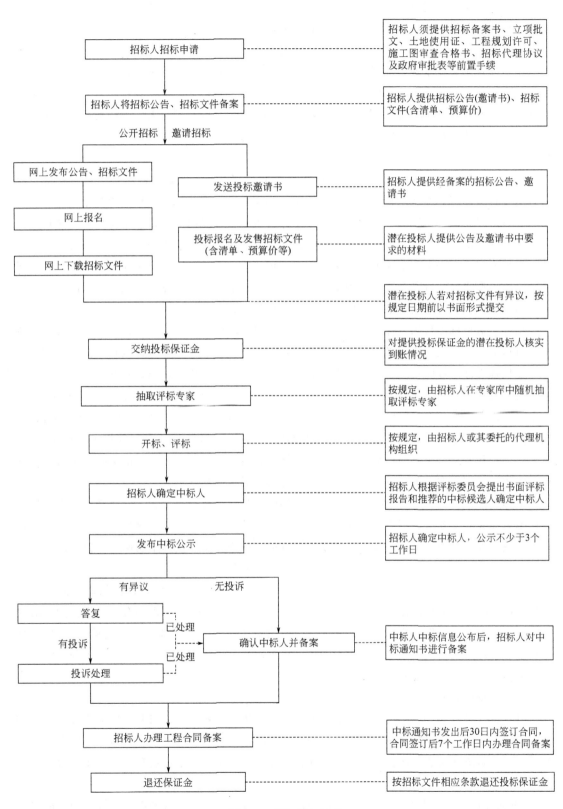

图 4-1 招标投标流程

所有实质性要求和条件以及拟签订合同的主要条款。国家对招标项目的技术、标准有规定的，招标人应当按照其规定在招标文件中提出相应要求。招标项目需要划分标段、确定工期的，招标人应当合理划分标段、确定工期，并在招标文件中载明。"

招标文件不得要求或者标明特定的生产供应者，也不得含有倾向或者排斥潜在投标人的其他内容。招标人对已发出的招标文件进行必要的澄清或者修改的，应当在招标文件要求提交投标文件截止时间至少15日前，如果距离截止时间不足15日的，招标人应当顺延提交投标文件截止时间。修改或澄清的内容构成招标文件的组成部分，并且应当以书面形式通知所有招标文件收受人。

招标人应当确定投标人编制投标文件所需要的合理时间。但是，依法必须进行招标的项目，自招标文件开始发出之日起至投标人提交投标文件截止之日止，最短不得少于20日。

《招标投标法实施条例》进一步规定："招标人可以对已发出的资格预审文件或者招标文件进行必要的澄清或者修改。澄清或者修改的内容可能影响资格预审申请文件或者投标文件编制的，招标人应当在提交资格预审申请文件截止时间至少3日前，或者投标截止时间至少15日前，以书面形式通知所有获取资格预审文件或者招标文件的潜在投标人；不足3日或者15日的，招标人应当顺延提交资格预审申请文件或者投标文件的截止时间。

招标人对招标项目划分标段的，应当遵守招标投标法的有关规定，不得利用划分标段限制或者排斥潜在投标人。依法必须进行招标的项目的招标人不得利用划分标段规避招标。招标人应当在招标文件中载明投标有效期。投标有效期从提交投标文件的截止之日起算。

潜在投标人或者其他利害关系人对资格预审文件有异议的，应当在投标截止时间10日前提出。招标人应当自收到异议之日起3日内作出答复；作出答复前，应当暂停招标投标活动。招标人编制的资格预审文件、招标文件的内容违反法律、行政法规的强制性规定，违反公开、公平、公正和诚实信用原则，影响资格预审结果或者潜在投标人投标的，依法必须进行招标的项目的招标人应当在修改资格预审文件或者招标文件后重新招标。

招标人可以自行决定是否编制标底。一个招标项目只能有一个标底。标底必须保密。接受委托编制标底的中介机构不得参加受托编制标底项目的投标，也不得为该项目的投标人编制投标文件或者提供咨询。招标人设有最高投标限价的，应当在招标文件中明确最高投标限价或者最高投标限价的计算方法。招标人不得规定最低投标限价。"

国有资金投资的建筑工程招标的，应当设有最高投标限价。招标人设有最高投标限价的，应当在招标时公布最高投标限价的总价。全部使用国有资金投资或者以国有资金投资为主的建筑工程，应当采用工程量清单计价；非国有资金投资的建筑工程，鼓励采用工程量清单计价。工程量清单应当依据国家制定的工程量清单计价规范、工程量计算规范等编制。工程量清单应当作为招标文件的组成部分。

（4）发布招标公告或投标邀请书

《招标投标法》第十六条规定："招标人采用公开招标方式的，应当发布招标公告。依法必须进行招标的项目的招标公告，应当通过国家指定的报刊、信息网络或者其他媒介发布。招标公告应当载明招标人的名称和地址、招标项目的性质、数量、实施地点和时间以及获取招标文件的办法等事项。"

《招标投标法》第十七条规定："投标邀请书应当载明本法第十六条第二款规定的事项。"

招标人可以根据招标项目本身的要求，在招标公告或者投标邀请书中，要求潜在投标人提供有关资质证明文件和业绩情况，并对潜在投标人进行资格审查。招标人不得以不合理的条件限制或者排斥潜在投标人，不得对潜在投标人实行歧视待遇。招标人不得向他人透露已获取招标文件的潜在投标人的名称、数量以及可能影响公平竞争的有关招标投标的其他情况。招标人设有标底的，标底必须保密。招标人根据招标项目的具体情况，可以组织潜在投标人踏勘项目现场。

《招标投标法实施条例》进一步规定："招标人应当按照资格预审公告、招标公告或者投标邀请书规定的时间、地点发售资格预审文件或者招标文件。资格预审文件或者招标文件的发售期不得少于5日。招标人发售资格预审文件、招标文件收取的费用应当限于补偿印刷、邮寄的成本支出，不得以营利为目的。"

（5）资格审查

资格审查分为资格预审和资格后审。资格预审，是指在招标投标活动中，招标人在发放招标文件前，对报名参加投标的申请人的承包能力、业绩、资格和资质、历史工程情况、财务状况和信誉等进行审查，并确定合格的投标人名单的过程。资格后审，是指投标人可以直接进行投标，在评标过程中由评标委员会按照招标文件规定的标准和方法对投标人的资格进行审查。进行资格预审的一般不进行资格后审，但招标文件另有规定的除外。

《招标投标法实施条例》规定，招标人采用资格预审办法对潜在投标人进行资格审查的，应当发布资格预审公告、编制资格预审文件。招标人应当合理确定提交资格预审申请文件的时间。依法必须进行招标的项目提交资格预审申请文件的时间，自资格预审文件停止发售之日起不得少于5日。

资格预审应当按照资格预审文件载明的标准和方法进行。国有资金占控股或者主导地位的依法必须进行招标的项目，招标人应当组建资格审查委员会对资格预审申请文件进行审查。资格审查委员会及其成员应当遵守《招标投标法》和《招标投标法实施条例》有关评标委员会及其成员的规定。资格预审结束后，招标人应当及时向资格预审申请人发出资格预审结果通知书。未通过资格预审的申请人不具有投标资格。通过资格预审的申请人少于3个的，应当重新招标。潜在投标人或者其他利害关系人对资格预审文件有异议的，应当在提交资格预审申请文件截止时间2日前提出。招标人应当自收到异议之日起3日内作出答复；作出答复前，应当暂停招标投标活动。招标人编制资格预审文件的内容违反法律、行政法规的强制性规定，违反公开、公平、公正和诚实信用原则，影响资格预审结果的，依法必须进行招标的项目的招标人应当在修改资格预审文件后重新招标。

（6）开标

开标是指招标人按照招标公告或者投标邀请书规定的时间、地点，当众拆封所有投标人的投标文件，宣读投标人的名称、投标报价和投标文件的其他主要内容的过程。

《招标投标法》第三十四条规定："开标应当在招标文件确定的提交投标文件截止时间的同一时间公开进行；开标地点应当为招标文件中预先确定的地点。"

开标由招标人主持，邀请所有投标人参加。开标时，由投标人或者其推选的代表检查投标文件的密封情况，也可以由招标人委托的公证机构检查并公证。招标人在招标文件要求提交投标文件的截止时间前收到的所有投标文件，开标时都应当当众予以拆封、宣读。开标过程应当记录，并存档备查。

《招标投标法实施条例》进一步规定："招标人应当按照招标文件规定的时间、地点开标。

投标人少于3个的，不得开标；招标人应当重新招标。"重新招标后投标人仍少于3个的，属于必须审批的工程建设项目，报经原审批部门批准后可以不再进行招标；其他工程建设项目，招标人可自行决定不再进行招标。连续两次公开招标后仍没有确定中标单位，在经过主管部门同意的情况下可以通过邀请必选或竞争性谈判确定中标单位。投标人对开标有异议的，应当在开标现场提出，招标人应当当场作出答复，并制作记录。

 案例

某项目开标会由市招标办的工作人员主持，市公证处有关人员到会，各投标单位代表均到场。开标前，市公证处人员对各投标单位的资质进行审查，并对所有投标文件进行审查，确认所有投标文件有效后正式开标，宣读投标单位名称、投标价格、投标工期和有关投标文件的重要说明。

问题：该开标过程否存在问题？

（7）评标

《招标投标法》第三十七条规定："评标由招标人依法组建的评标委员会负责。"招标人应当采取必要的措施，保证评标在严格保密的情况下进行。任何单位和个人不得非法干预、影响评标的过程和结果。

依法必须进行招标的项目，其评标委员会由招标人的代表和有关技术、经济等方面的专家组成，成员人数为5人以上单数，其中技术、经济等方面的专家不得少于成员总数的三分之二。与投标人有利害关系的人不得进入相关项目的评标委员会；已经进入的应当更换。评标委员会成员的名单在中标结果确定前应当保密。

《招标投标法实施条例》第四十六条规定："依法必须进行招标的项目的招标人非因招标投标法和本条例规定的事由，不得更换依法确定的评标委员会成员。"更换评标委员会的专家成员应当依照前款规定进行。评标过程中，评标委员会成员有回避事由、擅离职守或者因健康等原因不能继续评标的，应当及时更换。被更换的评标委员会成员作出的评审结论无效，由更换后的评标委员会成员重新进行评审。

评标委员会可以要求投标人对投标文件中含义不明确的内容作必要的澄清或者说明，但是澄清或者说明不得超出投标文件的范围或者改变投标文件的实质性内容。评标委员会应当按照招标文件确定的评标标准和方法，对投标文件进行评审和比较；设有标底的，应当参考标底。评标委员会完成评标后，应当向招标人提出书面评标报告，并推荐合格的中标候选人。评标委员会经评审，认为所有投标都不符合招标文件要求的，可以否决所有投标。依法必须进行招标的项目的所有投标被否决的，招标人应当依法重新招标。

《招标投标法实施条例》进一步规定："评标委员会成员应当依照招标投标法和本条例的规定，按照招标文件规定的评标标准和方法，客观、公正地对投标文件提出评审意见。"招标文件没有规定的评标标准和方法不得作为评标的依据。评标委员会成员不得私下接触投标人，不得收受投标人给予的财物或者其他好处，不得向招标人征询确定中标人的意向，不得接受任何单位或者个人明示或者暗示提出的倾向或者排斥特定投标人的要求，不得有其他不客观、不公正履行职务的行为。

招标项目设有标底的，招标人应当在开标时公布。标底只能作为评标的参考，不得以投标报价是否接近标底作为中标条件，也不得以投标报价超过标底上下浮动范围作为否决投标的条件。

《工程建设项目施工招标投标办法》第五十条规定，被评标委员会否决其投标的情形有如下七种：

① 投标文件未经投标单位盖章和单位负责人签字；
② 投标联合体没有提交共同投标协议；
③ 投标人不符合国家或者招标文件规定的资格条件；
④ 同一投标人提交两个以上不同的投标文件或者投标报价，但招标文件要求提交备选投标的除外；
⑤ 投标报价低于成本或者高于招标文件设定的最高投标限价；
⑥ 投标文件没有对招标文件的实质性要求和条件作出响应；
⑦ 投标人有串通投标、弄虚作假、行贿等违法行为。

投标文件有下列情形之一的，应当拒收：①逾期送达；②未按招标文件要求密封。

投标文件中有含义不明确的内容、明显文字或者计算错误或者投标文件中对同类问题表述不一致，评标委员会认为需要投标人作出必要澄清、说明的，应当书面通知该投标人。投标人的澄清、说明应当采用书面形式，并不得超出投标文件的范围或者改变投标文件的实质性内容。评标委员会不得暗示或者诱导投标人作出澄清、说明，不得接受投标人主动提出的澄清、说明。投标文件不响应招标文件的实质性要求和条件的，评标委员会不得允许投标人通过修正或撤销其不符合要求的差异或保留，使之成为具有响应性的投标。评标完成后，评标委员会应当向招标人提交书面评标报告和中标候选人名单。中标候选人应当不超过 3 个，并标明排序。评标报告应当由评标委员会全体成员签字。对评标结果有不同意见的评标委员会成员应当以书面形式说明其不同意见和理由，评标报告应当注明该不同意见。评标委员会成员拒绝在评标报告上签字又不书面说明其不同意见和理由的，视为同意评标结果。表 4-4 阐述了拒收、废标与要求澄清说明的情况。

表 4-4 投标文件拒收、废标与要求澄清说明的情况

拒收	废标	要求澄清说明
①逾期送达； ②未按招标文件要求密封； ③未通过资格预审	①投标文件未经投标单位盖章和单位负责人签字； ②投标联合体未提交共同投标协议； ③投标人不符合国家或招标文件规定的资格条件； ④同一投标人提交两个以上不同的投标文件或投标报价，但招标文件要求提价备选投标的除外； ⑤投标报价低于成本或高于招标文件规定的最高投标限价； ⑥投标文件未对招标文件的实质性要求和条件作出响应； ⑦投标人有串通投标、弄虚作假、行贿等违法行为	①含义不明确的内容； ②明显的文字错误

(8) 中标和签订合同

① 公示中标候选人。《招标投标法实施条例》规定："依法必须进行招标的项目，招标人应当自收到评标报告之日起 3 日内公示中标候选人，公示期不得少于 3 日。

投标人或者其他利害关系人对依法必须进行招标的项目的评标结果有异议的，应当在中标候选人公示期间提出。招标人应当自收到异议之日起 3 日内作出答复；作出答复前，应当暂停

招标投标活动。"

② 确定中标人。《招标投标法》规定："招标人根据评标委员会提出的书面评标报告和推荐的中标候选人确定中标人。招标人也可以授权评标委员会直接确定中标人。"

《招标投标法实施条例》进一步规定："国有资金占控股或者主导地位的依法必须进行招标的项目，招标人应当确定排名第一的中标候选人为中标人。排名第一的中标候选人放弃中标、因不可抗力不能履行合同、不按照招标文件要求提交履约保证金，或者被查实存在影响中标结果的违法行为等情形，不符合中标条件的，招标人可以按照评标委员会提出的中标候选人名单排序依次确定其他中标候选人为中标人，也可以重新招标。

中标候选人的经营、财务状况发生较大变化或者存在违法行为，招标人认为可能影响其履约能力的，应当在发出中标通知书前由原评标委员会按照招标文件规定的标准和方法审查确认。"

③ 中标通知书和报告招标投标情况。中标通知书，是指招标人在确定中标人后向中标人发出的通知其中标的书面凭证。中标通知书的内容应当简明扼要，只要告知中标人招标项目已经由其中标，并确定签订合同的时间、地点即可。

《招标投标法》规定："中标人确定后，招标人应当向中标人发出中标通知书，并同时将中标结果通知所有未中标的投标人。"中标通知书对招标人和中标人具有法律效力。中标通知书发出后，招标人改变中标结果的，或者中标人放弃中标项目的，应当依法承担法律责任。这种责任实质上是一种缔约过失责任，即由于招标人或投标人的上述行为在订立合同时违背诚实信用原则，给对方造成损失，应当进行赔偿的责任。依法必须进行招标的项目，招标人应当自确定中标人之日起 15 日内，向有关行政监督部门提交招标投标情况的书面报告。

④ 签订合同。《招标投标法》规定："招标人根据评标委员会提出的书面评标报告和推荐的中标候选人确定中标人。招标人也可以授权评标委员会直接确定中标人。"

招标人和中标人应当自中标通知书发出之日起 30 日内，按照招标文件和中标人的投标文件订立书面合同。招标人和中标人不得再行订立背离合同实质性内容的其他协议。

《招标投标法实施条例》进一步规定："招标人和中标人应当依照招标投标法和本条例的规定签订书面合同，合同的标的、价款、质量、履行期限等主要条款应当与招标文件和中标人的投标文件的内容一致。"

《最高人民法院关于审理建设工程施工合同纠纷案件适用法律问题的解释》规定："当事人签订的建设工程施工合同与招标文件、投标文件、中标通知书载明的工程范围、建设工期、工程质量、工程价款不一致，一方当事人请求将招标文件、投标文件、中标通知书作为结算工程价款的依据的，人民法院应予支持。"因此，招标人与中标人另行签订合同的行为属违法行为，所签订的合同是无效合同。

⑤ 履约保证金。《招标投标法》规定："招标文件要求中标人提交履约保证金的，中标人应当提交。"所谓的履约保证金，是指招标人要求投标人在接到中标通知书后，提交的履行合同各项义务的担保金，即工程发包人为防止承包人在合同执行过程中违反合同规定或约定，并弥补给发包人造成的经济损失。

《招标投标法实施条例》进一步规定："履约保证金不得超过中标合同金额的 10％。"中标人应当按照合同约定履行义务，完成中标项目。

履约保证金一般有三种形式：银行保函、履约担保书和履约保证金。

（9）终止招标

《招标投标法实施条例》规定："招标人终止招标的，应当及时发布公告，或者以书面形式通知被邀请的或者已经获取资格预审文件、招标文件的潜在投标人。已经发售资格预审文件、招标文件或者已经收取投标保证金的，招标人应当及时退还所收取的资格预审文件、招标文件的费用，以及所收取的投标保证金及银行同期存款利息。"

 随堂小练

在评标委员会组建中，符合法律规定的是（　　）。
A. 评标委员会成员的名单应在开标时公布
B. 评标委员会七个成员中，招标人的代表为三名
C. 项目评标专家从招标代理机构的专家库内的相关专家名单中随机抽取
D. 评标委员会成员拒绝在评标报告上签字和陈述其意见、理由的，视为不同意评标结论

4.1.4 招标的禁止性规定

招标的禁止性规定有两条，第一条规定为禁止肢解发包，第二条规定为禁止限制、排斥投标人，下面进行具体阐述。

（1）禁止肢解发包的规定

肢解发包是指建设单位将本应由一个承包单位整体承建完成的建设工程肢解成若干部分，分别发包给不同承包单位的行为。在实践中，由于一些发包单位肢解发包工程，使施工现场缺乏应有的组织协调，不仅承建单位之间容易出现推诿扯皮与掣肘，还会造成施工现场秩序混乱、责任不清，工期拖延，成本增加，甚至发生严重的建设工程质量和安全问题。肢解发包还往往与发包单位有关人员徇私舞弊、收受贿赂、索拿回扣等违法行为有关。

《招标投标法》规定："招标项目需要划分标段、确定工期的，招标人应当合理划分标段、确定工期，并在招标文件中载明。"《建筑法》还规定："提倡对建筑工程实行总承包，禁止将建筑工程肢解发包。"建筑工程的发包单位可以将建筑工程的勘察、设计、施工、设备采购一并发包给一个工程总承包单位，也可以将建筑工程的勘察、设计、施工、设备采购的一项或者多项发包给一个工程总承包单位；但是，不得将应当由一个承包单位完成的建筑工程肢解成若干部分发包给几个承包单位。

（2）禁止限制、排斥投标人的规定

《招标投标法》第六条已对禁止限制、排斥投标人的规定给予解读。《招标投标法实施条例》进一步规定："招标人不得以不合理的条件限制、排斥潜在投标人或者投标人。招标人有下列行为之一的，属于以不合理条件限制、排斥潜在投标人或者投标人：①就同一招标项目向潜在投标人或者投标人提供有差别的项目信息；②设定的资格、技术、商务条件与招标项目的具体特点和实际需要不相适应或者与合同履行无关；③依法必须进行招标的项目以特定行政区域或者特定行业的业绩、奖项作为加分条件或者中标条件；④对潜在投标人或者投标人采取不同的资格审查或者评标标准；⑤限定或者指定特定的专利、商标、品牌、原产地或者供应商；⑥依法必须进行招标的项目非法限定潜在投标人或者投标人的所有制形式或者组织形式；⑦以

其他不合理条件限制、排斥潜在投标人或者投标人。招标人不得组织单个或者部分潜在投标人踏勘项目现场。"

4.2 建设工程投标

建设工程投标，是投标人愿意依照招标人提出的招标方案承包建筑工程，并在规定的时间内向招标人提出投标方案的法律行为。凡持有企业法人营业执照、资质证书的勘察设计单位、建筑安装企业、工程承包公司、城市建设综合开发公司等承包商，不论其属于何种经济形式（国有企业、私营企业、中外合资企业、外资企业等），都具备参加投标的条件。

4.2.1 投标人的基本要求

（1）投标人

投标人是响应招标、参加投标竞争的法人或者其他组织。

《招标投标法》第二十六条规定："投标人应当具备承担招标项目的能力；国家有关规定对投标人资格条件或者招标文件对投标人资格条件有规定的，投标人应当具备规定的资格条件。"

① 投标人应符合资质等级条件。投标人具备承担招标项目的能力主要体现在企业的资质等级上。资质等级证书是企业进入建筑市场的唯一合法证件。禁止任何部门采取资质等级以外的其他任何资信、许可等限制建筑市场准入。

② 投标人应当符合其他条件。招标文件对投标人的资格条件有规定的，投标人应当符合其规定。但是，招标人不得以不合理条件限制或排斥潜在投标人，不得对潜在投标人存在歧视或者倾向行为。

《招标投标法实施条例》进一步规定："投标人参加依法必须进行招标的项目的投标，不受地区或者部门的限制，任何单位和个人不得非法干涉。"与招标人存在利害关系可能影响招标公正性的法人、其他组织或者个人，不得参加投标。单位负责人为同一人或者存在控股、管理关系的不同单位，不得参加同一标段投标或者未划分标段的同一招标项目投标。违反以上规定的，相关投标均无效。投标人发生合并、分立、破产等重大变化的，应当及时书面告知招标人。投标人不再具备资格预审文件、招标文件规定的资格条件或者其投标影响招标公正性的，其投标无效。

（2）投标文件

① 投标文件的内容要求。《招标投标法》规定："投标人应当按照招标文件的要求编制投标文件。投标文件应当对招标文件提出的实质性要求和条件作出响应。招标项目属于建设施工的，投标文件的内容应当包括拟派出的项目负责人与主要技术人员的简历、业绩和拟用于完成招标项目的机械设备等。"

《建筑工程施工发包与承包计价管理办法》中规定："投标报价不得低于工程成本，不得高于最高投标限价。投标报价应当依据工程量清单、工程计价有关规定、企业定额和市场价格信息等编制。"

② 投标文件的修改与撤回。《招标投标法》规定："投标人在招标文件要求提交投标文件的截止时间前，可以补充、修改或者撤回已提交的投标文件，并书面通知招标人。补充、修改

的内容为投标文件的组成部分。"

《招标投标法实施条例》进一步规定："投标人撤回已提交的投标文件，应当在投标截止时间前书面通知招标人。"

③ 投标文件的送达与签收。《招标投标法》规定："投标人应当在招标文件要求提交投标文件的截止时间前，将投标文件送达投标地点。招标人收到投标文件后，应当签收保存，不得开启。投标人少于三个的，招标人应当依照本法重新招标。在招标文件要求提交投标文件的截止时间后送达的投标文件，招标人应当拒收。"

《招标投标法实施条例》进一步规定："未通过资格预审的申请人提交的投标文件，以及逾期送达或者不按照招标文件要求密封的投标文件，招标人应当拒收。招标人应当如实记载投标文件的送达时间和密封情况，并存档备查。"

（3）投标保证金❶

投标保证金是指投标人按照招标文件的要求向招标人提交的具有一定形式、一定金额的投标责任担保。其实质是为了避免因投标人在投标有效期内随意撤回、撤销投标或中标后不按约定签署合同以及不能提交履约保证金等行为而给招标人造成损失。

① 投标保证金的形式和有效期限。《工程建设项目施工招标投标办法》第三十七条规定："招标人可以在招标文件中要求投标人提交投标保证金。投标保证金除现金外，可以是银行出具的银行保函、保兑支票、银行汇票或现金支票。"

《招标投标法实施条例》规定："招标人在招标文件中要求投标人提交投标保证金的，投标保证金不得超过招标项目估算价的2%。投标保证金有效期应当与投标有效期一致。依法必须进行招标的项目的境内投标单位，以现金或者支票形式提交的投标保证金应当从其基本账户转出。招标人不得挪用投标保证金。"

② 投标保证金被没收的情形。投标人在投标有效期内撤回其投标文件；中标人未能在规定的期限内提交履约保证金或签署合同协议。

实行两阶段招标的，招标人要求投标人提交投标保证金的，应当在第二阶段提出。

招标人终止招标，已经收取投标保证金的，招标人应当及时退还所收取的投标保证金及银行同期存款利息。投标截止时间前，投标人可以撤回已提交的投标文件，招标人已收取投标保证金的，应当自收到投标人书面撤回通知之日起5日内退还。投标截止时间后投标人撤销投标文件的，招标人可以不退还投标保证金。招标人最迟应当在书面合同签订后5日内向中标人和未中标的投标人退还投标保证金及银行同期存款利息。

 随堂小练

招标人向甲、乙、丙三家施工单位发出投标邀请，三家单位均接受邀请并及时提交了投标文件和投标保证金，但丙在投标截止时间前又书面通知撤回投标文件，导致招标人重新招标。丙单位将因此（　　）。

A. 被没收投标保证金　　　　　　B. 记入信用不良档案
C. 赔偿招标人损失　　　　　　　D. 不承担任何法律责任

---

❶ 推荐阅读：刘亚利. 投标截止后不得拒收投标文件，可行吗？[N]. 政府采购信报，2020-11-30（002）.

4.2.2 联合体投标的规定

联合体投标是一种特殊的投标人组织形式,一般适用于大型的或结构复杂的建设项目。

《招标投标法》规定:"两个以上法人或者其他组织可以组成一个联合体,以一个投标人的身份共同投标。"实践中,大型复杂项目,对资金和技术要求比较高,单靠一个投标人的力量不能顺利完成的,可以联合几家企业集中各自的优势以一个投标人的身份参加投标。联合体各方均应当具备承担招标项目的相应能力;国家有关规定或者招标文件对投标人资格条件有规定的,联合体各方均应当具备规定的相应资格条件。由同一专业的单位组成的联合体,按照资质等级较低的单位确定资质等级。

《招标投标法》第三十一条规定:"联合体各方应当签订共同投标协议,明确约定各方拟承担的工作和责任,并将共同投标协议连同投标文件一并提交招标人。"根据该规定,联合体各方的权利和义务分为内部和外部两种。

① 联合体各方内部的权利和义务。共同投标协议,即平等主体的自然人、法人、其他组织之间通过设立、变更、终止民事权利义务关系而形成的协议。联合体内部通过协议明确约定签订协议各方在中标后要承担的工作和责任。该约定必须详细、明确,以免日后发生争议。同时,共同投标协议应当同投标文件一并交给招标人,使招标人了解有关情况,并在评标时予以考虑。

② 联合体各方外部的权利和义务。联合体各方就中标项目对外向招标人承担连带责任。所谓连带责任,是指存在两个以上债务人的同一债务关系中,任何一个债务人都负有向债权人履行债务的义务;债权人可以向其中任何一个或者多个债务人请求履行债务,既可以请求部分履行,也可以请求全部履行。负有连带责任的债务人不得以债务人之间对债务分担比例有约定为由拒绝部分履行或全部履行债务。连带债务中一人或者多人履行了全部债务后,其他连带债务人对债权人的履行义务随即解除。但是,根据连带债务人内部的约定,债务人清偿的债务超过其约定承担的相应份额的,有权向其他连带债务人追偿。

联合体各方在中标后承担的连带责任包括以下两种情况:

① 联合体在接到中标通知书但还未与招标人签订合同之前,除不可抗力外,联合体放弃中标项目的,已提交的投标保证金不予退还,给招标人造成的损失超过投标保证金数额的,还应当对超过部分承担连带赔偿责任。

② 中标的联合体除不可抗力外,不履行与招标人签订的合同时,履约保证金不予退还,给招标人造成的损失超过投标保证金数额的,还应当对超过部分承担连带赔偿责任。

《招标投标法实施条例》进一步规定:"招标人应当在资格预审公告、招标公告或者投标邀请书中载明是否接受联合体投标。招标人接受联合体投标并进行资格预审的,联合体应当在提交资格预审申请文件前组成。资格预审后联合体增减、更换成员的,其投标无效。联合体各方在同一招标项目中以自己名义单独投标或者参加其他联合体投标的,相关投标均无效。"

 案例

某招标项目接受联合体投标,其中的资质条件为:计算机系统集成二级和装饰装修专业承包一级施工资质。有两个联合体投标人参加了投标,其中一个联合体由三个成员单位A、B、

C组成,其具备的资质情况分别是:

成员A:具有计算机系统集成二级和装饰装修专业承包二级施工资质;

成员B:具有计算机系统集成三级和装饰装修专业承包一级施工资质;

成员C:具有计算机系统集成三级和装饰装修专业承包三级施工资质。

该联合体成员共同签订的联合体协议书中,成员A承担计算机系统集成工程,成员B、C承担装饰装修施工。

问题:资格审查时,审查委员会对最终确定该联合体的资格是否满足本项目资格条件意见不一,你认为该联合体是否满足本项目资格条件规定?请说明理由?

4.2.3 投标的禁止性规定及责任承担

《中华人民共和国反不正当竞争法》(简称《反不正当竞争法》)规定:"本法所称的不正当竞争行为,是指经营者在生产经营活动中,违反本法规定,扰乱市场竞争秩序,损害其他经营者或者消费者的合法权益的行为。"在建设工程招标投标活动中,投标人的不正当竞争行为主要包括:投标人相互串通投标、招标人与投标人串通投标、投标人以行贿手段谋取中标、投标人以低于成本的报价竞标、投标人以他人名义投标或以其他方式弄虚作假骗取中标。

(1) 禁止投标人相互串通投标

《招标投标法》也规定:"投标人不得相互串通投标报价,不得排挤其他投标人的公平竞争,损害招标人或者其他投标人的合法权益。"

《招标投标法实施条例》进一步规定:"禁止投标人相互串通投标。"有下列情形之一的,属于投标人相互串通投标:

① 投标人之间协商投标报价等投标文件的实质性内容;

② 投标人之间约定中标人;

③ 投标人之间约定部分投标人放弃投标或者中标;

④ 属于同一集团、协会、商会等组织成员的投标人按照该组织要求协同投标;

⑤ 投标人之间为谋取中标或者排斥特定投标人而采取的其他联合行动。

有下列情形之一的,视为投标人相互串通投标:

① 不同投标人的投标文件由同一单位或者个人编制;

② 不同投标人委托同一单位或者个人办理投标事宜;

③ 不同投标人的投标文件载明的项目管理成员为同一人;

④ 不同投标人的投标文件异常一致或者投标报价呈规律性差异;

⑤ 不同投标人的投标文件相互混装;

⑥ 不同投标人的投标保证金从同一单位或者个人的账户转出。

(2) 禁止招标人与投标人串通投标

《招标投标法实施条例》规定:"禁止招标人与投标人串通投标。"有下列情形之一的,属于招标人与投标人串通投标:

① 招标人在开标前开启投标文件并将有关信息泄露给其他投标人;

② 招标人直接或者间接向投标人泄露标底、评标委员会成员等信息；

③ 招标人明示或者暗示投标人压低或者抬高投标报价；

④ 招标人授意投标人撤换、修改投标文件；

⑤ 招标人明示或者暗示投标人为特定投标人中标提供方便；

⑥ 招标人与投标人为谋求特定投标人中标而采取的其他串通行为。

（3）禁止投标人以行贿手段谋取中标

《反不正当竞争法》规定："经营者不得采用财物或者其他手段贿赂下列单位或者个人，以谋取交易机会或者竞争优势：（一）交易相对方的工作人员；（二）受交易相对方委托办理相关事务的单位或者个人；（三）利用职权或者影响力影响交易的单位或者个人。"在账外暗中给予对方单位或者个人回扣的，以行贿论处；对方单位或者个人在账外暗中收受回扣的，以受贿论处。《招标投标法》也规定："禁止投标人以向招标人或者评标委员会成员行贿的手段谋取中标。"投标人以行贿手段谋取中标是一种严重的违法行为，其法律后果是中标无效，有关责任人和单位要承担相应的行政责任或刑事责任，给他人造成损失的还应承担民事赔偿责任。

（4）投标人不得以低于成本的报价竞标

《招标投标法》第三十三条规定："投标人不得以低于成本的报价竞标。"投标人以低于成本的报价竞标，其主要目的是排挤其他对手。这里的成本是指个别企业的成本。投标人的报价一般由成本、税金和利润三部分组成。当报价为成本价时，企业利润为零。如果投标人以低于成本的报价竞标，有偷工减料、以次充好的可能，很难保证工程的质量。《工程建设项目货物招标投标办法》第四十四条规定："最低投标价不得低于成本。"因此，投标人以低于成本的报价竞标是法律不允许的。

（5）投标人不得以他人名义投标或以其他方式弄虚作假骗取中标

《招标投标法》第三十三条规定："投标人不得以他人名义投标或者其他方式弄虚作假，骗取中标。"弄虚作假，骗取中标的，不仅中标无效，而且给招标人造成损失的，依法承担赔偿责任；构成犯罪的，依法追究刑事责任。现在全社会都在构建信用社会，这类违法违规行为一旦被发现，记录下来上传到相关征信网，必然对企业的未来经营产生长期影响。

《招标投标法实施条例》进一步规定："使用通过受让或者租借等方式获取的资格、资质证书投标的，属于招标投标法第三十三条规定的以他人名义投标。"

投标人有下列情形之一的，属于《招标投标法》第三十三条规定的以其他方式弄虚作假的行为：①使用伪造、变造的许可证件；②提供虚假的财务状况或者业绩；③提供虚假的项目负责人或者主要技术人员简历、劳动关系证明；④提供虚假的信用状况；⑤其他弄虚作假的行为。

 案例

在某建筑工程施工公开招标中，有八家施工单位报名投标，经招标代理机构资格预审合格，但建设单位以A单位是外地单位为由不同意其参加投标。

评标委员会由5人组成，其中当地建设行政主管部门的招标投标管理办公室主任1人，建设单位代表1人，随机抽取的技术经济专家3人。

评标时发现，B单位的投标报价明显低于其他单位报价且未能说明理由；D单位投标报价大写金额小于小写金额；F单位投标文件提供的施工方法为其自创，且未按原方案给出报价；H单位投标文件中某分项工程的报价有个别漏项；其他单位投标文件均符合招标文件要求。

问题：1. A单位是否有资格参加投标？为什么？
2. 评标委员会的组成是否不妥？
3. B、D、F、H四家单位的标书是否为有效标？

4.3 建设工程承包

建设工程承包是相对于建设工程发包而言的，是指具有从事建设活动的法定从业资格的单位，通过投标或其他方式，承揽建设工程任务，并按约定取得报酬的行为。建设工程承包制度包括总承包、共同承包、分包等制度。

《建筑法》规定："建筑工程实行招标发包的，发包单位应当将建筑工程发包给依法中标的承包单位。建筑工程实行直接发包的，发包单位应当将建筑工程发包给具有相应资质条件的承包单位。"

承包建筑工程的单位应当持有依法取得的资质证书，并在其资质等级许可的业务范围内承揽工程。禁止建筑施工企业超越本企业资质等级许可的业务范围或者以任何形式用其他建筑施工企业的名义承揽工程。禁止建筑施工企业以任何形式允许其他单位或者个人使用本企业的资质证书、营业执照，以本企业的名义承揽工程。政府投资项目一律不得以施工企业带资承包的方式进行建设，并严禁将带资承包有关内容写入工程承包合同及补充条款。按照合同约定，建筑材料、建筑构配件和设备由工程承包单位采购的，发包单位不得指定承包单位购入用于工程的建筑材料、建筑构配件和设备或者指定生产厂、供应商。

4.3.1 建设工程总承包的规定

总承包通常分为工程总承包和施工总承包两大类。《建筑法》规定："建筑工程的发包单位可以将建筑工程的勘察、设计、施工、设备采购一并发包给一个工程总承包单位，也可以将建筑工程勘察、设计、施工、设备采购的一项或者多项发包给一个工程总承包单位。"

工程总承包是指从事工程总承包的企业受建设单位的委托，按照工程总承包合同的约定，对工程项目的勘察、设计、采购、施工、试运行（竣工验收）等实行全过程或若干阶段的承包。施工总承包是指发包人将全部施工任务发包给具有施工总承包资质的建筑业企业，由施工总承包企业按照合同的约定向建设单位负责，承包并完成施工任务。

（1）工程总承包的方式

工程总承包是国际通行的工程建设项目组织实施方式，有利于发挥具有较强技术力量和组织管理能力的大承包商的专业优势，综合协调工程建设中的各种关系，强化统一指挥和组织管理，保证工程质量和进度，提高投资效益。按照《关于培育发展工程总承包和工程项目管理企业的指导意见》，工程总承包主要有下列方式：

① 设计采购施工（EPC）/交钥匙总承包。设计采购施工总承包是指工程总承包企业按照

合同约定，承担工程项目的设计、采购、施工、试运行服务等工作，并对承包工程的质量、安全、工期、造价全面负责。交钥匙总承包是设计采购施工总承包业务和责任的延伸，最终是向建设单位提交一个满足使用功能、具备使用条件的工程项目。

② 设计-施工总承包（D-B）。设计-施工总承包是指工程总承包企业按照合同约定，承担工程项目设计和施工，并对承包工程的设计和施工的质量、安全、工期、造价负责。

于国内目前采用的施工总承包方式在传统承包模式下，施工和设计是分离的，双方难以及时协调，常常产生造价和使用功能上的损失。在建设工程的造价上，设计对造价的影响占到80%以上，降低工程造价，最重要的阶段就在于设计，工程总承包模式下，设计和施工过程的深度交叉，能够在保证工程质量的前提下，最大限度地降低成本。

(2) 总承包企业的资质管理

我国对工程总承包不设立专门的资质。凡具有工程勘察、设计或施工总承包资质的企业，均可在资质许可范围内依法从事相应等级的建设工程总承包业务。但是，承接施工总承包业务的企业，必须取得施工总承包资质。

《关于培育发展工程总承包和工程项目管理企业的指导意见》中提出，鼓励具有工程勘察、设计或施工总承包资质的勘察、设计和施工企业，通过改造和重组，建立与工程总承包业务相适应的组织机构、项目管理体系，充实项目管理专业人员，提高融资能力，发展成为具有设计、采购、施工（施工管理）综合功能的工程公司，在其勘察、设计或施工总承包资质等级许可的工程项目范围内开展工程总承包业务。工程勘察、设计、施工企业也可以组成联合体对工程项目进行联合总承包。

(3) 总承包单位的责任

《建筑法》规定："建筑工程总承包单位按照总承包合同的约定对建设单位负责；分包单位按照分包合同的约定对总承包单位负责。"总承包单位和分包单位就分包工程对建设单位承担连带责任。

《建设工程质量管理条例》第二十六、二十七条进一步规定："建设工程实行总承包的，总承包单位应当对全部建设工程质量负责；建设工程勘察、设计、施工、设备采购的一项或者多项实行总承包的，总承包单位应当对其承包的建设工程或者采购的设备的质量负责。总承包单位依法将建设工程分包给其他单位的，分包单位应当按照分包合同的约定对其分包工程的质量向总承包单位负责，总承包单位与分包单位对分包工程的质量承担连带责任。"

据此，无论是工程总承包还是施工总承包，由于承包合同的签约主体都是建设单位和总承包单位，总承包单位均应按照承包合同约定的权利义务向建设单位负责。如果分包工程发生问题，总承包单位不得以分包工程已分包他人为由推卸自己的总承包责任，而应与分包单位就分包工程承担连带责任。连带责任是我国民事立法中的一项重要民事责任制度。

《民法典》第一百七十八条规定："二人以上依法承担连带责任的，权利人有权请求部分或者全部连带责任人承担责任。连带责任人的责任份额根据各自责任大小确定；难以确定责任大小的，平均承担责任。实际承担责任超过自己责任份额的连带责任人，有权向其他连带责任人追偿。"

总承包单位与分包单位就分包工程承担连带责任，就是当分包工程发生了质量责任或者违约责任时，建设单位可以向总承包单位请求赔偿，也可以向分包单位请求赔偿，在总承包单位或分包单位进行赔偿后，总承包方有权依据分包合同对于不属于自己责任的赔偿向另一方进行追偿。连带责任也不仅限于连带赔偿责任，还有其他履行工程义务的连带责任。因此，总承包单位除了应加强自行完成工程部分的管理外，还有责任强化对分包单位分包工程的监管。

4.3.2 建设工程共同承包的规定

共同承包是指由两个以上具备承包资格的单位共同组成非法人的联合体，以共同的名义对工程进行承包的行为。这是在国际工程发承包活动中较为通行的一种做法，可有效地规避工程承包风险。

（1）共同承包的适用范围

《建筑法》规定："大型建筑工程或者结构复杂的建筑工程，可以由两个以上的承包单位联合共同承包。"大型的建筑工程或结构复杂的建筑工程，一般投资额大、技术要求复杂、建设周期长、潜在风险较大，如果采取联合共同承包的方式，有利于更好发挥各承包单位在资金、技术、管理等方面的优势，增强抗风险能力，保证工程质量和工期，提高投资效益。至于中小型或结构不复杂的工程，则无须采用共同承包的方式，完全可由一家承包单位独立完成。

（2）共同承包的资质要求

《建筑法》规定："两个以上不同资质等级的单位实行联合共同承包的，应当按照资质等级低的单位的业务许可范围承揽工程。"这主要是为防止以联合共同承包为名而进行"资质挂靠"的不规范行为。

（3）共同承包的责任

《招标投标法》规定："联合体中标的，联合体各方应当共同与招标人签订合同，就中标项目向招标人承担连带责任。"《建筑法》也规定："共同承包的各方对承包合同的履行承担连带责任。"共同承包各方应签订联合承包协议，明确约定各方的权利、义务以及相互合作、违约责任承担等条款。各承包方就承包合同的履行对建设单位承担连带责任。如果出现赔偿责任，建设单位有权向共同承包的任何一方请求赔偿，而被请求方不得拒绝，在其支付赔偿后可依据联合承包协议及有关各方过错大小，有权对超过自己应赔偿的那部分份额向其他方进行追偿。

4.3.3 建设工程分包的规定

建设工程分包可分为专业工程分包与劳务作业分包。专业工程分包，是指施工总承包企业将其所承包工程中的专业工程发包给具有相应资质的其他建筑业企业完成的活动。劳务作业分包，是指施工总承包企业或者专业承包企业将其承包工程中的劳务作业发包给劳务分包企业完成的活动。

（1）分包工程的范围

《建筑法》规定："禁止承包单位将其承包的全部建筑工程转包给他人，禁止承包单位将其承包的全部建筑工程肢解以后以分包的名义分别转包给他人。施工总承包的，建筑工程主体结构的施工必须由总承包单位自行完成。"

《招标投标法实施条例》进一步规定："中标人不得向他人转让中标项目，也不得将中标项目肢解后分别向他人转让。中标人按照合同约定或者经招标人同意，可以将中标项目的部分非主体、非关键性工作分包给他人完成。接受分包的人应当具备相应的资格条件，并不得再次分包。中标人应当就分包项目向招标人负责，接受分包的人就分包项目承担连带责任。"

据此，总承包单位承包工程后可以全部自行完成，也可以将其中的部分工程分包给其他具有相应资质条件的承包单位完成，但依法只能分包部分工程，并且是非主体、非关键性工作。如果是施工总承包，其主体结构的施工则须由总承包单位自行完成。这主要是防止以分包为名而发生转包行为。

(2) 分包单位的条件与认可

《建筑法》规定："建筑工程总承包单位可以将承包工程中的部分工程发包给具有相应资质条件的分包单位；但是，除总承包合同中约定的分包外，必须经建设单位认可。禁止总承包单位将工程分包给不具备相应资质条件的单位。"《招标投标法》规定："接受分包的人应当具备相应的资格条件。"承包工程的单位须持有依法取得的资质证书，并在资质等级许可的业务范围内承揽工程。这一规定同样适用于工程分包单位。不具备资质条件的单位不允许承包建设工程，也不得承接分包工程。《房屋建筑和市政基础设施工程施工分包管理办法》还规定，严禁个人承揽分包工程业务。

总承包单位如果要将所承包的工程再分包给他人，应当依法告知建设单位并取得认可。这种认可应当依法通过两种方式：在总承包合同中规定分包的内容；在总承包合同中没有规定分包内容的，应当事先征得建设单位的同意。需要说明的是，分包工程须经建设单位认可，并不等于建设单位可以直接指定分包人。《房屋建筑和市政基础设施工程施工分包管理办法》中明确规定："建设单位不得直接指定分包工程承包人。"对于建设单位推荐的分包单位，总承包单位有权作出拒绝或者采用的选择。

(3) 分包单位不得再分包

《建筑法》规定："禁止分包单位将其承包的工程再分包。"《招标投标法》也规定了接受分包的人不得再次分包。这主要是防止层层分包，"层层剥皮"，难以保障工程质量安全和工期等。专业工程分包和劳务作业分包的异同点如表 4-5 所示。

表 4-5 专业工程分包和劳务工程分包异同

异同	专业工程分包	劳务作业分包
相同点	应分包给有相应资质的分包单位	
不同点	需要建设单位认可或总承包合同约定	不需要建设单位认可
	主体结构不得进行专业分包	主体结构中的劳务作业可以全部分包
	分包单位不得再进行专业分包	分包单位可以将劳务作业全部再分包

(4) 违法分包

住房和城乡建设部颁布的《建筑工程施工转包违法分包等违法行为认定查处管理办法（试行）》对违法分包进行了定义，该办法第八条规定，违法分包是指施工单位承包工程后违反法律法规规定或者施工合同关于工程分包的约定，把单位工程或分部分项工程分包给其他单位或个人施工的行为。

存在下列情形之一的，属于违法分包：①施工单位将工程分包给个人的；②施工单位将工程分包给不具备相应资质或安全生产许可的单位的；③施工合同中没有约定，又未经建设单位认可，施工单位将其承包的部分工程交由其他单位施工的；④施工总承包单位将房屋建筑工程的主体结构的施工分包给其他单位的，钢结构工程除外；⑤专业分包单位将其承包的专业工程中非劳务作业部分再分包的；⑥劳务分包单位将其承包的劳务再分包的；⑦劳务分包单位除计取劳务作业费用外，还计取主要建筑材料款、周转材料款和大中型施工机械设备费用的；⑧法律法规规定的其他违法分包行为。

（5）转包

住房和城乡建设部颁布的《建筑工程施工转包违法分包等违法行为认定查处管理办法（试行）》对转包进行了定义，该办法第六条规定，"转包是指施工单位承包工程后，不履行合同约定的责任和义务，将其承包的全部工程或者将其承包的全部工程肢解后以分包的名义分别转给其他单位或个人施工的行为。

存在下列情形之一的，属于转包：

（一）施工单位将其承包的全部工程转给其他单位或个人施工的；

（二）施工总承包单位或专业承包单位将其承包的全部工程肢解以后，以分包的名义分别转给其他单位或个人施工的；

（三）施工总承包单位或专业承包单位未在施工现场设立项目管理机构或未派驻项目负责人、技术负责人、质量管理负责人、安全管理负责人等主要管理人员，不履行管理义务，未对该工程的施工活动进行组织管理的；

（四）施工总承包单位或专业承包单位不履行管理义务，只向实际施工单位收取费用，主要建筑材料、构配件及工程设备的采购由其他单位或个人实施的；

（五）劳务分包单位承包的范围是施工总承包单位或专业承包单位承包的全部工程，劳务分包单位计取的是除上缴给施工总承包单位或专业承包单位"管理费"之外的全部工程价款的；

（六）施工总承包单位或专业承包单位通过采取合作、联营、个人承包等形式或名义，直接或变相的将其承包的全部工程转给其他单位或个人施工的；

（七）法律法规规定的其他转包行为。"

（6）挂靠

住房和城乡建设部颁布的《建筑工程施工转包违法分包等违法行为认定查处管理办法（试行）》对挂靠进行了定义，该办法第十条规定，挂靠是指单位或个人以其他有资质的施工单位的名义，承揽工程的行为。所谓承揽工程，包括参与投标、订立合同、办理有关施工手续、从事施工等活动。

存在下列情形之一的，属于挂靠：①没有资质的单位或个人借用其他施工单位的资质承揽工程的；②有资质的施工单位相互借用资质承揽工程的，包括资质等级低的借用资质等级高的，资质等级高的借用资质等级低的，相同资质等级相互借用的；③专业分包的发包单位不是该工程的施工总承包或专业承包单位的，但建设单位依约作为发包单位的除外；④劳务分包的发包单位不是该工程的施工总承包、专业承包单位或专业分包单位的；⑤施工单位在施工现场派驻的项目负责人、技术负责人、质量管理负责人、安全管理负责人中一人以上与施工单位没有订立劳动合同，或没有建立劳动工资或社会养老保险关系的；⑥实际施工总承包单位或专业承包单位与建设单位之间没有工程款收付关系,或者工程款支付凭证上载明的单位与施工合同中载明的承包单位不一致,又不能进行合理解释并提供材料证明的;⑦合同约定由施工总承包单位或专业承包单位负责采购或租赁的主要建筑材料、构配件及工程设备或租赁的施工机械设备,由其他单位或个人采购、租赁,或者施工单位不能提供有关采购、租赁合同及发票等证明,又不能进行合理解释并提供材料证明的;⑧法律法规规定的其他挂靠行为。

4.3.4 建设工程的带资承包

改革开放以来我国城市房地产的开发建设蒸蒸日上,然而我们的建筑市场并不十分成熟。建设单位在自己的建设资金根本未落实或资金不足的情况下,盲目上马新的建设项目,强行要求施工单位垫资,以弥补其投资的缺口;甚至有一些建筑企业主动以带资承包作为其市场竞争的手段。显然,带资承包对建筑市场具有较大的危害性,它不仅人为助长了建设规模的不正当扩大,干扰了国家对固定资产投资的宏观调控,而且造成工程款的拖欠和企业之间纠纷的增加,从而产生大量诉讼。

(1) 带资承包的含义及表现形式

所谓带资承包,是指在建筑市场环境下,为暂时缓解建设单位的资金压力,由建筑企业先行垫付自有资金为建设单位从事建设活动,再由建设单位日后予以逐步偿还的一种建筑工程承包行为。

带资承包显然是建筑市场的一种违法行为,之所以认定其具有违法性,主要是因为带资承包具有鲜明的企业非法融资的特征和本质。鉴于其违法性和社会危害性,我国政府有关职能部门曾三令五申予以严厉禁止,原建设部、原国家计划委员会和财政部颁布的《关于严格禁止在工程建设中带资承包的通知》中明令禁止在工程建设中"带资承包"。通过管理,建筑企业直接为建设单位的工程进行垫资的情况当今已不多见,但经承、发包双方肆意串通、变相带资承包的现象却仍时有发生。

① 以支付合同定金为表现形式的带资承包。建筑企业(承包方)与建设单位(发包方)签订了《建设工程承包合同》后,建筑企业以保证履约为由,向建设单位支付相当数量的人民币作为保证履行的"定金",这是带资承包表现形式之一。因为,从定金的概念和意义来看,所谓定金,是签订合同的一方为了证明合同的成立并担保自己的履行而预付给合同另一方的一定数量的金额。该金额在合同履行完毕后应当被收回或被抵作合同之价款。实践中我们知道,收受定金的一方,往往是在合同中率先履行义务且承担风险较大的一方。因此,向建设单位支付"定金"的形式违反了建筑市场经济活动的常理以及《合同法》的规定。

② 以支付工程质量保证金为表现形式的带资承包。建设单位与建筑企业签订《建设工程承包合同》后,建设单位立即以保证工程质量为由收受建筑企业所支付的相当数额的款项,此是带资承包表现形式之二。在我国的建筑市场活动中,凡由建筑企业施工质量所引起的损失,首先应考虑从建设单位应支付给建筑企业的工程尾款中抵扣,不足部分由建设单位另行追偿。我国住房和城乡建设部推荐的《建设项目工程总承包合同(示范文本)》中,均能寻找出与上述行为相匹配的合同条款。而合同签约的双方,对该工程尾款数额的约定,一般控制在20%之内。因此,此形式违反上述建筑行业的惯例。在《建设工程承包合同》已设立了工程尾款支付条件的情况下,仍额外地约定由建筑企业在施工前向建设单位提供一笔数额巨大的资金,是明目张胆的法律规避行为。

③ 以房地产参建为表现形式的带资承包。建设单位与建筑企业签订《房地产参建合同》，双方约定由建筑企业参建建设单位的房地产项目，参建面积、参建楼层和方位、参建单价和总价款、参建款的支付方式、参建房的交付期限、双方特殊约定等，各项条款应有俱有。此是建筑活动中带资承包表现形式之三。

④ 以房地产预售为表现形式的带资承包。建设单位与建筑企业签订《内销商品房预售合同》。在该合同中，双方约定所预售的房屋的室号、面积、预售单价和合同总价、交房期限，甚至还约定了交房条件和违约责任等。这是带资承包法律规避形式之四。尽管承包活动的双方为其融资行为披上了一层合法的外衣，但大量事实证明，建筑企业最终绝不会购买建设单位的商品房；建设单位也绝不会在预售合同中允许建筑企业分期付款；建设单位也绝不会同意以正常的预售价签订预售合同（通常大大高于正常的预售价）；双方也绝不会将回购条款作为特别约定之条款直接列入《内销商品房预售合同》中，而是私下另立一份协议。

（2）带资承包发生原因

首先，在维权意识方面，许多建筑企业不认为"带资承包"是一件很严重的事情，自我保护意识不够，甚至个别建筑企业的决策者法治观念淡薄。

其次，在经营理念方面存在较大差距。建筑企业管理层应提高对社会和市场经济的适应能力，提高面对市场风险的反应速度，避免过度依赖发包商。改善用人理念，除了重视技术人才，也要储备懂市场、会经营的文科人才。"带资承包"这种现象的出现是由社会观念、法制环境、建筑企业法律意识以及经营理念等多种因素综合作用的结果，随着社会的进步，国家法治建设的进一步完善，这种现象终会消亡。

（3）工程垫资的处理

《保障中小企业款项支付条例》规定："政府投资项目所需资金应当按照国家有关规定确保落实到位，不得由施工单位垫资建设。"《最高人民法院关于审理建设工程施工合同纠纷案件适用法律问题的解释》规定："当事人对垫资和垫资利息有约定，承包人请求按照约定返还垫资及其利息的，人民法院应予支持。"

当事人对垫资没有约定的，按照工程欠款处理。《保障中小企业款项支付条例》规定："机关、事业单位和大型企业迟延支付中小企业款项的，应当支付逾期利息。双方对逾期利息的利率有约定的，约定利率不得低于合同订立时1年期贷款市场报价利率；未作约定的，按照每日利率万分之五支付逾期利息。"

《最高人民法院关于审理建设工程施工合同纠纷案件适用法律问题的解释》规定，利息从应付工程价款之日开始计付。当事人对付款时间没有约定或者约定不明的，下列时间视为应付款时间：①建设工程已实际交付的，为交付之日；②建设工程没有交付的，为提交竣工结算文件之日；③建设工程未交付，工程价款也未结算的，为当事人起诉之日。

（4）带资承包处理方式

现阶段对于带资承包处理方式大致分为以下四种：

① 对于使用带资承包方式建设的投资项目，一经发现，有关部门要按照有关法律法规对该建设单位进行查处并依法进行行政处罚；建设等部门应停止办理其报建手续，对该项目不予竣工验收备案；发展改革等有关部门对该单位新建项目给予制约；对于在工程建设过程中抽逃资金的，财政部门要立即停止该项目的资金拨付。

② 银行等金融机构应加强对建设项目的授信审查和贷款管理，在借款合同中明确约定不

得利用银行贷款带资承包政府投资项目。对违反约定的,应限期追回银行信贷资金,并通过人民银行信贷登记咨询系统向其他银行通报,各银行不得再对该企业提供信贷支持。对于违反规定的银行,金融监管部门应予以处罚。

③ 有关部门建立健全了建筑业企业不良信用档案制度,对于违反规定的企业,给予相应处罚。对以带资承包方式承揽政府投资项目的施工总承包企业和以带资承包方式承揽专业工程、劳务作业的专业分包企业、劳务分包企业,一经发现,有关部门要按照有关法律法规对该企业依法进行查处。

④ 各有关部门在职责范围内对投资项目是否使用带资承包进行建设情况稽查。任何单位或个人对违反规定使用带资承包方式进行建设的投资项目,以及该项目的主管部门和承建该项目的建筑业企业,都有权向建设部门、发展改革部门和财政部门予以举报。

 思考题

1. 简述建设工程的几项招标方式及异同。
2. 分析建设工程招标投标的作用和地位。
3. 阐述建设工程招标投标的基本要求。
4. 试探讨联合体投标的各项规定,并与单独投标做区分。

 实战题

1. 某医院大楼设计建筑面积为19945m²,预计造价7400万元,其中土建工程造价约为3402万元,配套设备暂定造价为3998万元。2020年初,该工程项目进入某建设工程交易中心以总承包方式向社会公开招标。

郑某得知该项目的情况后,立即到该省四家建筑公司活动,要求挂靠这四家公司参与投标。这四家公司在未对郑某的公司资质和业绩进行审查的情况下就同意其挂靠,并分别商定了"合作"条件:一是投标保证金由郑某支付;二是一家建筑公司代郑某编制标书,由郑某支付"劳务费",其余三家公司的经济标书由郑某编制;三是项目中标后全部或部分工程由郑某组织施工,挂靠单位收取工程造价3‰~5‰的管理费。

2020年1月郑某给四家公司各汇去30万元投标保证金,并支付给甲建筑公司1.5万元编制标书的"劳务费"。为承揽到该项目,郑某还拉拢某建设工程交易中心评标处处长张某、办公室主任李某。

问题:
(1) 郑某和允许其挂靠的四家公司违反了《招标投标法》的哪些规定?
(2) 建设工程交易中心违反了哪些法律规定?

2. 某重点工程项目计划于2020年12月28日开工,由于工程复杂,技术难度高,一般施工队伍难以胜任,业主自行决定采取邀请招标方式。2020年9月8日业主向通过资格预审的A、B、C、D、E五家施工承包企业发出了投标邀请书。五家企业均接受了邀请,并于规定时间9月20~22日购买了招标文件。招标文件中规定,10月18日下午4时是招标文件规定的投标截止时间,11月10日发出中标通知书。

在投标截止时间之前,A、B、D、E四家企业提交了投标文件,但C企业于10月18日下午5时才送达，原因是中途堵车。10月21日下午由当地招标投标监督管理办公室主持进行了公开开标。

评标委员会成员共由7人组成，其中当地招标投标监督管理办公室1人，公证处1人，招标人1人，技术经济方面专家4人。评标时发现E企业投标文件虽无法定代表人签字和委托人授权书，但投标文件均已有项目经理签字并加盖了公章。评标委员会于10月28日提出了评标报告。B、A企业综合得分为第一、第二名。由于B企业投标报价高于A企业，11月10日招标人向A企业发出了中标通知书，并于12月12日签订了书面合同。

问题：

（1）企业自行决定采取邀请招标方式的做法是否妥当？说明理由。

（2）C企业和E企业投标文件是否有效？说明理由。

（3）请指出开标工作的不妥之处，说明理由。

（4）请指出评标委员会成员组成的不妥之处，说明理由。

第 5 章
建设工程合同管理制度

 导言

工程合同是项目参与各方责权利承担的载体和纽带,合同管理是项目管理的灵魂。 一个合格的工程管理者必须能够订立合法有效的合同,能够按照合同的要求进行合同交底、合同分析等合同管理工作,并全面适当履行合同。 合同作为计划文件的一部分,难免存在不完善之处,因此对合同漏洞救济、合同权利保全措施、义务保全模式、违约责任承担、工程合同索赔等进行合理使用也是重要的合同管理基本功。

 引例

2019 年 3 月,甲建筑公司与乙钢材供应商签订一份价值 1000 万元的钢材采购合同,双方商定甲公司支付款项 200 万元后,乙公司分三批发货且最晚于 2019 年 9 月前发货完毕。 但在合同支付条款中写有"货到全付款"字样。 2019 年 4 月第一批钢材到货,乙方随即以合同中"货到全付款"可理解为"货到,全付款"为由,要求甲方支付全部货款。 甲方表示合同中"货到全付款"含义应为"货到全,付款",并以此为由拒绝付款。 双方协商无果,直到 2019 年 9 月乙公司未再发货,导致甲公司工期延误损失 200 万元。 最终甲公司以乙公司违反合同导致工期延误为由将乙公司起诉至法院,请求乙公司赔偿全部损失 200 万元。

如果你是法官,该案应如何判决? 结合此案例,谈谈你对工程合同管理的认识。

学习目标

本章以合同的订立为切入点，首先整体介绍合同以及合同订立的基础理论知识，之后分别对合同的效力、合同的履行与合同责任进行深入剖析，从而提高我们的合同意识以及运用合同管理知识解决工程问题的能力。其中合同效力部分中主要对无效合同、可撤销合同以及效力待定合同展开分析；合同履行部分特别结合工程实例针对合同漏洞的救济、代位权和撤销权应用以及合同的变更、转让与终止进行介绍，以提高应对合同履行中各类问题的能力；合同责任部分从违约责任及其承担出发，通过对缔约过失责任、违约责任学习认识进而得出针对工程价款优先受偿问题与工程合同索赔问题的解决方法。

掌握：合同订立的程序；合同效力的判定；合同履行的原则及合同漏洞的救济；合同代位权、撤销权和抗辩权的规定；违约责任及其承担。

5.1 合同的订立

在工程建设过程中，项目各参与方为了明确相互之间的权利义务，通过订立形式各样的合同明确各自的权利义务。可以说，工程合同是工程项目运作的工具，合同管理是项目管理的灵魂。

5.1.1 合同的概念和类型

（1）合同的概念

《民法典》（合同编）第四百六十四条规定："合同是民事主体之间设立、变更、终止民事法律关系的协议。

婚姻、收养、监护等有关身份关系的协议，适用有关该身份关系的法律规定；没有规定的，可以根据其性质参照适用本编规定。"

（2）合同的法律特征

合同具有以下法律特征：

① 合同是一种民事法律行为。合同不是一种事实行为，而是一种法律行为。合同是当事人在自愿的基础上达成的协议，是以发生一定民事法律后果为目的的法律行为，如果某行为不具有发生民事法律后果的目的，则不是合同。

② 合同当事人的法律地位平等。在合同关系中，当事人的法律地位平等，应通过协商的方法签订合同，任何一方不得凭借行政权力、经济实力将自己的意思强加给另一方。

③ 合同具有强烈的目的性。合同是交易，交易各方都具有强烈的目的性，因此，如果合同履行只能满足某一方利益而损害另一方的利益，此时，该合同的规定就值得商榷。

（3）合同的分类

合同的分类是指按照一定的标准，将合同划分成不同的类型。合同的分类，有利于当事人找到能达到自己交易目的的合同类型，订立符合自己愿望的合同条款，便于合同的履行，也有助于司法机关在处理合同纠纷时准确地适用法律，正确处理合同纠纷。

① 有名合同与无名合同。根据法律是否明文规定了合同的名称，可以将合同分为有名合

同与无名合同。

有名合同（又称典型合同），是指法律上已经确定了一定的名称及具体规则的合同。《民法典》中所规定的19类合同都属于有名合同，如建设工程合同等。

无名合同（又称非典型合同），是指法律上尚未确定一定的名称与规则的合同。合同当事人可以自由决定合同的内容，即使当事人订立的合同不属于有名合同的范围，只要不违背法律的禁止性规定和社会公共利益，仍然是有效的。

有名合同与无名合同的区分，主要在于两者适用的法律规则不同。对于有名合同，应当直接适用《民法典》的相关规定，如建设工程合同直接适用《民法典》（合同编）第十八章的规定。对于无名合同，应该首先适用《民法典》的一般规则，然后可比照最相类似的有名合同的规则，确定合同效力、当事人权利义务等。

② 双务合同与单务合同。根据合同当事人是否互相负有给付义务，可以将合同分为双务合同与单务合同。

双务合同，是指当事人双方相互负担义务的合同，即双方当事人互享债权，互付债务，一方的合同权利正好是对方的合同义务，彼此形成对价关系。例如，建设工程中，承包人有获得工程价款的权利，而发包人则有按约支付工程价款的义务。大部分合同都是双务合同。

单务合同，是指合同当事人中仅有一方负担义务，而另一方只享有合同权利的合同。例如在赠与合同中，受赠人享有接受赠与物的权利，但不负担任何义务。无偿委托合同、无偿保管合同均属于单务合同。

③ 诺成合同与实践合同。根据合同的成立是否需要交付标的物，可以将合同分为诺成合同和实践合同。

诺成合同（又称不要物合同），是指经当事人双方意思表示一致就可以成立的合同，大多数的合同都属于诺成合同，如建设工程合同、买卖合同、租赁合同等。

实践合同（又称要物合同），是指除当事人双方意思表示一致以外，尚须交付标的物才能成立的合同，如保管合同。

④ 要式合同与不要式合同。根据法律对合同的形式是否有特定要求，可以将合同分为要式合同与不要式合同。要式合同，是指根据法律规定必须采取特定形式的合同。如《民法典》规定，建设工程合同应当采用书面形式。不要式合同，即当事人订立的合同依法并不需要采取特定的形式，当事人可以采取口头方式，也可以采取书面形式或其他形式。

要式合同与不要式合同的区别，实际上是一个关于合同成立与生效的条件问题。如果法律规定某种合同必须经过批准或登记才能生效，则合同未经批准或登记便不生效；如果法律规定某种合同必须采用书面形式才成立，则当事人未采用书面形式时合同便不成立。

⑤ 有偿合同与无偿合同。根据合同当事人之间的权利义务是否存在对价关系，可以将合同分为有偿合同与无偿合同。

有偿合同，是指一方通过履行合同义务而给对方某种利益，对方要得到该利益必须支付相应代价的合同，如建设工程合同等。无偿合同，是指一方给付对方某种利益，对方取得该利益时并不支付任何代价的合同，如赠与合同等。

⑥ 主合同与从合同。根据合同相互间的主从关系，可以将合同分为主合同与从合同。

主合同是指能够独立存在的合同；依附于主合同方能存在的合同为从合同。例如，发包人与承包人签订的建设工程施工合同为主合同，为确保该主合同的履行，发包人与承包人签订的履约保证合同为从合同。

5.1.2 合同订立的原则和程序

5.1.2.1 合同订立的原则

合同订立，是指缔约人进行意思表示并达成一致意见的状态，包括缔约各方自接触、协商至达成协议前讨价还价的整个动态过程和静态协议。合同订立是交易行为的法律运作。合同的订立，应当遵循平等原则、自愿原则、公平原则、诚实信用原则、合法原则，有利于节约资源、保护生态环境原则等。

（1）平等原则

《民法典》第四条规定："民事主体在民事活动中的法律地位一律平等。"这一原则包括三方面的内容：①合同当事人的法律地位一律平等。不论当事人的所有制性质、单位规模、经济实力如何，其法律地位都是平等的。②合同中的权利义务对等。就是说，享有权利的同时就应当承担义务，而且彼此的权利、义务是对等的。③合同当事人必须就合同条款充分协商，在互利互惠基础上达成一致意见，合同方能成立。任何一方都不得将自己的意志强加给另一方，更不得以强迫命令、胁迫等手段签订合同。

（2）自愿原则

《民法典》第五条规定："民事主体从事民事活动，应当遵循自愿原则，按照自己的意思设立、变更、终止民事法律关系。"自愿原则贯穿于合同活动的全过程，包括订不订立合同自愿，与谁订立合同自愿，合同内容由当事人在不违法的情况下自愿约定，在合同履行过程中当事人可以协议补充、协议变更有关内容，双方也可以协议解除合同，可以约定违约责任，以及自愿选择解决争议的方式。在不违背法律、行政法规强制性规定的前提下，合同当事人有权自愿决定，任何单位和个人不得非法干预。

（3）公平原则

公平原则主要包括：①订立合同时，要根据公平原则确定双方的权利和义务，不得欺诈，不得假借订立合同恶意进行磋商；②根据公平原则确定风险的合理分配；③根据公平原则确定违约责任。将公平原则作为合同当事人的行为准则，可以防止当事人滥用权利，有利于保护当事人的合法权益，维护和平衡当事人之间的利益。

（4）诚实信用原则

《民法典》第七条规定："民事主体从事民事活动，应当遵循诚信原则，秉持诚实，恪守承诺。"诚实信用原则主要包括：①订立合同时，不得有欺诈或其他违背诚实信用的行为；②履行合同义务时，当事人应当根据合同的性质、目的和交易习惯，履行及时通知、协助、提供必要条件、防止损失扩大、保密等义务；③合同终止后，当事人应当根据交易习惯，履行通知、协助、保密等义务，也称为后契约义务。

（5）合法原则

《民法典》第八条规定："民事主体从事民事活动，不得违反法律，不得违背公序良俗。"一般来讲，合同的订立和履行，属于合同当事人之间的民事权利义务关系，只要当事人的意思不与法律规范、社会公共利益和社会公德相抵触，即承认合同的法律效力。但是，合同不仅仅是当事人之间的问题，有时可能会涉及社会公共利益、社会公德和经济秩序。为此，对于损害社会公共利益、扰乱社会经济秩序的行为，国家应当予以干预，但这种干预要依法进行，由法律、行政法规做出规定。

（6）有利于节约资源、保护生态环境原则

《民法典》第九条规定："民事主体从事民事活动，应当有利于节约资源、保护生态环境。"有利于节约资源、保护生态环境原则是一项限制性的绿色原则，即民事主体在从事民事行为过程中，不仅要遵循自愿、公平、诚信原则，不得违反法律和公序良俗，还必须兼顾社会环境公益，有利于节约资源和生态环境保护。否则，将不受到法律的保护与支持。

5.1.2.2 合同订立的程序

合同的订立一般要经过要约和承诺两个阶段。《民法典》第四百七十一条规定："当事人订立合同，可以采取要约、承诺方式或者其他方式。"

（1）要约

① 要约的构成要件。《民法典》第四百七十二条规定："要约是希望与他人订立合同的意思表示，该意思表示应当符合下列条件：（一）内容具体确定；（二）表明经受要约人承诺，要约人即受该意思表示约束。"

"内容具体确定"中所谓具体，是指要约的内容须具有足以使合同成立的主要条款。如果没有包含合同的主要条款，受要约人难以做出承诺，即使做出了承诺，也会因为双方的这种合作意向不完整，不充分，而无法使合同成立；所谓确定，是指要约的内容须明确，不能含糊不清，否则对方将无法承诺。

"表明经受要约人承诺，要约人即受该意思表示约束"是指要约须具有订立合同的意图，要约作为希望与他人订立合同的一种意思表示，其内容已经包含了合同成立所需要具备的基本条件，只要经受要约人同意，合同才能成立，才能对要约人产生约束力。

② 要约的法律效力。《民法典》第一百三十七条规定："以对话方式作出的意思表示，相对人知道其内容时生效。以非对话方式作出的意思表示，到达相对人时生效。以非对话方式作出的采用数据电文形式的意思表示，相对人指定特定系统接收数据电文的，该数据电文进入该特定系统时生效；未指定特定系统的，相对人知道或者应当知道该数据电文进入其系统时生效。当事人对采用数据电文形式的意思表示的生效时间另有约定的，按照其约定。"

《民法典》第一百四十一条规定："行为人可以撤回意思表示。撤回意思表示的通知应当在意思表示到达相对人前或者与意思表示同时到达相对人。"

《民法典》第四百七十六条规定："要约可以撤销，但是有下列情形之一的除外：（一）要约人以确定承诺期限或者其他形式明示要约不可撤销；（二）受要约人有理由认为要约是不可撤销的，并已经为履行合同做了合理准备工作。"

《民法典》第四百七十八条规定："有下列情形之一的，要约失效：（一）要约被拒绝；（二）要约被依法撤销；（三）承诺期限届满，受要约人未作出承诺；（四）受要约人对要约的内容作出实质性变更。"

（2）要约邀请

《民法典》第四百七十三条规定："要约邀请是希望他人向自己发出要约的表示。拍卖公告、招标公告、招股说明书、债券募集办法、基金招募说明书、商业广告和宣传、寄送的价目表等为要约邀请。商业广告和宣传的内容符合要约条件的，构成要约。"

要约邀请可以向特定人发出，也可以向不特定的人发出，要约邀请只是邀请他人向自己发出要约，如果自己承诺才成立合同。因此，要约邀请处于合同的准备阶段，没有法律约束力。在建设工程招标投标活动中，招标文件是要约邀请，对招标人不具有法律约束力；投标文件是要约，该要约应受自己做出的与他人订立合同的意思表示的约束。

（3）承诺

《民法典》第四百七十九条规定："承诺是受要约人同意要约的意思表示。"如招标人向投标人发出的中标通知书，是承诺。

① 承诺的方式。承诺应当以通知的方式做出，但根据交易习惯或者要约表明可以通过行为做出承诺的除外。这里的行为通常是履行行为，如预付价款、工地上开始工作等。

② 承诺的生效。承诺通知到达要约人时生效。承诺不需要通知的，根据交易习惯或者要约的要求做出承诺的行为时生效。

③ 承诺的内容。承诺的内容应当与要约的内容一致。受要约人对要约的内容做出实质性变更的，为新要约。有关合同标的、数量、质量、价款或者报酬、履行期限、履行地点和方式、违约责任和解决争议方法等的变更，是对要约内容的实质性变更。

④ 承诺的撤回。承诺的撤回，是指承诺发出之后、生效之前，承诺人阻止承诺发生法律效力的行为。《民法典》第四百八十五条规定："承诺可以撤回。"撤回承诺的通知应当在承诺通知到达要约人之前或者与承诺同时到达要约人。

需要注意的是，要约可以撤回，也可以撤销；承诺只可以撤回，不可以撤销。

合同订立的程序见图 5-1。

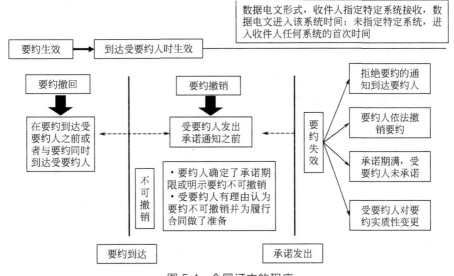

图 5-1 合同订立的程序

 随堂小练

甲建筑公司向乙供货商发出购买 100t 钢材的要约，3300 元/t，乙公司收到要约后直接将 110t 钢材送进现场，甲公司接受并使用于工程。以下说法正确的是（ ）。

① 乙公司的行为构成承诺

② 乙公司的行为属于新要约

③ 甲公司接受钢材并使用于工程，构成承诺
④ 双方的合同已经成立
⑤ 乙的行为违背了甲公司的真实意思，合同不成立

A. ①②③　　　　B. ②③④　　　　C. ②③⑤　　　　D. ①④⑤

（4）合同成立的时间和地点

① 合同成立的时间。合同因对方要约的承诺而成立，所以承诺效力发生之时，就是合同成立之时。《民法典》第四百八十三条规定："承诺生效时合同成立，但是法律另有规定或者当事人另有约定的除外。"

《民法典》第四百八十四条规定："以通知方式作出的承诺，生效的时间适用本法第一百三十七条的规定。承诺不需要通知的，根据交易习惯或者要约的要求作出承诺的行为时生效。"

《民法典》第四百九十条规定："当事人采用合同书形式订立合同的，自当事人均签名、盖章或者按指印时合同成立。在签名、盖章或者按指印之前，当事人一方已经履行主要义务，对方接受时，该合同成立。法律、行政法规规定或者当事人约定合同应当采用书面形式订立，当事人未采用书面形式但是一方已经履行主要义务，对方接受时，该合同成立。"

《民法典》第四百九十一条规定："当事人采用信件、数据电文等形式订立合同要求签订确认书的，签订确认书时合同成立。"

② 合同成立的地点。合同成立的地点可能关系到案件的管辖地。在涉外合同中，合同的成立地点还可能涉及选择法律适用的问题。因此明确合同成立的地点十分重要。

《民法典》第四百九十二条规定："承诺生效的地点为合同成立的地点。采用数据电文形式订立合同的，收件人的主营业地为合同成立的地点；没有主营业地的，其住所地为合同成立的地点。当事人另有约定的，按照其约定。"

《民法典》第四百九十三条规定："当事人采用合同书形式订立合同的，最后签名、盖章或者按指印的地点为合同成立的地点，但是当事人另有约定的除外。"

5.1.3　合同订立的形式和内容

对不同类型的合同选择合适的合同订立形式，并设置合理的合同的条款，即合同的内容是促进交易完成的重要手段。

（1）合同订立的法定形式

《民法典》第四百六十九条规定："当事人订立合同，可以采用书面形式、口头形式或者其他形式。书面形式是合同书、信件、电报、电传、传真等可以有形地表现所载内容的形式。以电子数据交换、电子邮件等方式能够有形地表现所载内容，并可以随时调取查用的数据电文，视为书面形式。"

《民法典》第七百八十九条规定："建设工程合同应当采用书面形式。"

书面形式合同的内容明确、有据可查，对于防止和解决争议有积极意义。口头形式合同具有直接、方便、快速的特点，但缺乏凭证，且发生争议难以取证，不易分清责任。其他形式合同，可以根据当事人的行为或者特定情形推动合同的成立，也可以称之为默示合同。

（2）合同的内容

合同的内容，即合同当事人的权利、义务，除法律规定的以外，主要由合同的条款确定。

《民法典》第四百七十条规定："合同的内容由当事人约定，一般包括下列条款：（一）当

事人的姓名或者名称和住所；（二）标的；（三）数量；（四）质量；（五）价款或者报酬；（六）履行期限、地点和方式；（七）违约责任；（八）解决争议的方法。

当事人可以参照各类合同的示范文本订立合同。"

（3）格式合同（条款）

格式合同（条款），是指当事人为了重复使用而预先拟定，并在订立合同时未与对方协商的合同（条款），如保险合同、银行卡开户合同等都是格式合同（条款）。由于格式条款签订时未与对方协商，可能存在免除或减轻自身责任，加重对方责任等不公平现象，因此《民法典》对格式合同规定如下：

《民法典》第四百九十六条规定："格式条款是当事人为了重复使用而预先拟定，并在订立合同时未与对方协商的条款。采用格式条款订立合同的，提供格式条款的一方应当遵循公平原则确定当事人之间的权利和义务，并采取合理的方式提示对方注意免除或者减轻其责任等与对方有重大利害关系的条款，按照对方的要求，对该条款予以说明。提供格式条款的一方未履行提示或者说明义务，致使对方没有注意或者理解与其有重大利害关系的条款的，对方可以主张该条款不成为合同的内容。"

《民法典》第四百九十七条规定："有下列情形之一的，该格式条款无效：（一）具有本法第一编第六章第三节和本法第五百零六条规定的无效情形；（二）提供格式条款一方不合理地免除或者减轻其责任、加重对方责任、限制对方主要权利；（三）提供格式条款一方排除对方主要权利。"

《民法典》第四百九十八条规定："对格式条款的理解发生争议的，应当按照通常理解予以解释。对格式条款有两种以上解释的，应当作出不利于提供格式条款一方的解释。格式条款和非格式条款不一致的，应当采用非格式条款。"

案例

（1）某药店于2020年5月起，为顾客办理会员卡400张，会员卡第3条内容为"本公司有权随时更改或终止此卡的使用，本药房保留对会员权益的解释权"。

（2）某鞋店在该店使用的零售小票背面售后说明中含"标明'处理鞋'或'特价鞋'的不实行三包"等字样。

问题：

上述格式条款是否有效并说明理由。

5.1.4 合同订立中的缔约过失责任

缔约过失责任作为保护交易安全的关键手段，可以规范人们在缔约过程中恪守良性交易行为准则，禁止商业欺诈，促进公平交往。

（1）缔约过失责任的概念和特点

缔约过失责任是指在合同订立过程中，一方因违背其依据诚实守信原则所产生的义务，而致使另一方的信赖利益损失时所应承担的损害赔偿责任。缔约过失责任发生于合同不成立或者合同无效的缔约过程。

构成缔约过失责任要有四个条件：①缔约一方当事人有违反法定附随义务或先合同义务的

行为。②违反法定附随义务或先合同义务的行为给对方造成了信赖利益的损失。③违反法定附随义务或先合同义务一方缔约人在主观上必须存在过错。④缔约人一方当事人违反法定附随义务或先合同义务的行为与对方所受到的损失之间必须存在因果关系。

以上四个要件缺一不可，否则就不能产生缔约过失责任。同时四要件间又是彼此联系的有机整体，缔约过失责任的认定必须严格按照这四个构成要件来进行。

一般情况下，当事人根据自愿和诚实信用原则进行协商，决定是否订立合同。协商不成也无需承担责任。但是如果当事人违背其诚实信用原则，给对方造成损失的，应当承担损害赔偿责任。

（2）缔约过失责任的表现情形

《民法典》第五百条规定："当事人在订立合同过程中有下列情形之一，造成对方损失的，应当承担赔偿责任：（一）假借订立合同，恶意进行磋商；（二）故意隐瞒与订立合同有关的重要事实或者提供虚假情况；（三）有其他违背诚信原则的行为。"

《民法典》第五百零一条规定："当事人在订立合同过程中知悉的商业秘密或者其他应当保密的信息，无论合同是否成立，不得泄露或者不正当地使用；泄露、不正当地使用该商业秘密或者信息，造成对方损失的，应当承担赔偿责任。"

《民法典》第一百五十七条规定："民事法律行为无效、被撤销或者确定不发生效力后，行为人因该行为取得的财产，应当予以返还；不能返还或者没有必要返还的，应当折价补偿。有过错的一方应当赔偿对方由此所受到的损失；各方都有过错的，应当各自承担相应的责任。"这种赔偿责任也是缔约过失责任。

（3）缔约过失责任的赔偿范围

缔约过失造成的是信赖利益损失，因此缔约过失责任应当以信赖利益作为赔偿的基本范围。信赖利益的损失主要是直接损失，包括：①缔约费用，如为了订约而赴实地考察所支付的合理费用；②准备履约和实际履约所支付的费用，如运送标的物至购买方所支付的合理费用；③因缔约过失导致合同无效、被变更或被撤销所造成的实际损失；④因身体受到伤害所支付的医疗费等合同费用；⑤因支出缔约费用或准备履约和实际履行支出费用所失去的利息等。

5.2 合同的效力

合同的效力是指已经成立的合同在合同当事人之间是否产生法律约束力。有效的合同对当事人具有法律约束力，国家法律予以保护；无效合同不具有法律效力。

5.2.1 合同的生效要件

合同生效是指合同具备生效条件而产生法律效力。产生法律效力是指合同对当事人各方产生法律约束力，即当事人的合同权利受法律保护，当事人的合同义务具有法律上的强制性。

合同生效需要具备以下条件：①订立合同的当事人必须具有相应民事权利能力和民事行为能力；②意思表示真实；③不违反法律、行政法规的强制性规定，不损害社会公共利益；④具备法律所要求的形式。

（1）一般合同生效

《民法典》第五百零二条规定："依法成立的合同，自成立时生效，但是法律另有规定或者当事人另有约定的除外。依照法律、行政法规的规定，合同应当办理批准等手续的，依照其规定。未办理批准等手续影响合同生效的，不影响合同中履行报批等义务条款以及相关条款的效力。应当办理申请批准等手续的当事人未履行义务的，对方可以请求其承担违反该义务的责任。依照法律、行政法规的规定，合同的变更、转让、解除等情形应当办理批准等手续的，适用前款规定。"

（2）附条件合同的生效

《民法典》第一百五十八条规定："民事法律行为可以附条件，但是根据其性质不得附条件的除外。附生效条件的民事法律行为，自条件成就时生效。附解除条件的民事法律行为，自条件成就时失效。"

《民法典》第一百五十九条规定："附条件的民事法律行为，当事人为自己的利益不正当地阻止条件成就的，视为条件已经成就；不正当地促成条件成就的，视为条件不成就。"

所谓附条件的合同，是指当事人在合同中特别规定一定的条件，以条件的是否成就来作为合同效力的发生或消灭的根据的合同。

附条件合同的条件必须符合如下要求：①条件必须是将来发生的事实，也就是说，条件不是现实存在的，而是属于尚未发生的客观不确定的事实，可能实现也可能不实现，条件具有不确定性。②条件是由当事人设定而非法定的。作为条件的事实必须是当事人自己选定的，是双方意思表示一致的结果，而不是由法律规定的条件，即它是合同中的任意条款而非法定条款。③条件必须是合法的。当事人不得以有损社会公共利益和公共秩序的事实或有损他人合法权益的事实作为合同所附的条件。按照最高人民法院的司法解释，附条件的民事行为，如果所附条件违反法律规定，应当认定民事行为无效。④条件不得与合同的主要内容相矛盾。

（3）附期限合同的生效

《民法典》第一百六十条规定："民事法律行为可以附期限，但是根据其性质不得附期限的除外。附生效期限的民事法律行为，自期限届至时生效。附终止期限的民事法律行为，自期限届满时失效。"

所谓附期限合同，是指附有将来确定到来的期限作为合同的条款，并在该期限到来时效力发生或者终止的合同。所附的期限就是双方当事人约定的将来确定到来的某个时间。

① 附期限合同中的期限的特征。合同的当事人在合同中规定一定的期限，把期限的到来作为合同生效和失效的根据，期限的到来是当事人所预知的，所以期限是确定的事实。当事人在签订合同时，对于确定的事实只能在合同中附期限，而不能附条件。

② 附期限合同中的附期限可分为生效期限和终止期限。附生效期限的合同，自期限届至时生效。附终止期限的合同，自期限届满时失效。其一，生效期限又可称为始期，是指以其到来使合同发生效力的期限。该期限的作用是延缓合同效力的发生，合同在该期限到来之前，其效力处于停止状态，待期限到来时，合同的效力才发生。其二，终止期限是指以其到来使合同效力消灭的期限。附终止期限合同中的终止期限与附条件合同中的附解除条件的作用相当，故其又称为解除期限。

5.2.2 合同效力的常见类型

合同效力问题是合同的灵魂所在，除有效合同外，根据合同是否违法、是否违背当事人的真实意愿，当事人是否有交易资格分为无效合同、可撤销合同和效力待定合同，这也是《民法典》(合同篇)鼓励交易原则的重要体现。其常见类型如表 5-1 所示。

表 5-1 合同效力类型

合同效力类型	特征	具体事由
无效合同	违法	无民事行为能力人订立的合同
		意思表示不真实的合同
		违背公序良俗的合同
		恶意串通,损害他人合法权益的合同
		违反法律、行政法规强制性规定的合同
可撤销合同	违心	重大误解订立的合同
		订立合同时显失公平的合同
		欺诈、胁迫手段订立的合同
效力待定合同	无交易资格	限制行为能力人订立的合同
		无权代理人订立的合同

5.2.2.1 无效合同

无效合同是指虽然已经成立,但因合同内容或者形式违反了法律、行政法规的强制性规定或者损害了社会公共利益,因而不能产生法律约束力,不受到法律保护的合同。

无效合同的特征:①具有违法性;②具有不可履行性;③自订立之时就不具有法律效力。

(1) 无效合同的类型

根据《民法典》相关规定无效合同主要有以下几类:一是一方或多方是无民事行为能力人订立的合同;二是行为人与相对人以虚假的意思表示订立的合同;三是违反法律、行政法规的强制性规定所订立的合同;四是违背公序良俗所订立的合同;五是行为人与相对人恶意串通,损害他人合法权益所订立的合同。

《民法典》第一百四十六条规定:"行为人与相对人以虚假的意思表示实施的民事法律行为无效。以虚假的意思表示隐藏的民事法律行为的效力,依照有关法律规定处理。"

《民法典》第一百五十三条规定:"违反法律、行政法规的强制性规定的民事法律行为无效。但是,该强制性规定不导致该民事法律行为无效的除外。违背公序良俗的民事法律行为无效。"

《民法典》第一百五十四条规定:"行为人与相对人恶意串通,损害他人合法权益的民事法律行为无效。"

《民法典》第一百四十四条规定:"无民事行为能力人实施的民事法律行为无效"

(2) 无效的免责条款

免责条款,是指当事人在合同中约定免除或者限制其未来责任的合同条款;免责条款无效,是指合同当事人之间虽然规定了免责条款,但却违反了法律、行政法规的强制性规定或者损害了社会利益,使免责条款不产生法律约束力的情形。

《民法典》第五百零六条规定:"合同中的下列免责条款无效:(一)造成对方人身损害的;(二)因故意或者重大过失造成对方财产损失的。"

造成对方人身伤害就侵犯了对方的人身权,造成对方财产损失就侵犯了对方的财产权。人身权和财产权是法律赋予的权利,如果合同中的条款对此予以侵犯,该条款就是违法条款,这样的免责条款是无效的。

（3）建设工程施工合同无效的主要情形

《最高人民法院关于审理建设工程施工合同纠纷案件适用法律问题的解释》规定建设工程施工合同具有下列情形之一的认定无效："承包人未取得建筑业企业资质或者超越资质等级的；没有资质的实际施工人借用有资质的建筑施工企业名义的；建设工程必须进行招标而未招标或者中标无效的。承包人因转包、违法分包建设工程与他人签订的建设工程施工合同，应当依据民法典第一百五十三条第一款及第七百九十一条第二款、第三款的规定，认定无效。"

（4）无效合同的法律后果

《民法典》第一百五十五条规定："无效的或者被撤销的民事法律行为自始没有法律约束力。"

《民法典》第一百五十六条规定："民事法律行为部分无效，不影响其他部分效力的，其他部分仍然有效。"

《民法典》第一百五十七条规定："民事法律行为无效、被撤销或者确定不发生效力后，行为人因该行为取得的财产，应当予以返还；不能返还或者没有必要返还的，应当折价补偿。有过错的一方应当赔偿对方由此所受到的损失；各方都有过错的，应当各自承担相应的责任。法律另有规定的，依照其规定。"

（5）施工合同无效的工程款结算

《民法典》第七百九十三条规定："建设工程施工合同无效，但是建设工程经验收合格的，可以参照合同关于工程价款的约定折价补偿承包人。

建设工程施工合同无效，且建设工程经验收不合格的，按照以下情形处理：

（一）修复后的建设工程经验收合格的，发包人可以请求承包人承担修复费用；

（二）修复后的建设工程经验收不合格的，承包人无权请求参照合同关于工程价款的约定折价补偿。

发包人对因建设工程不合格造成的损失有过错的，应当承担相应的责任。"

目前，针对建设工程施工合同无效的过错赔偿责任基础以及赔偿责任范围问题，讨论较多，争议也较大。

《最高人民法院关于审理建设工程施工合同纠纷案件适用法律问题的解释（一）》第六条规定："建设工程施工合同无效，一方当事人请求对方赔偿损失的，应当就对方过错、损失大小、过错与损失之间的因果关系承担举证责任。

损失大小无法确定，一方当事人请求参照合同约定的质量标准、建设工期、工程价款支付时间等内容确定损失大小的，人民法院可以结合双方过错程度、过错与损失之间的因果关系等因素作出裁判。"

5.2.2.2 可撤销合同

所谓可撤销合同，是指因意思表示不真实，经有撤销权的机构行使撤销权，使已经生效的意思表示归于无效的合同。

（1）可撤销合同的类型

《民法典》第一百四十七条规定："基于重大误解实施的民事法律行为，行为人有权请求人民法院或者仲裁机构予以撤销。"

《民法典》第一百四十八条规定："一方以欺诈手段，使对方在违背真实意思的情况下实施的民事法律行为，受欺诈方有权请求人民法院或者仲裁机构予以撤销。"

《民法典》第一百四十九条规定:"第三人实施欺诈行为,使一方在违背真实意思的情况下实施的民事法律行为,对方知道或者应当知道该欺诈行为的,受欺诈方有权请求人民法院或者仲裁机构予以撤销。"

《民法典》第一百五十条规定:"一方或者第三人以胁迫手段,使对方在违背真实意思的情况下实施的民事法律行为,受胁迫方有权请求人民法院或者仲裁机构予以撤销。"

《民法典》第一百五十一条规定:"一方利用对方处于危困状态、缺乏判断能力等情形,致使民事法律行为成立时显失公平的,受损害方有权请求人民法院或者仲裁机构予以撤销。"

(2) 合同撤销权的行使

撤销权的主体:撤销权由重大误解的误解人、显失公平的受害人、被欺诈方、被胁迫方、乘人之危的受害方行使。只有这些合同当事人才有权行使合同撤销权,对方当事人不享有撤销权。

(3) 被撤销合同的法律后果

《民法典》第一百五十七条规定:"民事法律行为无效、被撤销或者确定不发生效力后,行为人因该行为取得的财产,应当予以返还;不能返还或者没有必要返还的,应当折价补偿。有过错的一方应当赔偿对方由此所受到的损失;各方都有过错的,应当各自承担相应的责任。法律另有规定的,依照其规定。"

5.2.2.3 效力待定合同

效力待定合同是指合同虽然已经成立,但因其不完全符合有关生效要件的规定,其合同效力能否发生尚未确定,一般须经有权人表示承认才能生效。

《民法典》规定的效力待定合同有两种,即限制行为能力人订立的合同和无权代理人订立的合同。

(1) 限制行为能力人订立的合同

《民法典》第一百四十五条规定:"限制民事行为能力人实施的纯获利益的民事法律行为或者与其年龄、智力、精神健康状况相适应的民事法律行为有效;实施的其他民事法律行为经法定代理人同意或者追认后有效。

相对人可以催告法定代理人自收到通知之日起三十日内予以追认。法定代理人未作表示的,视为拒绝追认。民事法律行为被追认前,善意相对人有撤销的权利。撤销应当以通知的方式作出。"

(2) 无权代理人订立的合同

《民法典》第一百七十一条规定:"行为人没有代理权、超越代理权或者代理权终止后,仍然实施代理行为,未经被代理人追认的,对被代理人不发生效力。

相对人可以催告被代理人自收到通知之日起三十日内予以追认。被代理人未作表示的,视为拒绝追认。行为人实施的行为被追认前,善意相对人有撤销的权利。撤销应当以通知的方式作出。"

《民法典》第一百七十二条规定:"行为人没有代理权、超越代理权或者代理权终止后,仍然实施代理行为,相对人有理由相信行为人有代理权的,代理行为有效。"

《民法典》第五百零三条规定:"无权代理人以被代理人的名义订立合同,被代理人已经开始履行合同义务或者接受相对人履行的,视为对合同的追认。"

案例

1. 背景

甲公司的经营范围为建材销售,一次,其业务员张某外出到乙公司采购一批装饰用的花岗岩时,发现乙公司恰好有一批铝材要出售,张某见价格合适,就与乙公司协商:虽然此次并没有得到购买铝材的授权,但相信公司也很需要这批材料,愿与乙公司先签订买卖合同,等回公司后再确认。乙公司表示同意。双方签订了铝材买卖合同。张某回公司后未及将此事报告公司,又被派出签订另外的合同。乙公司等候两天后,发现没有回复,遂特快信函催告甲公司于收到信函后五日内追认并履行该合同。该信函由于邮局传递的原因未能如期到达。第八日,甲公司收到该信函,此时铝材因市场原因价格上涨,遂马上电告乙公司,表示追认该买卖合同。乙公司却告知,这批铝材已经于第六日出卖给了丙公司,并已经交货付款完毕。由于甲公司过期不予追认该合同,该合同已经失效。甲公司则认为,邮局传递延迟的责任应由乙公司承担,因此,合同因追认而生效。双方遂发生争议。

2. 问题

在甲公司追认之前,张某代理甲公司与乙公司签订的铝材买卖合同效力如何?法院应支持谁的观点?

5.2.3 阴阳合同及其处理

阴阳合同是行业发展的毒瘤,是违背国家意志的不法存在。阴阳合同的存在对建筑行业的健康发展产生严重影响,并且严重损害国家利益。因此,对阴阳合同的规范管理、打击消除迫在眉睫。

(1) 阴阳合同定义

阴阳合同(又称"黑白合同")并非法律术语,其概念主要明确于《招标投标法》颁行之后。"阳合同"为经过合法的招标投标程序,在建设工程管理部门备案,形式合法的合同。与之相反,"阴合同"是未在建设工程管理部门进行备案或变更登记的合同。

阴阳合同广义通俗的解释即阳合同为合法备案登记的合同,阴合同则为不合法未备案登记的合同。阴阳合同的概念已延伸到各大领域,在建筑领域主要有建筑施工阴阳合同和房屋买卖阴阳合同等。

① 建筑施工阴阳合同。"阳合同"为建设单位、施工单位按照《招标投标法》的规定,依据招标投标文件签订的在建设工程管理部门备案的建设工程施工合同。其主要特点为:经过合法的招标投标程序,该合同在建设工程管理部门备案,形式合法。

与之相反,"阴合同"是双方为规避政府管理,私下签订的建设工程施工合同,未经过合法的招标投标程序且该合同未在建设工程管理部门备案。其与"阳合同"相对比,主要特点为:在建设工程管理部门未进行备案或变更登记。

② 房屋买卖阴阳合同。在二手房交易中,"阴合同"显示买卖双方真实的成交价格,而"阳合同"则根据使用需要有所不同,一种是虚高的房价合同交给银行,以申请更多按揭贷款;另一种是填低房价的合同交给房地产交易中心过户,以便少交税。实际交易中,买卖双方为达到避税或其他目的,向有关部门登记时用一张合同,通过少报价格或少报面积的方式,降低买

卖合同标的，报低价格少纳税，称为"阳合同"；卖家与买家另签一份合同，作为实际支付交易金额的合约并实际履行，称为"阴合同"。在二手房交易市场中常用的形式有两种：一是签订两份不同价格的房屋买卖合同，一份私下交易之用，另一份用来办理过户手续之用；二是把房屋买卖价格签低，然后另签一份装修补偿协议和旧家具买卖协议，以装修补偿款和家具款的名义，补足房屋实际成交价。其中，第二种阴阳合同更具备隐秘性。

（2）阴阳合同法律效力

《最高人民法院关于审理建设工程施工合同纠纷案件适用法律问题的解释（二）》第一条规定："招标人和中标人另行签订的建设工程施工合同约定的工程范围、建设工期、工程质量、工程价款等实质性内容，与中标合同不一致，一方当事人请求按照中标合同确定权利义务的，人民法院应予支持。

招标人和中标人在中标合同之外就明显高于市场价格购买承建房产、无偿建设住房配套设施、让利、向建设单位捐赠财物等另行签订合同，变相降低工程价款，一方当事人以该合同背离中标合同实质性内容为由请求确认无效的，人民法院应予支持。"

5.3 合同的履行

合同就是交易。合同履行，是指合同生效后，双方当事人按照合同的约定，全面适当地完成了各自的合同义务，享受了各自的权利，使双方当事人的合同目的得以实现的行为。

合同的履行是《民法典》合同篇法律约束的首要表现。当事人应当按照约定全面履行自己的义务，合同生效后，当事人不得因姓名、名称的变更或者法定代表人、负责人、承办人的变动而逃避义务。

5.3.1 合同履行的原则

（1）适当履行原则

适当履行原则，又称正确履行原则或全面履行原则，是指当事人按照合同规定的标的及其质量、数量，由适当的主体在适当的履行期限、履行地点以适当的方式，全面完成合同义务的履行原则。《民法典》第五百零九条规定："当事人应当按照约定全面履行自己的义务。"

（2）实际履行原则

实际履行原则强调债务人按照合同约定交付标的物或者提供服务，至于交付标的物或提供的服务是否适当，则无力顾及。因此，适当履行必然是实际履行，而实际履行未必是适当履行。

（3）协作履行原则

协作履行原则，是指当事人不仅适当履行自己的合同义务，而且应基于诚实信用原则要求对方当事人协助其履行债务的履行原则。它一般包括以下内容：

① 债务人履行合同债务，债权人应适当受领给付。

② 债务人履行债务，时常要求债权人创造必要的条件，提供方便。

③ 因故不能履行或不能完全履行时，应积极采取措施避免或减少损失，否则还要就扩大的损失自负其责。

④ 发生合同纠纷时，应各自主动承担责任，不得推诿。

《民法典》第五百零九条规定，"当事人应当遵循诚信原则，根据合同的性质、目的和交易习惯履行通知、协助、保密等义务。"

（4）经济合理原则

经济合理原则要求在履行合同时讲求经济效益，付出最小的成本，取得最佳的合同利益。如债务人选择最经济合理的运输方式，选择合理期限履行合同，选择设备体现经济合理原则，变更合同、对违约进行补救体现经济合理原则。

（5）情势变更原则

情势变更原则，是指在合同有效成立后且履行前，因不可归责于双方当事人的原因而使合同成立的基础发生变化，如继续履行合同将会造成显失公平的后果。在这种情况下，法律允许当事人变更合同的内容或者解除合同，以消除不公平的后果。情势变更的实质，乃是诚实信用原则之具体运用。

《民法典》第五百三十三条规定："合同成立后，合同的基础条件发生了当事人在订立合同时无法预见的、不属于商业风险的重大变化，继续履行合同对于当事人一方明显不公平的，受不利影响的当事人可以与对方重新协商；在合理期限内协商不成的，当事人可以请求人民法院或者仲裁机构变更或者解除合同。

人民法院或者仲裁机构应当结合案件的实际情况，根据公平原则变更或者解除合同。"

情势变更原则的适用条件：①须有情势变更原则的事实；②情势变更须发生在合同成立以后，履行完毕以前；③须情势变更的发生不可归责于双方当事人；④须情势变更是当事人不可预见的；⑤须情势变更使履行原合同显失公平。

5.3.2 合同漏洞的救济

合同是计划文件，在合同订立过程中难免存在疏忽，因此合同漏洞的救济是合同履行中的重要问题。

《民法典》第五百一十条规定："合同生效后，当事人就质量、价款或者报酬、履行地点等内容没有约定或者约定不明确的，可以协议补充；不能达成补充协议的，按照合同相关条款或者交易习惯确定。"

《民法典》第五百一十一条规定："当事人就有关合同内容约定不明确，依据前条规定仍不能确定的，适用下列规定：（一）质量要求不明确的，按照强制性国家标准履行；没有强制性国家标准的，按照推荐性国家标准履行；没有推荐性国家标准的，按照行业标准履行；没有国家标准、行业标准的，按照通常标准或者符合合同目的的特定标准履行。（二）价款或者报酬不明确的，按照订立合同时履行地的市场价格履行；依法应当执行政府定价或者政府指导价的，依照规定履行。（三）履行地点不明确，给付货币的，在接受货币一方所在地履行；交付不动产的，在不动产所在地履行；其他标的，在履行义务一方所在地履行。（四）履行期限不明确的，债务人可以随时履行，债权人也可以随时请求履行，但是应当给对方必要的准备时间。（五）履行方式不明确的，按照有利于实现合同目的的方式履行。（六）履行费用的负担不明确的，由履行义务一方负担；因债权人原因增加的履行费用，由债权人负担。"合同漏洞的救济见图5-2。

合同当事人双方应当在合同履行期内履行合同义务。但是有些合同履行期较长，比如在某些建设工程施工合同中，针对政府定价产品的价格变化，《民法典》第五百一十三条规定："执行政府定价或者政府指导价的，在合同约定的交付期限内政府价格调整时，按照交付时的价格计价。逾期交付标的物的，遇价格上涨时，按照原价格执行；价格下降时，按照新价格执行。逾期提

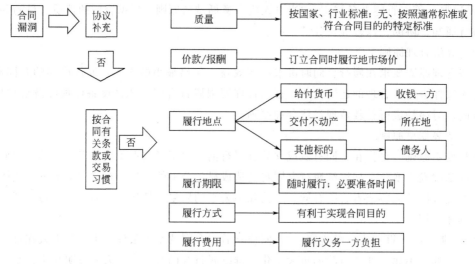

图 5-2 合同漏洞的救济

取标的物的或者逾期付款的,遇价格上涨时,按照新价格;价格下降时,按照原价格执行。"

随堂小练

某承包商与某材料供应商于 2021 年 3 月 1 日签订了一个供货合同,合同中约定材料供应商在 2021 年 6 月 1 日向承包商交付货物 100t。合同约定违约金为标的物的 5%,该商品属于政府定价商品,其价格变化见表 5-2。材料供应商在 2021 年 8 月 1 日才交货。

表 5-2 价格变化

时间	2021 年 3 月 1 日	2021 年 6 月 1 日	2021 年 8 月 1 日
价格/(元/t)	700	800	900

请问:(1)材料供应商应该支付违约金多少元?为什么?

(2)材料供应商共可收回多少元?为什么?

(3)如果该材料属于市场定价产品,材料供应商共可收回多少元?为什么?

5.3.3 合同履行的抗辩权

抗辩权是指在双务合同中,当发生法定条件或出现法定事由时,一方当事人依法享有的对抗对方请求或否认对方权利主张的权利。

履行抗辩权的设置,使当事人可以在法定情况下对抗对方的请求权,而且当事人的拒绝履行行为不但不构成违约,而且还可以更好维护当事人的合法权益。履行抗辩权主要包括同时履行抗辩权、先履行抗辩权和不安抗辩权。

(1)同时履行抗辩权

同时履行抗辩权是指双务合同的当事人,履行义务没有先后顺序,一方在对方未履行前,有权拒绝先履行合同义务。一方在对方履行义务不符合约定时,有权拒绝其相应的履行要求。

《民法典》第五百二十五条规定:"当事人互负债务,没有先后履行顺序的,应当同时履行。一方在对方履行之前有权拒绝其履行要求。一方在履行债务不符合约定时,有权拒绝其相应的履行要求。"据此,同时履行抗辩权是指当事人互负债务且没有先后履行顺序,一方当事人在他方未为对待给付之前,有权拒绝履行自己的合同债务的权利。

（2）先履行抗辩权

先履行抗辩权是指双务合同中的当事人履行义务有先后顺序,先履行义务的一方当事人未履行时,后履行一方的当事人有权拒绝对方请求自己履行义务。

《民法典》第五百二十六条规定:"当事人互负债务,有先后履行顺序,应当先履行债务一方未履行的,后履行一方有权拒绝其履行请求。先履行一方履行债务不符合约定的,后履行一方有权拒绝其相应的履行请求。"

 案例

2019年1月,甲、乙公司签订了一项房屋买卖合同,合同约定甲公司于同年9月1日向乙公司交付房屋100套,并办理登记手续,乙公司则向甲公司分三次付款:第一期支付2000万元,第二期支付3000万元,第三期则在9月1日甲公司向乙公司交付房屋时支付5000万元。在签订合同后,乙公司按期支付了第一期、第二期款项共5000万元。

9月1日,甲公司将房屋的钥匙移交乙公司,但并未立即办理房产所有权转移登记手续。因此,乙公司表示剩余款项在登记手续办理完毕后再付。在合同约定付款日期（9月1日）7日后,乙公司仍然没有付款,甲公司遂以乙公司违约为由诉至法院,请求乙公司承担违约责任。甲公司则以乙公司未按期办理房产所有权转移登记手续为由抗辩。请问该案应该如何判决？

（3）不安抗辩权

不安抗辩权是指在双务合同中的当事人履行义务有先后顺序,先履行义务的一方当事人,有证据证明后履行一方当事人财产状况明显恶化或者欠缺信用,不能保证正常履行合同义务时,在对方当事人未恢复履行能力或提供适当担保之前,有暂时中止履行合同义务的权利。

《民法典》第五百二十七条规定:"应当先履行债务的当事人,有确切证据证明对方有下列情形之一的,可以中止履行:（一）经营状况严重恶化;（二）转移财产、抽逃资金,以逃避债务;（三）丧失商业信誉;（四）有丧失或者可能丧失履行债务能力的其他情形。

当事人没有确切证据中止履行的,应当承担违约责任。"

《民法典》第五百二十八条规定:"当事人依照前条规定中止履行的,应当及时通知对方。对方提供适当担保的,应当恢复履行。中止履行后,对方在合理期限内未恢复履行能力且未提供适当担保的,视为以自己的行为表明不履行主要债务,中止履行的一方可以解除合同。"

 案例

1. 背景

2020年8月20日,甲公司和乙公司订立承揽合同一份。合同约定,甲公司按乙公司要求,为乙公司某工程部办公室加工300套桌椅,交货时间为10月1日。乙公司应在合同成立之日起10日内支付加工费10万元人民币。合同成立后,甲公司积极组织加工。但乙公司没有按约定期限支付加工费。同年9月2日,当地消防部门认为甲公司生产车间存在严重的安全隐患,要求其停工整顿。甲公司因此将无法按合同约定期限交货。乙公司在得知这一情形后,遂于同年9月10日向人民法院提起诉讼,要求甲公司承担违约责任。甲公司答辩称,合同尚未到履行期限，其行为不构成违约。即使其在合同履行期限届满时不能交货，也不是其责任，而是因为消防部门要求其停工。乙公司至今未能按合同约定支付加工费，其行为已构成违约，因此提起反诉，要求乙公司承担违约责任。

2．问题

乙公司的行为是否违约？乙公司是否有权要求甲公司承担违约责任？

5.3.4 合同履行中的代位权和撤销权

合同履行的抗辩权，给予了债务人在特殊条件下突破合同相对性的权利。按照法律规定，债权人同样有两种突破合同相对性，保障其权利不受损害的权利，即代位权与撤销权。

5.3.4.1 代位权的行使及效力

（1）代位权的含义

代位权是指债权人为了保障其权利不受损害，而以自己的名义代替债务人向第三人行使债权的权利。

《民法典》第五百三十五条规定："因债务人怠于行使其债权或者与该债权有关的从权利，影响债权人的到期债权实现的，债权人可以向人民法院请求以自己的名义代位行使债务人对相对人的权利，但是该权利专属于债务人自身的除外。

代位权的行使范围以债权人的到期债权为限。债权人行使代位权的必要费用，由债务人负担。

相对人对债务人的抗辩，可以向债权人主张。"

（2）代位权行使的条件

根据最高人民法院相关司法解释规定，债权人提起代位权诉讼，应当符合下列条件：①债权人对债务人的债权合法、确定，且必须已届清偿期。②债务人怠于行使其到期债权。③债务人怠于行使权利的行为已经对债权人造成损害。④债务人的债权不是专属于债务人自身的债权。

（3）代位权行使的法律效力

在债务链中，如果原债务人的债务人向原债务人履行债务，原债务人拒绝受领的，则债权人有权代原债务人受领。但在接受之后，应当将该财产交给原债务人，而不能直接独占财产。然后，再由原债务人向债权人履行其债务。如果原债务人不主动履行债务，则债权人可以请求强制履行受偿。

代位权的行使对三方当事人产生各不相同的法律效力：

① 对债务人的效力。代位权行使的结果直接归于债务人，债权人虽可以直接要求债务人的债务人直接将给付交给债权人，但这只是代位受领，所以其归属权仍然是归债务人所有。

② 对债权人的效力。债权人行使代位权后，应将其所取得的利益交付债务人，行使代位权的债权人与未行使代位权的人处于同一法律地位。

③ 对第三人而言，债权人行使代位权，与债务人行使权利的地位相同。故在代位权诉讼中，次债务人对债务人的抗辩，可以向债权人主张。即次债务人对抗债务人的一切抗辩权，对债权人均得行使。

5.3.4.2 撤销权的行使及效力

（1）撤销权的含义

撤销权,是指因债务人放弃其到期债权或者无偿转让财产或债务人以明显不合理的低价转让财产,对债权人造成损害,并且受让人知道该情形的,债权人也可以请求人民法院撤销债务人的行为。

(2) 债权人对撤销权行使的法律规定

《民法典》第五百三十八条规定:"债务人以放弃其债权、放弃债权担保、无偿转让财产等方式无偿处分财产权益,或者恶意延长其到期债权的履行期限,影响债权人的债权实现的,债权人可以请求人民法院撤销债务人的行为。"《民法典》第五百三十九条规定:"债务人以明显不合理的低价转让财产、以明显不合理的高价受让他人财产或者为他人的债务提供担保,影响债权人的债权实现,债务人的相对人知道或者应当知道该情形的,债权人可以请求人民法院撤销债务人的行为。"

对于《民法典》第五百三十九条规定的"明显不合理的低价",人民法院应当根据交易当地一般经营者的判断,并参考交易当时交易地的物价部门指导价或者市场交易价,结合其他相关因素综合考虑予以确认。转让价格达不到交易时交易地的指导价或市场交易价的百分之七十的,一般可以视为明显不合理的低价;对转让价格高于当地指导价或者市场交易价百分之三十的,一般可以视为明显不合理的高价。

(3) 撤销权行使的条件

① 债务人在客观上实施危害债权的行为。根据我国《民法典》第五百三十九条规定,该行为包括债务人放弃其到期债权,或者无偿转让财产,或者以明显不合理的低价转让财产,对债权人造成损害、妨害债权实现的行为。

② 债务人的行为是以财产为标的。对于非以财产为标的的行为,因与保全债务人的责任财产无关,债权人不得行使撤销权。

③ 债务人之行为系有偿行为时,债权人行使撤销权以受益人恶意为条件。受益人的恶意,是指受益人在受益时知道债务人所实施的行为有害于债权人的债权之事实。

④ 撤销权的行使范围以债权人的债权为限。并且,债权人行使撤销权所针对的债务人行为须是债的关系成立后发生并且仍继续有效存在的行为。

(4) 撤销权的消灭

《民法典》第一百五十二条规定:"有下列情形之一的,撤销权消灭:(一)当事人自知道或者应当知道撤销事由之日起一年内、重大误解的当事人自知道或者应当知道撤销事由之日起九十日内没有行使撤销权;(二)当事人受胁迫,自胁迫行为终止之日起一年内没有行使撤销权;(三)当事人知道撤销事由后明确表示或者以自己的行为表明放弃撤销权。

当事人自民事法律行为发生之日起五年内没有行使撤销权的,撤销权消灭。"

《民法典》第五百四十一条也规定:"撤销权自债权人知道或者应当知道撤销事由之日起一年内行使。自债务人的行为发生之日起五年内没有行使撤销权的,该撤销权消灭。"

 案例

1. 背景

甲公司欠乙公司货款 2000 万元已有 10 个月,其资产已不足偿债。乙公司在追债过程中发现,甲公司在一年半之前作为保证人向某银行清偿了丙公司的贷款后一直没有向其追偿,同时还将自己对丁公司享有的30%的股权无偿转让给了丙公司。

2. 问题

(1) 乙公司能否对丙公司行使代位权？

(2) 乙公司能否请求法院确认甲、丙之间无偿转让股权的合同无效？

(3) 乙公司能否请求法院撤销甲、丙之间无偿转让股权的合同？

5.3.5 合同的变更、转让和终止

合同在实施过程当中难免遇到各种各样的问题需要进行改动，因此提前对合同的变更、转让和终止进行规定，有利于促进公平正义，实现双赢。

5.3.5.1 合同的变更

当事人协商一致，可以变更合同。法律、行政法规规定变更合同应当办理批准、登记等手续的，依照其规定。当事人对合同变更的内容约定不明确的，推定为未变更。

(1) 合同的变更须经当事人双方协商一致

如果双方当事人就变更事项达成一致意见，则变更后的内容取代原合同的内容，当事人应当按照变更后的内容履行合同。如果一方当事人未经对方同意就改变合同的内容，不仅变更的内容对另一方没有约束力，其做法还是一种违约行为，应当承担违约责任。

(2) 合同变更须遵循法定的程序

法律、行政法规规定变更合同事项应当办理批准、登记手续的，应当依法办理相应手续。如果没有履行法定程序，即使当事人已协议变更了合同，其变更内容也不发生法律效力。

(3) 对合同变更内容约定不明确的推定

合同变更的内容必须明确约定。如果当事人对于合同变更的内容没有约定或者约定不明确，则将被推定为未变更。任何一方不得就约定不明的变更内容要求对方履行。

5.3.5.2 合同权利义务的转让

(1) 合同权利的转让

① 合同权利的转让范围。《民法典》第五百四十五条规定："债权人可以将债权的全部或者部分转让给第三人，但是有下列情形之一的除外：（一）根据债权性质不得转让；（二）按照当事人约定不得转让；（三）依照法律规定不得转让。

当事人约定非金钱债权不得转让的，不得对抗善意第三人。当事人约定金钱债权不得转让的，不得对抗第三人。"

② 合同权利的转让应当通知债务人。《民法典》第五百四十六条规定："债权人转让债权，未通知债务人的，该转让对债务人不发生效力。

债权转让的通知不得撤销，但是经受让人同意的除外。"

这一方面是尊重债权人对其权利的行使，另一方面也防止债权人滥用权利损害债务人的利益。当债务人接到权利转让的通知后，权利转让即行生效，原债权人被新的债权人替代，或者新债权人的加入使原债权人不再完全享有原债权。

(2) 合同义务的转让

《民法典》第五百五十一条规定："债务人将债务的全部或者部分转移给第三人的，应当经

债权人同意。债务人或者第三人可以催告债权人在合理期限内予以同意,债权人未作表示的,视为不同意。"

合同义务转移分为两种情况:一种情况是合同义务的全部转移,在这种情况下,新的债务人完全取代了旧的债务人,新的债务人负责全面履行合同义务;另一种情况是合同义务的部分转移,即新的债务人加入到原债务中,与原债务人一起向债权人履行义务。无论是转移全部义务还是部分义务,债务人都需要征得债权人同意。未经债权人同意,债务人转移合同义务的行为对债权人不发生效力。

(3) 合同中权利和义务的一并转让

《民法典》第五百五十五条规定:"当事人一方经对方同意,可以将自己在合同中的权利和义务一并转让给第三人。"

权利和义务一并转让,是指合同一方当事人将其权利和义务一并转移给第三人,由第三人全部承受这些权利和义务。权利义务一并转让,导致原合同关系消灭,第三人取代了转让方的地位,产生出一种新的合同关系。只有经对方当事人同意,才能将合同的权利和义务一并转让。如果未经对方同意,一方当事人擅自一并转让权利和义务的,其转让行为无效,对方有权就转让行为对自己造成的损害,追究转让方的违约责任。

  随堂小练

2017年8月,乙施工企业向甲建设单位主张支付工程款,甲以施工质量不合格为由拒绝支付,2017年10月15日,乙与丙协商将其50万工程款债权转让给丙公司,同年10月25日,甲接到乙转让债权的通知。关于该债权转让的说法,正确的是(   )。

A. 乙和丙之间的债权转让必须经甲同意
B. 甲对乙50万债权的抗辩权不得向丙主张
C. 甲拒绝支付50万工程款,丙可以要求甲和乙承担连带责任
D. 乙和丙之间的债权转让于2017年10月25日对甲发生效力

5.3.5.3 合同的终止

合同的终止,是指依法生效的合同,因具备法定的或当事人约定的情形,合同的债权、债务归于消灭,债权人不再享有合同的权利,债务人也不必再履行合同的义务。

《民法典》第五百五十七条规定:"有下列情形之一的,债权债务终止:(一)债务已经履行;(二)债务相互抵销;(三)债务人依法将标的物提存;(四)债权人免除债务;(五)债权债务同归于一人;(六)法律规定或者当事人约定终止的其他情形。

合同解除的,该合同的权利义务关系终止。"

(1) 合同解除的含义

合同的解除,是指合同有效成立后,当发生法律规定的或者双方约定的合同解除的条件时,享有解除权的一方或双方行使解除权,从而使合同关系归于消灭的行为。

合同解除具有如下特征:①合同的解除适用于合法有效的合同,而无效合同、可撤销合同不发生合同解除。②合同解除须具备法律规定的条件。非依照法律规定,当事人不得随意解除合同。我国法律规定的合同解除条件主要有约定解除条件和法定解除条件。③合同解除须有解除的行为。无论哪一方当事人享有解除合同的权利,其必须向对方提出解除合同的意思表示,

才能达到合同解除的法律后果。④合同解除使合同关系自始消灭或者向将来消灭，可视为当事人之间未发生合同关系，或者合同尚存的权利义务不再履行。

（2）合同解除的种类

① 约定解除合同。约定解除则是双方的法律行为，单方行为不能导致合同的解除。《民法典》第五百六十二条规定，当事人协商一致，可以解除。合同当事人可以约定一方解除合同的事由。解除合同的事由发生时，解除权人可以解除合同。

② 法定解除合同。法定解除是法律直接规定解除合同的条件，当条件具备时，解除权人可直接行使解除权。《民法典》第五百六十三条规定："有下列情形之一的，当事人可以解除合同：（一）因不可抗力致使不能实现合同目的；（二）在履行期限届满前，当事人一方明确表示或者以自己的行为表明不履行主要债务；（三）当事人一方迟延履行主要债务，经催告后在合理期限内仍未履行；（四）当事人一方迟延履行债务或者有其他违约行为致使不能实现合同目的；（五）法律规定的其他情形。

以持续履行的债务为内容的不定期合同，当事人可以随时解除合同，但是应当在合理期限之前通知对方。"

（3）合同解除的程序

《民法典》第五百六十四条规定："法律规定或者当事人约定解除权行使期限，期限届满当事人不行使的，该权利消灭。法律没有规定或者当事人没有约定解除权行使期限，自解除权人知道或者应当知道解除事由之日起一年内不行使，或者经对方催告后在合理期限内不行使的，该权利消灭。"

《民法典》第五百六十五条规定："当事人一方依法主张解除合同的，应当通知对方。合同自通知到达对方时解除；通知载明债务人在一定期限内不履行债务则合同自动解除，债务人在该期限内未履行债务的，合同自通知载明的期限届满时解除。对方对解除合同有异议的，任何一方当事人均可以请求人民法院或者仲裁机构确认解除行为的效力。当事人一方未通知对方，直接以提起诉讼或者申请仲裁的方式依法主张解除合同，人民法院或者仲裁机构确认该主张的，合同自起诉状副本或者仲裁申请书副本送达对方时解除。"

 随堂小练

2008年5月12日汶川发生强烈地震，在建工程全部被毁。5月15日发包人向承包人发出书面通知，解除承包合同。5月17日承包人收到该通知，5月18日承包人作出了同意解除合同的回复。

依据《民法典》，该施工合同解除的时间是什么？

（4）合同解除的法律后果

《民法典》第五百六十六条规定："合同解除后，尚未履行的，终止履行；已经履行的，根据履行情况和合同性质，当事人可以请求恢复原状或者采取其他补救措施，并有权请求赔偿损失。合同因违约解除的，解除权人可以请求违约方承担违约责任，但是当事人另有约定的除外。主合同解除后，担保人对债务人应当承担的民事责任仍应当承担担保责任，但是担保合同另有约定的除外。"

（5）施工合同的解除

《民法典》第八百零六条规定："承包人将建设工程转包、违法分包的，发包人可以解除合同。

发包人提供的主要建筑材料、建筑构配件和设备不符合强制性标准或者不履行协助义务，致使承包人无法施工，经催告后在合理期限内仍未履行相应义务的，承包人可以解除合同。

合同解除后，已经完成的建设工程质量合格的，发包人应当按照约定支付相应的工程价款；已经完成的建设工程质量不合格的，参照本法第七百九十三条的规定处理。"

5.4 合同责任

合同责任是指平等的民事主体违反法定或者约定的合同义务，损害债权人利益而应承担的民事责任。合同责任在民法领域涉及范围较广，应用范畴也十分宽泛。《民法典》立足于总结国内立法实践，借鉴国外立法经验，努力与国际通行惯例接轨，创设了以违约责任为核心，以无效合同责任、缔约过失责任、后合同责任为基本内容的合同责任体系。

5.4.1 合同责任的范围

在以往的合同法理论上，合同义务即当事人约定的义务（给付义务）。不过，在现代合同法理论上，强调债权目的的实现，履行过程中的义务已不限于约定的给付义务，为了实现债权目的，根据诚信原则和交易习惯，还要求债务人作出必要准备，不应作破坏债权期待的行为，在整个合同过程中应尽必要的注意义务以保护相对人的人身、健康、财产等法益，这便是附随义务。除这种履行过程上的附随义务外，《民法典》另外又规定了先合同义务与后合同义务，将合同义务进一步扩张，适应了国际上的惯例。

5.4.2 违约责任类型及其承担

违约责任是合同中的灵魂，是维护非违约方利益，保障社会公平，把控合同风险，规范合同双方当事人行为，促进交易完成的关键手段。

（1）违约责任的含义及特征

违约责任，即违反合同的民事责任，是指当事人不履行合同义务或者履行合同义务不符合约定时，依照法律规定或者合同约定所承担的法律责任。

违约责任是财产责任。这种财产责任表现为支付违约金、支付定金、赔偿损失、继续履行、采取补救措施等。尽管违约责任含有制裁性，但是，违约责任的本质不在于对违约方的制裁，而在于对被违约方的补偿，更主要表现为补偿性。

违约责任具有以下特点：

① 违约责任的产生是以合同当事人不履行合同义务为条件的。合同债务是违约责任发生的前提，违约责任是债务不履行的后果，债务是因，责任是果，无债务则无责任。

② 违约责任具有相对性。合同关系的相对性，决定了违约责任的相对性。违约责任只能在特定的当事人之间，即合同关系的当事人之间发生，合同关系以外的人，不负违约责任。合同当事人也不对合同关系以外的人承担违约责任。

③ 违约责任主要具有补偿性。违约责任的补偿性是指违约责任的目的在于弥补或补偿违约行为造成的损害后果。当然，强调违约责任的补偿不能完全否认违约责任，有时也具有惩罚性的特征。

④ 违约责任可以由当事人约定。当事人可以在法律规定的范围内，也可以在合同中对违约责任做出事先约定。当事人可以约定一定数额的违约金，可以约定损害赔偿的计算方法，也可以通过约定免责条款以限制或免除其在将来可能的责任。对违约责任的事先约定，从根本上说是由合同自由原则决定的。

⑤ 违约责任是民事责任的一种形式。刑事责任、行政责任中不存在违约责任这种责任形式，违约责任属于民事责任所特有的一种责任形式。

（2）违约责任归责原则

违约责任的归责原则，是指确定违约当事人的民事责任的原则。违约责任必须遵循一定的归责原则来确认违约的构成要件、举证责任、免责事由及损害赔偿范围。责任的归责原则有两项：严格责任原则和过错责任原则。

《民法典》第五百七十七条规定："当事人一方不履行合同义务或者履行合同义务不符合约定的，应当承担继续履行、采取补救措施或者赔偿损失等违约责任。"由此可以看出，我国违约责任实行的是严格责任原则。严格责任原则又称无过错责任原则，是指违约事实发生后，确认违约责任主要考虑违约结果是否因违约方的行为造成，而不考虑违约方的违约是因为故意还是过失造成的。从举证方面来看，只要权利方能够证明违约结果是由违约方的违约行为引起的，即可要求违约方承担违约责任。

《民法典》以严格责任为原则，过错责任为例外。过错责任原则，它是以行为人主观上的过错为承担民事责任的基本条件的认定责任的准则。按过错责任原则，行为人仅在有过错的情况下，才承担民事责任。没有过错，就不承担民事责任。

因此，我国对于违约责任以严格责任原则为主，以过错责任原则为辅。

（3）违约责任的类型

当事人一方不履行合同义务或者履行合同义务不符合约定的，应当承担继续履行、采取补救措施或者赔偿损失等违约责任。具体适用哪种违约责任，由当事人根据自己的要求加以选择。

① 继续履行。继续履行，又称为实际履行、强制实际履行，是指债权人在债务人不履行合同义务时，可请求人民法院或者仲裁机构强制债务人实际履行合同义务。

当事人因违约支付了违约金或者赔偿金，也不能因此而代替合同的履行，对未履行的原合同债务仍继续履行。

《民法典》第五百八十条规定："当事人一方不履行非金钱债务或者履行非金钱债务不符合约定的，对方可以请求履行，但是有下列情形之一的除外：（一）法律上或者事实上不能履行；（二）债务的标的不适于强制履行或者履行费用过高；（三）债权人在合理期限内未请求履行。"

② 采取补救措施。《民法典》第五百八十一条规定："当事人一方不履行债务或者履行债务不符合约定，根据债务的性质不得强制履行的，对方可以请求其负担由第三人替代履行的费用。"债务人履行合同义务不符合约定，债权人在请求人民法院或者仲裁机构强制债务人实际履行合同义务的同时，可根据合同履行情况要求债务人采取补救履行措施。

③ 赔偿损失。《民法典》第五百八十三条规定："当事人一方不履行合同义务或者履行合同义务不符合约定的，在履行义务或者采取补救措施后，对方还有其他损失的，应当赔偿损失。"

《民法典》第五百八十四条规定："当事人一方不履行合同义务或者履行合同义务不符合约定，造成对方损失的，损失赔偿额应当相当于因违约所造成的损失，包括合同履行后可以获得的利益；但是，不得超过违约一方订立合同时预见到或者应当预见到的因违约可能造成的损失。"

《民法典》第五百九十一条规定："当事人一方违约后，对方应当采取适当措施防止损失的扩大；没有采取适当措施致使损失扩大的，不得就扩大的损失请求赔偿。

当事人因防止损失扩大而支出的合理费用，由违约方负担。"

④ 支付违约金。违约金，是指按照当事人的约定或者法律规定，一方当事人违约时应当根据违约情况向对方支付一定数额的货币。

《民法典》第五百八十五条规定："当事人可以约定一方违约时应当根据违约情况向对方支付一定数额的违约金，也可以约定因违约产生的损失赔偿额的计算方法。

约定的违约金低于造成的损失的，人民法院或者仲裁机构可以根据当事人的请求予以增加；约定的违约金过分高于造成的损失的，人民法院或者仲裁机构可以根据当事人的请求予以适当减少。

当事人就迟延履行约定违约金的，违约方支付违约金后，还应当履行债务。"

《最高人民法院关于审理商品房买卖合同纠纷案件适用法律若干问题的解释》规定："当事人以约定的违约金过高为由请求减少的，应当以违约金超过造成的损失30%为标准适当减少；当事人以约定的违约金低于造成的损失为由请求增加的，应当以违约造成的损失确定违约金数额。"违约方支付违约金后，还应当履行合同债务。

⑤ 定金。定金是在合同订立或在履行之前支付的一定数额的金钱或替代物作为担保的担保方式。其目的在于担保合同债权的实现。

违约金存在于主合同之中，定金存在于从合同之中。它们可能单独存在，也可能同时存在。《民法典》第五百八十八条规定："当事人既约定违约金，又约定定金的，一方违约时，对方可以选择适用违约金或者定金条款。定金不足以弥补一方违约造成的损失的，对方可以请求赔偿超过定金数额的损失。"

 案例

1. 背景

甲与乙订立了一份施工项目的材料采购合同，货款为400万元，乙向甲支付定金40万元，如任何一方不履行合同应支付违约金60万元。甲因将施工材料另卖他人而无法向乙完成交付，于是乙向法院提起诉讼。

2. 问题

乙提出何种诉讼请求以使自己利益最大化？

 案例

1. 背景

工程施工中某水泥厂为施工企业供应水泥，延迟交货一周，延迟交货导致施工企业每天损失0.8万元，第一天晚上施工企业为减少损失，采取紧急措施共花费1.2万元，使剩余6天共损失0.8万元。

2. 问题

施工企业有权向水泥厂索要损失赔偿多少元?

(4) 违约责任的免除

在合同履行过程中,如果出现法定的免责条件或合同约定的免责事由,违约人将免于承担违约责任。我国的《民法典》仅承认不可抗力为法定的免责事由。

《民法典》第五百九十条规定:"当事人一方因不可抗力不能履行合同的,根据不可抗力的影响,部分或者全部免除责任,但是法律另有规定的除外。因不可抗力不能履行合同的,应当及时通知对方,以减轻可能给对方造成的损失,并应当在合理期限内提供证明。

当事人迟延履行后发生不可抗力的,不免除其违约责任。"

5.4.3 建设工程承包人的优先受偿权

《民法典》第八百零七条规定:"发包人未按照约定支付价款的,承包人可以催告发包人在合理期限内支付价款。发包人逾期不支付的,除根据建设工程的性质不宜折价、拍卖外,承包人可以与发包人协议将该工程折价,也可以请求人民法院将该工程依法拍卖。建设工程的价款就该工程折价或者拍卖的价款优先受偿。"

《最高人民法院关于审理建设工程施工合同纠纷案件适用法律问题的解释(一)》第三十六条规定:"承包人根据民法典第八百零七条规定享有的建设工程价款优先受偿权优于抵押权和其他债权。"

《最高人民法院关于审理建设工程施工合同纠纷案件适用法律问题的解释(二)》规定:"装饰装修工程的承包人,请求装饰装修工程价款就该装饰装修工程折价或者拍卖的价款优先受偿的,人民法院应予支持,但装饰装修工程的发包人不是该建筑物的所有权人的除外。

建设工程质量合格,承包人请求其承建工程的价款就工程折价或者拍卖的价款优先受偿的,人民法院应予支持。未竣工的建设工程质量合格,承包人请求其承建工程的价款就其承建工程部分折价或者拍卖的价款优先受偿的,人民法院应予支持。承包人建设工程价款优先受偿的范围依照国务院有关行政主管部门关于建设工程价款范围的规定确定。承包人就逾期支付建设工程价款的利息、违约金、损害赔偿金等主张优先受偿的,人民法院不予支持。

承包人行使建设工程价款优先受偿权的期限为六个月,自发包人应当给付建设工程价款之日起算。发包人与承包人约定放弃或者限制建设工程价款优先受偿权,损害建筑工人利益,发包人根据该约定主张承包人不享有建设工程价款优先受偿权的,人民法院不予支持。"

 案例

1. 背景

某建筑公司承包了某房地产开发公司开发的商品房建设工程,并签订了施工合同,就工程价款、竣工日期等做了详细约定。该工程如期完成并经验收合格,但房地产开发公司尚欠建筑公司工程款1250万元。经建筑公司多次催要无果,便将房地产开发公司起诉至法院。在诉讼中,房地产开发公司以还欠另一公司的债务为由,拒绝支付其尚欠的工程价款。

2. 问题

(1) 房地产开发公司不向建筑公司支付工程价款的理由是否成立?

（2）建筑公司应当在什么时限内向法院提起诉讼？

5.4.4 工程合同索赔及其案例分析

索赔是工程承包中经常发生的正常现象。由于施工现场条件、不利地质变化、气候条件的变化，施工进度、物价的变化，以及合同条款、规范、标准文件和施工图纸的变更、差异、延误等因素的影响，工程承包中不可避免地出现索赔。

（1）工程索赔的含义

索赔一词来源于英语"claim"，其原意为"有权要求"，法律上叫"权利主张"。索赔是法律赋予合同当事人受有损失一方的权利，而不是简单意义上的赔偿。

工程索赔通常是指在工程合同履行过程中，合同当事人一方因对方不履行或未能正确履行合同或者由于其他非自身因素而受到经济损失或权利损害，通过合同规定的程序向对方提出经济或时间补偿要求的行为。在工程承包市场上，一般称工程承包方提出的索赔为施工索赔，即由于业主或其他方面的原因，承包者在项目施工中付出了额外的费用或造成了损失，承包方通过合法途径和程序，通过谈判、诉讼或仲裁，要求业主偿还其在施工中的费用损失的过程。

（2）工程索赔成立的条件

索赔的成立，应该同时具备以下三个前提条件，而且缺一不可：

① 与合同对照，事件已造成了承包人工程项目成本的额外支出，或直接工期损失；

② 造成费用增加或工期损失的原因，按合同约定不属于承包人的行为责任或风险责任；

③ 承包人按合同规定的程序和时间提交索赔意向通知和索赔报告。

（3）工程索赔的程序

索赔主要程序是施工单位向建设单位提出索赔意向，调查干扰事件，寻找索赔理由和证据，计算索赔值，起草索赔报告，通过谈判、调解或仲裁，最终解决索赔争议。建设单位未能按合同约定履行自己的各项义务或发生错误以及应由建设单位承担的其他情况，造成工期延误和（或）施工单位不能及时得到合同价款及施工单位的其他经济损失，施工单位可按下列程序以书面形式向建设单位索赔：

① 索赔事件发生后28天内，向监理工程师发出索赔意向通知。

② 发出索赔意向通知后的28天内，向监理工程师提交补偿经济损失和（或）延长工期的索赔报告及有关资料。

③ 监理工程师在收到承包人送交的索赔报告和有关资料后，于28天内给予答复。

④ 监理工程师在收到承包人送交的索赔报告和有关资料后，28天内未予答复或未对承包人做进一步要求，视为该项索赔已经认可。

⑤ 当该索赔事件持续进行时，承包人应当阶段性向监理工程师发出索赔意向通知。在索赔事件终了后28天内，向监理工程师提供索赔的有关资料和最终索赔报告。

工程索赔流程见图5-8。

（4）工程索赔的内容

工程索赔的内容通常包括工期索赔和费用索赔。

工期索赔是在工程施工中，常常会发生一些未能预见的干扰事件使预定的施工不能顺利进行或使预定的施工计划受到干扰，造成工期延长，这样，对合同双方都会造成损失。承包商进

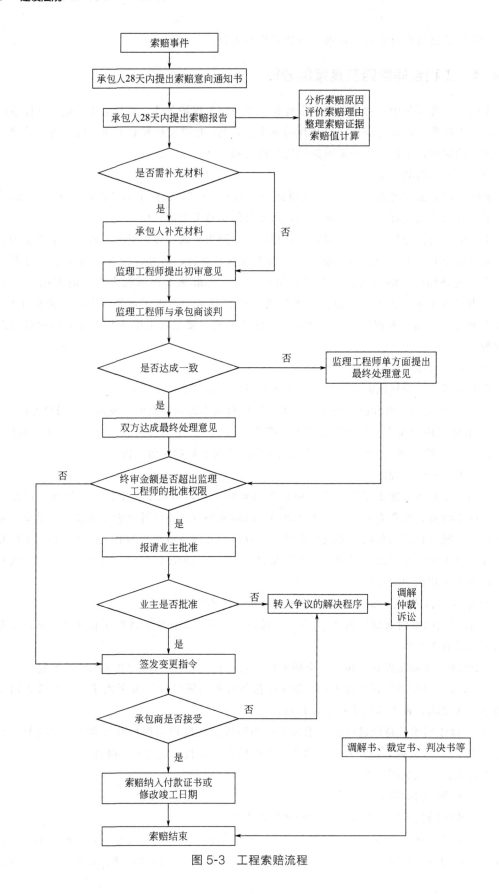

图 5-3 工程索赔流程

行工期索赔的目的通常有两个：①免去或推卸自己对已经产生的工期延长的合同责任，使自己不支付或尽可能少支付工期延长的罚款。②进行因工期延长造成的费用损失的索赔。这个索赔值通常比较大。

费用索赔是承包单位受到外界干扰事件的影响使自身工程成本增加而蒙受经济损失的情况下，按照合同规定提出的要求补偿损失的要求。可以索赔的费用一般包括人工费、设备费、材料费，包含手续费、贷款利息、保险费、利润、管理费等。

 案例

某建设项目在实施过程中发生了三个事件：

事件1：该建设项目的业主提供了地质勘查报告，报告显示地下土质良好。承包商依此做了施工方案，拟用挖方余土作通往项目所在地道路基础的填方。由于基础开挖施工时正值雨季，开挖后土方潮湿，且易破碎，不符合道路填筑要求。承包商不得不将余土外运，另外取土作道路填方材料。

事件2：该工程按全月规定的总工期计划，应于某年某月某日开始现场搅拌混凝土。因承包商的混凝土搅拌设备迟迟不能运往工地，承包商决定使用商品混凝土，但被业主否决。而在承包合同中未明确规定使用何种混凝土。承包商不得已，只有继续组织混凝土搅拌设备进场，由此导致施工现场停工，工期拖延和费用增加。

事件3：该工程设备有地下室，属隐蔽工程。在建设工程施工合同中，双方约定了对地下室的验收检查条款，规定：地下室的验收检查工作由双方共同负责，检查费用由业主承担。地下室完工后，承包商通知业主检查验收，答复如下：因业主事务繁忙，由承包商自己检查出具检查记录即可。其后15日，业主又聘请专业人员对地下室质量进行检查，发现没有达到合同规定的标准，遂要求承包商负担此次检查费用，并对地下室工程返工。

问题：

(1) 对于事件1，承包商是否可以提出索赔要求？为什么？

(2) 对于事件2，承包商是否可以提出索赔要求？说明理由。

(3) 对于事件3，业主的事后检查费用和工程返工费用应由谁负担？说明理由。

 思考题

1. 阐述合同订立必备程序。
2. 阐述合同成立与合同生效有什么异同。
3. 阐述《民法典》对于合同效力的相关规定。
4. 代位权行使中突破了合同的相对性，这种突破对工程实践有何意义？
5. 缔约过失责任与违约责任有什么异同？

 实战题

某建筑工程建筑面积3.8万平方米，地下1层，地上16层，施工单位（以下简称"乙方"）与建设单位（以下简称"甲方"）签订了施工总承包合同，合同期600天。合同约定工期每提

前（或拖后）1天奖励（或罚款）1万元。乙方将屋面和设备安装两项工程的劳务进行了分包合同约定，若造成乙方关键工作的工期延误，每延误1天，分包方应赔偿损失1万元。主体结构混凝土施工使用的大模板采用租赁方式，租赁合同约定，大模板到货每延误1天，供货方赔偿1万元。乙方提交了施工网络计划，并得到了监理单位和甲方的批准。网络计划如图5-4。

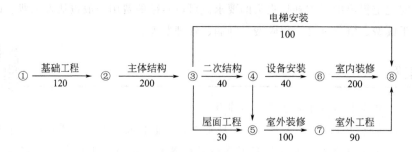

图 5-4 网络计划示意图（单位：天）

施工过程中发生了以下事件：

事件一：底板防水工程施工时，因特大暴雨突发洪水，造成基础工程施工工期延长5天，因人员窝工和施工机械闲置造成乙方直接经济损失10万元。

事件二：主体结构施工时，大模板未能按期到货，造成乙方主体结构施工工期延长10天，直接经济损失20万元。

事件三：屋面工程施工时，乙方的劳务分包方不服从指挥，造成乙方返工，屋面工程施工工期延长3天，直接经济损失0.8万元。

事件四：中央空调设备安装过程中，甲方采购的制冷机组因质量问题退换货，造成乙方设备安装工期延长9天，直接费用增加3万元。

事件五：因为甲方对外装修设计的色彩不满意，局部设计变更通过审批后，使乙方外装修晚开工30天，直接费损失0.5万元。

其余各项工作，实际完成工期和费用与原计划相符。

问题：

（1）用文字或符号标出该网络计划的关键线路。

（2）指出乙方向甲方索赔成立的事件，并分别说明索赔内容和理由。

（3）分别指出乙方可以向大模板供货方和屋面工程劳务分包方索赔的内容和理由。

（4）该工程实际总工期多少天？乙方可得到甲方的工期补偿多少天？工期奖（罚）款是多少万元？

（5）如果只有室内装修工程有条件可以压缩工期，在发生以上事件的前提条件下，为了能最大限度地获得甲方的工期奖，室内装修工程工期至少应压缩多少天？

第6章
建设工程安全生产法律制度

 导言

抓生产，必须保安全。要想提高工程质量与进度，必须要注重建筑工程安全生产的管理。建设工程安全生产，一般是指在工程建设活动中，人、物、环境等和谐运作、协调配合，使工程建设过程中潜在的各种事故风险和伤害因素等始终处于有效控制状态，切实保护劳动者的生命安全和身体健康。

建设工程施工多为露天、高处作业，施工环境和作业条件较差，不安全因素较多，历来属事故多发的高危行业。因此，必须牢固树立以人为本、安全发展的理念，坚持"安全第一、预防为主、综合治理"方针，坚持速度、质量、效益与安全的有机统一，强化和落实企业主体责任，防范和遏制事故发生，防止和减少违章指挥、违规作业、违反劳动纪律行为，促进建设工程安全生产形势持续稳定好转。同时，还应当逐步实现施工现场的机械化、智能化、信息化和建筑技术操作工人的职业教育化，最大限度地改善施工现场的作业环境，减少劳动用工，降低劳动强度，提高劳动者的综合素质。

 引例

2020年8月29日，山西省临汾市襄汾县陶寺乡陈庄村聚仙饭店发生坍塌事故，造成29人死亡、28人受伤，直接经济损失1164.35万元。该起事故是一起因违法违规占地建设，且在无专业设计、无资质施工的情形下，多次盲目改造扩建，建筑物工程质量存在严重缺陷，导致在经营活动中部分建筑物坍塌的生产安全责任事故。

事故发生原因是项目负责人安全意识不足，对于建筑的修建未进行专业、安全、合理的设计，修建过程中施工单位没有相应的施工资质与施工技术，致使建筑存在多处的安全质量隐患，导致聚仙饭店建筑结构在多次修建过程中整体性较差，同时建筑修建完成后未进行安全质量检查和专业的竣工验收；相关部门未认真履行工作职责与安全监管职责；项目负责人也未制订相应的应急救援机制，事故发生后，未能及时展开有效救援，导致大量人员伤亡。

结合上述案例，谈谈你对本事故发生情况的认识。设想如果你做该项目的项目经理，你打算从哪些方面进行管理？

学习目标

本章主要介绍了建设工程安全生产法律制度。首先阐述了施工安全生产许可证的申请条件和程序,明确了施工安全生产许可制度的管理;强调了施工单位应当切实承担起安全生产责任,健全安全生产教育培训制度以及施工现场安全防护制度;最后介绍了施工事故应急救援机制,确保相关人员熟悉掌握施工安全事故应急救援措施与调查处理的程序,从而保障施工人员、周围居民的人身安全,保证建设工程的顺利实施。

掌握:施工安全生产许可制度;建设相关单位的安全生产责任;施工单位的安全生产教育培训制度;施工现场安全防护制度;施工安全事故的应急救援与调查处理;施工生产安全事故报告相关规定。

6.1 施工安全生产许可制度

《安全生产许可证条例》中规定,国家对矿山企业、建筑施工企业和危险化学品、烟花爆竹、民用爆炸物品生产企业(以下统称企业)实行安全生产许可制度。企业未取得安全生产许可证的,不得从事生产活动。省、自治区、直辖市人民政府建设主管部门负责建筑施工企业安全生产许可证的颁发和管理,并接受国务院建设主管部门的指导和监督。

《建筑施工企业安全生产许可证管理规定》中规定,建筑施工企业,是指从事土木工程、建筑工程、线路管道和设备安装工程及装修工程的新建、扩建、改建和拆除等有关活动的企业。

建筑施工企业未取得安全生产许可证的,不得从事建筑施工活动。

6.1.1 安全生产许可证的领取

安全生产许可证是安全生产许可的通行证,是从事建筑施工活动的敲门砖。因此,领取安全生产许可证是非常重要的环节之一,需要从申请安全生产许可证的条件、安全生产许可证的申请材料、安全生产许可证的申请程序这三个方面重点关注。

6.1.1.1 申请领取安全生产许可证的条件

《建筑施工企业安全生产许可证管理规定》规定,建筑施工企业取得安全生产许可证,应当具备下列安全生产条件:①建立、健全安全生产责任制,制定完备的安全生产规章制度和操作规程。②保证本单位安全生产条件所需资金的投入。③设置安全生产管理机构,按照国家有关规定配备专职安全生产管理人员。④主要负责人、项目负责人、专职安全生产管理人员经建设主管部门或者其他有关部门考核合格。⑤特种作业人员经有关业务主管部门考核合格,取得特种作业操作资格证书。⑥管理人员和作业人员每年至少进行一次安全生产教育培训并考核合格。⑦依法参加工伤保险,依法为施工现场从事危险作业的人员办理意外伤害保险,为从业人员交纳保险费。⑧施工现场的办公、生活区及作业场所和安全防护用具、机械设备、施工机具及配件符合有关安全生产法律、法规、标准和规程的要求。⑨有职业危害防治措施,并为作业人员配备符合国家标准或者行业标准的安全防护用具和安全防护服装。⑩有对危险性较大的分部分项工程及施工现场易发生重大事故的部位、环节的预防、监控措施和应急预案。⑪有生产安全事故应急救援预案、应急救援组织或者应急救援人员，配备必要的应急救援器材、设备；⑫法律、法规规定的其他条件。

6.1.1.2　申请领取安全生产许可证的材料准备

《安全生产许可证条例》《建筑施工企业安全生产许可证管理规定》规定，省、自治区、直辖市人民政府建设主管部门负责建筑施工企业安全生产许可证的颁发和管理，并接受国务院建设主管部门的指导和监督。建筑施工企业从事建筑施工活动前，应当向企业注册所在地省、自治区、直辖市人民政府住房城乡建设主管部门申请领取安全生产许可证。

建筑施工企业申请安全生产许可证时，应当向建设主管部门提供下列材料：①建筑施工企业安全生产许可证申请表；②企业法人营业执照；③与申请安全生产许可证应当具备的安全生产条件相关的文件、材料。建筑施工企业申请安全生产许可证，应当对申请材料实质内容的真实性负责，不得隐瞒有关情况或者提供虚假材料。

6.1.1.3　申请安全生产许可证的程序

《安全生产许可证条例》第七条规定："企业进行生产前，应当依照本条例的规定向安全生产许可证颁发管理机关申请领取安全生产许可证，并提供本条例第六条规定的相关文件、资料。安全生产许可证颁发管理机关应当自收到申请之日起45日内审查完毕，经审查符合本条例规定的安全生产条件的，颁发安全生产许可证；不符合本条例规定的安全生产条件的，不予颁发安全生产许可证，书面通知企业并说明理由。"

① 向当地安检站申报。需申报资料有安全三类人员和十三项（人员是需经过当地建筑安全部门培训过的考核通过的人员，由建设厅统一发证。十三项是提供企业基础资料的册子）。安全三类人员是企业负责人持有A证，企业项目负责人持有B证，专职安全生产管理人员持有C证。三类人员三年延期一次，延期之前要继续教育，继续教育合格后会发继续教育证。

② 考核通过后，上报各地市安检站，通过审查的会上报建设厅。当地建设厅会组织专家继续审查，通过的可以打证，没有通过的需要尽快整改继续上报。

6.1.2　安全生产许可证的管理

《安全生产许可证条例》第九条规定："安全生产许可证的有效期为3年。安全生产许可证有效期满需要延期的，企业应当于期满前3个月向原安全生产许可证颁发管理机关办理延期手续。

企业在安全生产许可证有效期内，严格遵守有关安全生产的法律法规，未发生死亡事故的，安全生产许可证有效期届满时，经原安全生产许可证颁发管理机关同意，不再审查，安全生产许可证有效期延期3年。"

建筑施工企业变更名称、地址、法定代表人等，应当在变更后10日内，到原安全生产许可证颁发管理机关办理安全生产许可证变更手续。建筑施工企业破产、倒闭、撤销的，应当将安全生产许可证交回原安全生产许可证颁发管理机关予以注销。建筑施工企业安全生产许可证遗失补办，由申请人告知资质许可机关，由资质许可机关在官网发布信息。

安全生产许可证颁发管理机关或者其上级行政机关发现有下列情形之一的，可以撤销已经颁发的安全生产许可证：①安全生产许可证颁发管理机关工作人员滥用职权、玩忽职守颁发安全生产许可证的；②超越法定职权颁发安全生产许可证的；③违反法定程序颁发安全生产许可证的；④对不具备安全生产条件的建筑施工企业颁发安全生产许可证的；⑤依法可以撤销已经颁发的安全生产许可证的其他情形。

 案例

1. 背景

某建筑安装公司承担一住宅工程施工。该公司原已依法取得安全生产许可证，但在开工5个月后有效期满。因当时正值施工高峰期，该公司忙于组织施工，未能按规定办理延期手续。当地政府监管机构发现后，立即责令其停止施工，限期补办延期手续。但该公司为了赶工期，既没有停止施工，到期后也未办理延期手续。

2. 问题

本案中的建筑安装公司有哪些违法行为？

6.2 建设工程安全生产责任制度

安全生产责任制是安全生产中最重要的制度，是所有安全生产工作的核心。

《建筑法》规定："建筑工程安全生产管理必须坚持安全第一、预防为主的方针，建立健全安全生产的责任制度和群防群治制度。建筑施工企业应当建立健全劳动安全生产教育培训制度，加强对职工安全生产的教育培训；未经安全生产教育培训的人员，不得上岗作业。"

《建设工程安全生产管理条例》进一步规定："施工单位应当建立健全安全生产责任制度和安全生产教育培训制度，制定安全生产规章制度和操作规程，保证本单位安全生产条件所需资金的投入，对所承担的建设工程进行定期和专项安全检查，并做好安全检查记录。"

6.2.1 施工单位的安全生产责任制度

施工单位是建设工程施工活动的主体。因此，必须加强对施工安全生产的管理，落实施工安全生产的主体责任。

《中华人民共和国安全生产法》（简称《安全生产法》）规定："生产经营单位的全员安全生产责任制应当明确各岗位的责任人员、责任范围和考核标准等内容。"生产经营单位应当建立相应的机制，加强对安全生产责任制落实情况的监督考核，保证安全生产责任制的落实。

《建筑法》规定："建筑施工企业必须依法加强对建筑安全生产的管理，执行安全生产责任制度，采取有效措施，防止伤亡和其他安全生产事故的发生。"

《国务院关于坚持科学发展安全发展 促进安全生产形势持续稳定好转的意见》指出，认真落实企业安全生产主体责任。企业必须严格遵守和执行安全生产法律法规、规章制度与技术标准，依法依规加强安全生产，加大安全投入，健全安全管理机构，加强班组安全建设，保持安全设备设施完好有效。

6.2.1.1 施工安全生产管理的方针

根据相关法律的规定，安全生产管理的方针是"安全第一、预防为主、综合治理"。安全第一，就是要在建设工程施工过程中把安全放在首要位置，切实保护劳动者的生命安全和身体健康。坚持安全第一，是贯彻落实以人为本的科学发展观、构建社会主义和谐社会的必然要求。

预防为主，是要把建设工程施工安全生产工作的关口前移，建立预教、预测、预想、预报、预警、预防的递进式、立体化施工事故隐患预防体系，改善施工安全生产状况，预防施工安全事故。在新时期，预防为主就是通过建设安全文化、健全安全法制、提高安全科技水平、落实安全责任、加大安全投入，构筑坚固的安全防线。

综合治理，是指为适应我国安全生产的形势要求，自觉遵循施工安全生产规律，正视安全生产工作的长期性、艰巨性和复杂性，把握施工安全生产工作中的主要矛盾和关键环节，综合运用经济、法律、行政等手段，人管、法治、技防多管齐下，并充分发挥社会、职工、舆论的监督作用，有效解决建设工程施工安全生产的问题。

"安全第一、预防为主、综合治理"方针是一个相辅相成、密切配合的有机整体。如果没有安全第一的指导思想，预防为主就失去了思想支撑，综合治理将失去整治依据；预防为主是实现安全第一的根本途径，只有把施工安全生产的重点放在建立和落实事故隐患预防体系上，才能有效减少施工伤亡事故的发生；综合治理则是落实安全第一、预防为主的手段和方法。

6.2.1.2 施工安全生产管理制度

(1) 施工单位负责人现场带班制度

为强化生产过程管理中的领导责任，企业主要负责人和领导班子成员要轮流现场带班。企业负责人带班检查是指由建筑施工企业负责人带队实施对工程项目质量安全生产状况及项目负责人带班生产情况的检查。建筑施工企业负责人，是指企业的法定代表人、总经理、主管质量安全和生产工作的副总经理、总工程师和副总工程师。

建筑施工企业负责人要定期带班检查，每月检查时间不少于其工作日的25%。建筑施工企业负责人带班检查时，应认真做好检查记录，并分别在企业和工程项目存档备查。工程项目进行超过一定规模的危险性较大的分部分项工程施工时，建筑施工企业负责人应到施工现场进行带班检查。工程项目出现险情或发现重大隐患时，建筑施工企业负责人应到施工现场带班检查，督促工程项目进行整改，及时消除险情和隐患。

对于有分公司（非独立法人）的企业集团，集团负责人因故不能到现场的，可书面委托工程所在地的分公司负责人对施工现场进行带班检查。

(2) 重大隐患治理挂牌督办制度

《房屋市政工程生产安全重大隐患排查治理挂牌督办暂行办法》规定："重大隐患是指在房屋建筑和市政工程施工过程中，存在的危害程度较大、可能导致群死群伤或造成重大经济损失的生产安全隐患。"

在施工活动中那些可能导致事故发生的物的不安全状态、人的不安全行为和管理上的缺陷，都是事故隐患。《国务院关于进一步加强企业安全生产工作的通知》规定，对重大安全隐患治理实行逐级挂牌督办、公告制度。"挂牌督办"指的是上级政府和行政主管部门通过社会公示等办法，督促限期完成对重点案件的查处和整改任务。挂牌督办的目的是想方设法提高对案件的重视程度，其根本目的还是要解决问题、办成事情。

建筑施工企业是房屋市政工程生产安全重大隐患排查治理的责任主体，应当建立健全重大隐患排查治理工作制度，并落实到每一个工程项目。企业及工程项目的主要负责人对重大隐患排查治理工作全面负责。建筑施工企业应当定期组织安全生产管理人员、工程技术人员和其他相关人员排查每一个工程项目的重大隐患，特别是对深基坑、高支模、地铁隧道等技术难度大、风险大的重要工程，应重点定期排查。对排查出的重大隐患，应及时实施治理消除，并将相关情况进行登记存档。

建筑施工企业应及时将工程项目重大隐患排查治理的有关情况向建设单位报告。建设单位应积极协调勘察、设计、施工、监理、监测等单位，并在资金、人员等方面积极配合做好重大隐患排查治理工作。

住房城乡建设主管部门接到工程项目重大隐患举报，应立即组织核实，属实的由工程所在地住房城乡建设主管部门及时向承建工程的建筑施工企业下达《房屋市政工程生产安全重大隐患治理挂牌督办通知书》，并公开有关信息，接受社会监督。

承建工程的建筑施工企业接到《房屋市政工程生产安全重大隐患治理挂牌督办通知书》后，应立即组织治理。确认重大隐患消除后，向工程所在地住房城乡建设主管部门报送治理报告，并提请解除督办。工程所在地住房城乡建设主管部门收到建筑施工企业提出的重大隐患解除督办申请后，应当立即进行现场审查。审查合格的，依照规定解除督办。审查不合格的，继续实施挂牌督办。

（3）建立健全群防群治制度

群防群治制度，是《建筑法》中所规定的建筑工程安全生产管理的一项重要法律制度。它是施工企业进行民主管理的重要内容，也是群众路线在安全生产管理工作中的具体体现。广大职工群众在施工生产活动中要遵守有关法律、法规和规章制度，不得违章作业。同时，还拥有对于危及生命安全和身体健康的行为提出批评、检举和控告的权利。

6.2.2 施工项目负责人的安全生产责任

施工项目负责人主要是指建设工程项目的项目经理。施工单位不同于一般的生产经营单位，通常会同时承建若干建设工程项目，且异地承建施工的现象很普遍。为了加强对施工现场的管理，施工单位对每个建设工程项目都须委派一名项目负责人即项目经理，对该项目的施工管理全面负责。

《建设工程安全生产管理条例》规定："施工单位的项目负责人应当由取得相应执业资格的人员担任，对建设工程项目的安全施工负责，落实安全生产责任制度、安全生产规章制度和操作规程，确保安全生产费用的有效使用，并根据工程的特点组织制定安全施工措施，消除安全事故隐患，及时、如实报告生产安全事故。"这里的"相应执业资格"是指注册建造师执业资格。

（1）施工项目负责人的执业资格和安全生产责任

施工项目负责人经施工单位法定代表人的授权，要选配技术、生产、材料、成本等管理人员组成项目管理班子，代表施工单位在本建设工程项目上履行管理职责，施工项目负责人对该项目的施工组织管理起关键作用。《建造师执业资格制度暂行规定》中规定，建造师经注册后，有权以建造师名义担任建设工程项目施工的项目经理及从事其他施工活动的管理。

根据《建设工程安全生产管理条例》规定，项目负责人的安全生产责任主要包括：①落实安全生产责任制度、安全生产规章制度和操作规程；②确保安全生产费用的有效使用；③根据工程的特点组织制定安全施工措施，消除安全事故隐患；④及时、如实报告生产安全事故。

（2）施工单位项目负责人施工现场带班制度

《建筑施工企业负责人及项目负责人施工现场带班暂行办法》规定，项目负责人是工程项目质量安全管理的第一责任人，应对工程项目落实带班制度负责。项目负责人带班生产是指项目负责人在施工现场组织协调工程项目的质量安全生产活动。项目负责人在同一时期只能承担一个工程项目的管理工作。

项目负责人带班生产时，要全面掌握工程项目质量安全生产状况，加强对重点部位、关键环节的控制，及时消除隐患，要认真做好带班生产记录并签字存档备查。项目负责人每月带班生产时间不得少于本月施工时间的80%。因其他事务需离开施工现场时，应向工程项目的建设单位请假，经批准后方可离开。离开期间应委托项目相关负责人负责其外出时的日常工作。

《住房城乡建设部办公厅关于进一步加强危险性较大的分部分项工程安全管理的通知》规定，施工单位项目经理是危大工程安全管控第一责任人，必须在危大工程施工期间现场带班，超过一定规模的危大工程施工时，施工单位负责人应当带班检查。

6.2.3 施工总分包单位的安全生产责任

《建筑法》规定，施工现场安全由建筑施工企业负责。实行施工总承包的，由总承包单位负责。

（1）总承包单位应当承担的法定安全生产责任

施工总承包是由一个施工单位对建设工程施工全面负责。该总承包单位不仅要负责建设工程的施工质量、合同工期、成本控制，还要对施工现场组织和安全生产进行统一协调管理。

① 分包合同应当明确总分包双方的安全生产责任。《建设工程安全生产管理条例》规定："总承包单位依法将建设工程分包给其他单位的，分包合同中应当明确各自的安全生产方面的权利、义务。"

施工总承包单位与分包单位的安全生产责任，可分为法定责任和约定责任。所谓法定责任，即法律法规中明确规定的总承包单位、分包单位各自的安全生产责任。所谓约定责任，即总承包单位与分包单位通过协商，在分包合同中约定各自应当承担的安全生产责任。但是，安全生产的约定责任不能与法定责任相抵触。

② 统一组织编制建设工程生产安全应急救援预案。建设工程的施工风险性高、危险系数大，极易发生安全事故。为了加强对施工安全突发事故的处理，提高应急救援快速反应能力，必须重视并编制施工安全事故急救援预案。由于实行施工总承包的，是由总承包单位对施工现场的安全生产负总责，所以总承包单位要统一组织编制建设工程生产安全事故应急救援预案。

《建设工程安全生产管理条例》第四十九条规定，施工单位应当根据建设工程施工的特点、范围，对施工现场易发生重大事故的部位、环节进行监控，制定施工现场生产安全事故应急救援预案。

③ 负责上报施工生产安全事故。《建设工程安全生产管理条例》规定："实行施工总承包的建设工程，由总承包单位负责上报事故。"据此，一旦发生施工生产安全事故，施工总承包单位应当依法向有关主管部门报告事故的基本情况。

④ 自行完成建设工程主体结构的施工。《建设工程安全生产管理条例》规定："总承包单位应当自行完成建设工程主体结构的施工。"这是为了落实施工总承包单位的安全生产责任，

防止因转包和违法分包等行为导致施工生产安全事故的发生。

⑤ 承担连带责任。《建设工程安全生产管理条例》规定:"总承包单位和分包单位对分包工程的安全生产承担连带责任。"该项规定既强化了总承包单位和分包单位双方的安全生产责任意识,也有利于保护受损害者的合法权益。

(2) 分包单位应当承担的法定安全生产责任

《建设工程安全生产管理条例》规定,分包单位不服从管理导致生产安全事故的,由分包单位承担主要责任。

总承包单位依法对施工现场的安全生产负总责,这就要求分包单位必须服从总承包单位的安全生产管理。在许多工地上,往往有若干分包单位同时在施工,如果缺乏统一的组织管理,很容易发生安全事故。因此,分包单位要服从总承包单位对施工现场的安全生产规章制度、岗位操作要求等安全生产管理。否则,一旦发生施工安全生产事故,分包单位要承担主要责任。

6.2.4 施工作业人员安全生产的权利和义务

《安全生产法》规定,生产经营单位的从业人员有依法获得安全生产保障的权利,并应当依法履行安全生产方面的义务。生产经营单位与从业人员订立的劳动合同,应当载明有关保障从业人员劳动安全、防止职业危害的事项,以及依法为从业人员办理工伤保险的事项。生产经营单位不得以任何形式与从业人员订立协议,免除或者减轻其对从业人员因生产安全事故伤亡依法应承担的责任。

《建筑法》规定,建筑施工企业和作业人员在施工过程中,应当遵守有关安全生产的法律、法规和建筑行业安全规章、规程,不得违章指挥或者违章作业。作业人员有权对影响人身健康的作业程序和作业条件提出改进意见,有权获得安全生产所需的防护用品。

(1) 施工作业人员应当享有的安全生产权利

按照《建筑法》《安全生产法》《建设工程安全生产管理条例》等法律、行政法规的规定,施工作业人员主要享有如下的安全生产权利:

① 施工安全生产的知情权和建议权。施工作业人员是施工单位运行和施工生产活动的主体,充分发挥施工作业人员在企业中的主人翁作用,是搞好施工安全生产的重要保障。因此,施工作业人员对施工安全生产拥有知情权,并享有改进安全生产工作的建议权。

《安全生产法》规定,生产经营单位的从业人员有权了解其作业场所和工作岗位存在的危险因素、防范措施及事故应急措施,有权对本单位的安全生产工作提出建议。

② 施工安全防护用品的获得权。一般包括安全帽、安全带、安全网、安全绳及其他个人防护用品,如防护鞋、防护服装、防尘口罩等。施工安全防护用品是保护施工作业人员安全健康所必需的防御性装备,可有效地预防或减少伤亡事故的发生。

《安全生产法》还规定,生产经营单位必须为从业人员提供符合国家标准或者行业标准的劳动防护用品,并监督、教育从业人员按照使用规则佩戴、使用。《建设工程安全生产管理条例》进一步规定,施工单位应当向作业人员提供安全防护用具和安全防护服装。

③ 批评、检举、控告权及拒绝违章指挥权。《安全生产法》还规定,从业人员有权对本单位安全生产工作中存在的问题提出批评、检举、控告;有权拒绝违章指挥和强令冒险作业。生产经营单位不得因从业人员对本单位安全生产工作提出批评、检举、控告或者拒绝违章指挥、强令冒险作业而降低其工资、福利等待遇或者解除与其订立的劳动合同。《建设工程安全生

管理条例》也做了相应规定。

④ 紧急避险权。为了保证施工作业人员的安全，在施工中遇有直接危及人身安全的紧急情况时，施工作业人员享有停止作业和紧急撤离的权利。

《安全生产法》规定，从业人员发现直接危及人身安全的紧急情况时，有权停止作业或者在采取可能的应急措施后撤离作业场所。生产经营单位不得因从业人员在前款紧急情况下停止作业或者采取紧急撤离措施而降低其工资、福利等待遇或者解除与其订立的劳动合同。

⑤ 向本单位要求索赔的权利。关于工伤保险和意外伤害保险赔偿权利的相关内容详看6.3节的工伤保险和意外伤害保险的规定。

⑥ 工会维权和安全生产教育、培训的权利。《安全生产法》规定，生产经营单位的工会依法组织职工参加本单位安全生产工作的民主管理和民主监督，维护职工在安全生产方面的合法权益。生产经营单位制定或者修改有关安全生产的规章制度，应当听取工会的意见。

(2) 施工作业人员应当履行的安全生产义务

施工单位要依法保障施工作业人员的安全，施工作业人员也必须依法遵守有关的规章制度。按照《建筑法》《安全生产法》《建设工程安全生产管理条例》等法律、行政法规的规定，施工作业人员主要应当履行如下安全生产义务：

① 守法遵章和正确使用安全防护用具等的义务。《安全生产法》规定，从业人员在作业过程中，应当遵守本单位的安全生产规章制度和操作规程，服从管理，正确佩戴和使用劳动防护用品。《建设工程安全生产管理条例》第三十三条规定，作业人员应当遵守安全施工的强制性标准、规章制度和操作规程，正确使用安全防护用具、机械设备等。

② 接受安全生产教育培训的义务。《安全生产法》规定，从业人员应当接受安全生产教育和培训，掌握本职工作所需的安全生产知识，提高安全生产技能，增强事故预防和应急处理能力。

《建设工程安全生产管理条例》也规定，作业人员进入新的岗位或者新的施工现场前，应当接受安全生产教育培训。未经教育培训或者教育培训考核不合格的人员，不得上岗作业。

③ 施工安全事故隐患报告的义务。施工安全事故通常都是由事故隐患或者其他不安全因素所酿成。因此，施工作业人员一旦发现事故隐患或者其他不安全因素，应当立即报告，以便及时采取措施，防患于未然。

《安全生产法》规定，从业人员发现事故隐患或者其他不安全因素，应当立即向现场安全生产管理人员或者本单位负责人报告；接到报告的人员应当及时予以处理。

6.2.5 施工单位安全生产教育培训的规定

《安全生产法》规定，生产经营单位应当教育和督促从业人员严格执行本单位的安全生产规章制度和安全操作规程；并向从业人员如实告知作业场所和工作岗位存在的危险因素、防范措施以及事故应急措施。生产经营单位应当安排用于配备劳动防护用品、进行安全生产培训的经费。

(1) 施工单位三类管理人员与"三项岗位"人员的培训考核

按照《建设工程安全生产管理条例》《国务院关于坚持科学发展安全发展 促进安全生产形势持续稳定好转的意见》《建筑施工特种作业人员管理规定》等法律、行政法规的规定，施工单位三类管理人员与"三项岗位"人员的培训考核内容如下：

① 三类管理人员的培训考核。《建设工程安全生产管理条例》规定:"施工单位的主要负责人、项目负责人、专职安全生产管理人员应当经建设行政主管部门或者其他有关部门考核合格后方可任职。"

② "三项岗位"人员的培训考核。《国务院关于坚持科学发展安全发展促进安全生产形势持续稳定好转的意见》规定,企业主要负责人、安全管理人员、特种作业人员一律经严格考核、持证上岗。《国务院安委会关于进一步加强安全培训工作的决定》进一步指出,严格落实"三项岗位"人员持证上岗制度。企业新任用或者招录"三项岗位"人员,要组织其参加安全培训,经考试合格持证后上岗。对发生人员死亡事故负有责任的企业主要负责人、实际控制人和安全管理人员,要重新参加安全培训考试。

按照《建设工程安全生产管理条例》的规定,垂直运输机械作业人员、安装拆卸工、爆破作业人员、起重信号工、登高架设作业人员等特种作业人员,必须按照国家有关规定经过专门的安全作业培训,并取得特种作业操作资格证书后,方可上岗作业。《建筑施工特种作业人员管理规定》进一步规定,建筑施工特种作业包括:建筑电工;建筑架子工;建筑起重信号司索工;建筑起重机械司机;建筑起重机械安装拆卸工;高处作业吊篮安装拆卸工;经省级以上人民政府建设主管部门认定的其他特种作业。

(2) 施工单位全员的安全生产教育培训

《建设工程安全生产管理条例》规定,施工单位应当对管理人员和作业人员每年至少进行一次安全生产教育培训,其教育培训情况记入个人工作档案。安全生产教育培训考核不合格的人员,不得上岗。《国务院关于坚持科学发展安全发展促进安全生产形势持续稳定好转的意见》规定,企业用工要严格依照《劳动合同法》与职工签订劳动合同,职工必须全部经培训合格后上岗。

(3) 进入新岗位或者新施工现场前的安全生产教育培训

不同的施工单位、施工场地以及工作岗位都有其独特性,工作模式、目标要求等都各不相同。因此,施工单位须对新录用或转场的职工进行安全教育培训,包括施工安全生产法律法规、施工工地危险源识别、安全技术操作规程、机械设备电气及高处作业安全知识、防火防毒防尘防爆知识、紧急情况安全处置与安全疏散知识、安全防护用品使用知识以及发生事故时自救排险、抢救伤员、保护现场和及时报告等。

《建设工程安全生产管理条例》规定,作业人员进入新的岗位或者新的施工现场前,应当接受安全生产教育培训。未经教育培训或者教育培训考核不合格的人员,不得上岗作业。《国务院安委会关于进一步加强安全培训工作的决定》指出,严格落实企业职工先培训后上岗制度。建筑企业要对新职工进行至少32学时的安全培训,每年进行至少20学时的再培训。

(4) 采用"四新"前的安全生产教育培训

"四新"是指新技术、新工艺、新设备、新材料。《建设工程安全生产管理条例》规定:"施工单位在采用新技术、新工艺、新设备、新材料时,应当对作业人员进行相应的安全生产教育培训。"企业调整职工岗位或者采用新工艺、新技术、新设备、新材料的,要进行专门的安全培训。

(5) 安全教育培训方式

《国务院安委会关于进一步加强安全培训工作的决定》进一步指出,完善和落实师傅带徒弟制度。高危企业新职工安全培训合格后,要在经验丰富的工人师傅带领下,实习至少2个月后方可独立上岗。工人师傅一般应当具备中级工以上技能等级，3年以上相应工作经历，成绩突出，善于"传、帮、带"，没有发生过"三违"行为等条件。要组织签订师徒协议，建立师傅带徒弟激励约束机制。

 案例

1. 背景

在某高层建筑的外墙装饰施工工地，施工单位为赶在雨季来之前完成施工，便从其他工地调配来一批工人，但未经安全教育培训就直接到有关岗位开始作业。2名工人通过高处作业吊篮在6层外墙处从事粉刷作业。他们在作业完成后违背操作程序，直接从高处作业吊篮的悬吊平台向6层窗口爬去，结果失足从10多米高处坠落在地，造成1死1重伤。

2. 问题

本案中，施工单位的做法是否符合法律规定？为什么？

6.2.6 建设单位和相关单位的建设安全生产责任

建设工程安全生产的重点是施工现场，其主要责任单位是施工单位，但与施工活动密切相关单位的活动也都影响着施工安全。因此，有必要对所有与建设工程施工活动有关单位的安全责任做出明确规定。

《建设工程安全生产管理条例》规定，建设单位、勘察单位、设计单位、施工单位、工程监理单位及其他与建设工程安全生产有关的单位，必须遵守安全生产法律、法规的规定，保证建设工程安全生产，依法承担建设工程安全生产责任。

6.2.6.1 建设单位的安全生产责任

建设单位是建设工程项目的投资主体或管理主体，在整个工程建设中居于主导地位。建设单位对安全管理负有重要责任。

（1）依法办理有关批准手续

《建筑法》规定，有下列情形之一的，建设单位应当按照国家有关规定办理申请批准手续：①需要临时占用规划批准范围以外场地的；②可能损坏道路、管线、电力、邮电通讯等公共设施的；③需要临时停水、停电、中断道路交通的；④需要进行爆破作业的；⑤法律、法规规定需要办理报批手续的其他情形。

（2）向施工单位提供真实、准确和完整的有关资料

《建筑法》规定，建设单位应当向建筑施工企业提供与施工现场相关的地下管线资料，建筑施工企业应当采取措施加以保护。

《建设工程安全生产管理条例》进一步规定，建设单位应当向施工单位提供施工现场及毗邻区域内供水、排水、供电、供气、供热、通信、广播电视等地下管线资料，气象和水文观测资料，相邻建筑物和构筑物、地下工程的有关资料，并保证资料的真实、准确、完整。建设单位因建设工程需要，向有关部门或单位查询前款规定的资料时，有关部门或者单位应当及时提供。

(3) 不得提出违法要求和随意压缩合同工期

《建设工程安全生产管理条例》规定，建设单位不得对勘察、设计、施工、工程监理等单位提出不符合建设工程安全生产法律、法规和强制性标准规定的要求，不得压缩合同约定的工期。

合同约定的工期是建设单位与施工单位在工期定额的基础上，根据施工条件、技术水平等，经过双方平等协商而共同约定的工期。建设单位不能片面为了早日发挥建设项目的效益，迫使施工单位大量增加人力、物力投入，或者是简化施工程序，随意压缩合同约定的工期。此处"不得压缩合同约定的工期"是指不得单方面压缩工期。如果由于外界因素不得不压缩工期，也必须遵循法律、法规的强制性标准，与合同另一方当事人协商并达成一致意见后方可压缩。

(4) 确定建设工程安全作业环境及安全施工措施所需费用

《建设工程安全生产管理条例》第八条规定，建设单位在编制工程概算时，应当确定建设工程安全作业环境及安全施工措施所需费用。

(5) 不得要求购买、租赁和使用不符合安全施工要求的用具设备等

《建设工程安全生产管理条例》规定，建设单位不得明示或者暗示施工单位购买、租赁、使用不符合安全施工要求的安全防护用具、机械设备、施工机具及配件、消防设施和器材。

(6) 申领施工许可证应当提供有关安全施工措施的资料

按照《建筑法》的规定，申请领取施工许可证应当具备的条件之一，就是"有保证工程质量和安全的具体措施"。

《建设工程安全生产管理条例》进一步规定，建设单位在申请领取施工许可证时，应当提供建设工程有关安全施工措施的资料。依法批准开工报告的建设工程，建设单位应当自开工报告批准之日起15日内，将保证安全施工的措施报送建设工程所在地的县级以上地方人民政府建设行政主管部门或者其他有关部门备案。

(7) 装修工程和拆除工程的规定

《建筑法》规定，涉及建筑主体和承重结构变动的装修工程，建设单位应当在施工前委托原设计单位或者具有相应资质条件的设计单位提出设计方案；没有设计方案的，不得施工。《建筑法》还规定，房屋拆除应当由具备保证安全条件的建筑施工单位承担。

《建设工程安全生产管理条例》进一步规定，建设单位应当将拆除工程发包给具有相应资质等级的施工单位。建设单位应当在拆除工程施工15日前，将下列资料报送建设工程所在地的县级以上地方人民政府建设行政主管部门或者其他有关部门备案：①施工单位资质等级证明；②拟拆除建筑物、构筑物及可能危及毗邻建筑的说明；③拆除施工组织方案；④堆放、清除废弃物的措施。实施爆破作业的，应当遵守国家有关民用爆炸物品管理的规定。

6.2.6.2 勘察单位的安全生产责任

建设工程安全生产是一个大的系统工程。工程勘察作为工程建设的重要环节，对于保障安全施工有着重要意义。建设工程勘察文件是建设工程项目规划、选址和设计的重要依据，勘察成果是否科学、准确，对建设工程安全生产具有重要影响。

《建设工程安全生产管理条例》规定，勘察单位应当按照法律、法规和工程建设强制性标准进行勘察，提供的勘察文件应当真实、准确，满足建设工程安全生产的需要。勘察单位在勘

察作业时,应当严格执行操作规程,采取措施保证各类管线、设施和周边建筑物、构筑物的安全。

此外,勘察单位在进行勘察作业时,也易发生安全事故。为了保证勘察作业的安全,要求勘察人员必须严格执行操作规程,并应采取措施保证各类管线、设施和周边建筑物、构筑物的安全,为保障施工作业人员和相关人员的安全提供必要条件。

6.2.6.3 设计单位的安全生产责任

工程设计是工程建设的灵魂。在建设工程项目确定后,工程设计便成为工程建设中最重要、最关键的环节之一,对安全施工有着重要影响。

(1) 按照法律、法规和工程建设强制性标准进行设计

《建设工程安全生产管理条例》规定,设计单位应当按照法律、法规和工程建设强制性标准进行设计,防止因设计不合理导致生产安全事故的发生。

工程建设强制性标准是工程建设技术和经验的总结与积累,对保证建设工程质量和施工安全起着至关重要的作用。因此,设计单位在设计过程中必须考虑施工生产安全,严格执行强制性标准。

(2) 提出防范生产安全事故的指导意见和措施建议

《建设工程安全生产管理条例》规定,设计单位应当考虑施工安全操作和防护的需要,对涉及施工安全的重点部位和环节在设计文件中注明,并对防范生产安全事故提出指导意见。采用新结构、新材料、新工艺的建设工程和特殊结构的建设工程,设计单位应当在设计中提出保障施工作业人员安全和预防生产安全事故的措施建议。

(3) 对设计成果承担责任

《建设工程安全生产管理条例》规定,设计单位和注册建筑师等注册执业人员应当对其设计负责。

"谁设计,谁负责",这是国际通行做法。如果由于设计责任造成事故,设计单位就要承担法律责任,还应当对造成的损失进行赔偿。建筑师、结构工程师等注册执业人员应当在设计文件上签字盖章,对设计文件负责,并承担相应的法律责任。

6.2.6.4 工程监理单位的安全生产责任

工程监理是监理单位受建设单位的委托,依照法律、法规和建设工程监理规范的规定,对工程建设实施的监督管理。若监理单位只注重对施工质量、进度和投资的监控,不重视对施工安全的监督管理,会造成施工现场因违章指挥、违章作业而发生伤亡事故的可能。因此,须依法加强施工安全监理工作,进一步提高建设工程监理水平。

《建设工程安全生产管理条例》第十四条规定,工程监理单位的安全生产责任主要体现在如下三个方面。

(1) 对安全技术措施或专项施工方案进行审查

《建设工程安全生产管理条例》规定,工程监理单位应当审查施工组织设计中的安全技术措施或者专项施工方案是否符合工程建设强制性标准。

(2) 依法对施工安全事故隐患进行处理

《建设工程安全生产管理条例》规定,工程监理单位在实施监理过程中,发现存在安全事

故隐患的,应当要求施工单位整改;情况严重的,应当要求施工单位暂时停止施工,并及时报告建设单位。施工单位拒不整改或者不停止施工的,工程监理单位应当及时向有关主管部门报告。

(3) 承担建设工程安全生产的监理责任

《建设工程安全生产管理条例》规定,工程监理单位和监理工程师应当按照法律、法规和工程建设强制性标准实施监理,并对建设工程安全生产承担监理责任。

6.2.6.5 设备检验检测单位的安全责任

《建设工程安全生产管理条例》规定,检验检测机构对检测合格的施工起重机械和整体提升脚手架、模板等自升式架设设施,应当出具安全合格证明文件,并对检测结果负责。

《特种设备安全法》规定,特种设备产品、部件或者试制的特种设备新产品、新部件以及特种设备采用的新材料,按照安全技术规范的要求需要通过型式试验进行安全性验证的,应当经负责特种设备安全监督管理的部门核准的检验机构进行型式试验。

根据《特种设备安全监察条例》第四十六条、四十七条的相关规定,特种设备检验、检测机构及其检验、检测人员应当客观、公正、及时地出具检验、检测报告,并对检验、检测结果和鉴定结论负责。特种设备检验、检测机构及其检验、检测人员在检验、检测中发现特种设备存在严重事故隐患时,应当及时告知相关单位,并立即向负责特种设备安全监督管理的部门报告。

6.2.6.6 机械设备等单位的安全生产责任

按照《建设工程安全生产管理条例》的规定,机械设备等单位需要出具相应的安全合格证明材料,并对自己的工作内容进行负责。

(1) 提供机械设备和配件单位的安全责任

《建设工程安全生产管理条例》规定,为建设工程提供机械设备和配件的单位,应当按照安全施工的要求配备齐全有效的保险、限位等安全设施和装置。

(2) 出租机械设备和施工机具及配件单位的安全责任

《建设工程安全生产管理条例》规定:"出租的机械设备和施工机具及配件,应当具有生产(制造)许可证、产品合格证。出租单位应当对出租的机械设备和施工机具及配件的安全性能进行检测,在签订租赁协议时,应当出具检测合格证明。禁止出租检测不合格的机械设备和施工机具及配件。"如果出租单位出租未经安全性能检测或者经检测不合格的机械设备和施工机具及配件,将受到行政处罚,造成损失的,还要一起承担赔偿责任。由此可见,出租单位是否依法履行安全性能检测义务,是其应否承担安全责任的关键。

《建筑起重机械安全监督管理规定》规定,出租单位应当在签订的建筑起重机械租赁合同中,明确租赁双方的安全责任,并出具建筑起重机械特种设备制造许可证、产品合格证、制造监督检验证明、备案证明和自检合格证明,提交安装使用说明书。

有下列情形之一的建筑起重机械,不得出租、使用:①属国家明令淘汰或者禁止使用的;②超过安全技术标准或者制造厂家规定的使用年限的;③经检验达不到安全技术标准规定的;④没有完整安全技术档案的;⑤没有齐全有效的安全保护装置的。建筑起重机械有以上第①、②、③项情形之一的,出租单位或者自购建筑起重机械的使用单位应当予以报废,并向原备案机关办理注销手续。

(3) 施工起重机械和自升式架设设施安装、拆卸单位的安全生产责任

施工起重机械，是指施工中用于垂直升降或者垂直升降并水平移动重物的机械设备，如塔式起重机、施工外用电梯、物料提升机等。自升式架设设施，是指通过自有装置可将自身升高的架设设施，如整体提升脚手架、模板等。此类设备的安装、拆卸等行为具有高度危险性，和施工安全密不可分。因此，有必要将其纳入资质管理。

6.2.7 建设行政主管部门的法律责任

建设行政主管部门在建设工程安全生产过程中起着重要的监督作用。其法律责任主要体现在构建监督管理体制，安全施工措施审查，采取管理措施，组织制定特大事故应急救援预案和重大生产安全事故抢救，淘汰严重危及施工安全的工艺设备材料及受理检举、控告和投诉等方面。

(1) 建设工程安全生产的监督管理体制

《建设工程安全生产管理条例》规定，国务院应急管理部门依照《中华人民共和国安全生产法》，对全国安全生产工作实施综合监督管理；县级以上地方各级人民政府应急管理部门，依照《中华人民共和国安全生产法》，对本行政区域内安全生产工作实施综合监督管理。

国务院建设行政主管部门对全国的建设工程安全生产实施监督管理。国务院铁路、交通、水利等有关部门按照国务院规定的职责分工，负责有关专业建设工程安全生产的监督管理。

县级以上地方人民政府建设行政主管部门对本行政区域内的建设工程安全生产实施监督管理。县级以上地方人民政府交通、水利等有关部门在各自的职责范围内，负责本行政区域内的专业建设工程安全生产的监督管理。

(2) 政府主管部门对安全施工措施的审查

《安全生产法》规定，负有安全生产监督管理职责的部门依照有关法律、法规的规定，对涉及安全生产的事项需要审查批准（包括批准、核准、许可、注册、认证、颁发证照等，下同）或者验收的，必须严格依照有关法律、法规和国家标准或者行业标准规定的安全生产条件和程序进行审查；不符合有关法律、法规和国家标准或者行业标准规定的安全生产条件的，不得批准或者验收通过。对未依法取得批准或者验收合格的单位擅自从事有关活动的，负责行政审批的部门发现或者接到举报后应当立即予以取缔，并依法予以处理。对已经依法取得批准的单位，负责行政审批的部门发现其不再具备安全生产条件的，应当撤销原批准。

《建设工程安全生产管理条例》规定，建设行政主管部门在审核发放施工许可证时，应当对建设工程是否有安全施工措施进行审查，对没有安全施工措施的，不得颁发施工许可证。

建设行政主管部门或者其他有关部门对建设工程是否有安全施工措施进行审查时，不得收取费用。

(3) 政府主管部门履行职责时有权采取的措施

《建设工程安全生产管理条例》规定，县级以上人民政府负有建设工程安全生产监督管理职责的部门在各自的职责范围内履行安全监督检查职责时，有权采取下列措施：①要求被检查单位提供有关建设工程安全生产的文件和资料。②进入被检查单位施工现场进行检查。③纠正施工中违反安全生产要求的行为。④对检查中发现的安全事故隐患，责令立即排除；重大安全事故隐患排除前或者排除过程中无法保证安全的，责令从危险区域内撤出作业人员或者暂时停止施工。

《特种设备安全法》还规定，负责特种设备安全监督管理的部门在依法履行监督检查职责时，可以行使下列职权：①进入现场进行检查，向特种设备生产、经营、使用单位和检验、检测机构的主要负责人和其他有关人员调查、了解有关情况；②根据举报或者取得的涉嫌违法证据，查阅、复制特种设备生产、经营、使用单位和检验、检测机构的有关合同、发票、账簿以及其他有关资料；③对有证据表明不符合安全技术规范要求或者存在严重事故隐患的特种设备实施查封、扣押；④对流入市场的达到报废条件或者已经报废的特种设备实施查封、扣押；⑤对违反本法规定的行为作出行政处罚决定。

负责特种设备安全监督管理的部门实施安全监督检查时，应当有二名以上特种设备安全监察人员参加，并出示有效的特种设备安全行政执法证件。负责特种设备安全监督管理的部门对特种设备生产、经营、使用单位和检验、检测机构实施监督检查，应当对每次监督检查的内容、发现的问题及处理情况作出记录，并由参加监督检查的特种设备安全监察人员和被检查单位的有关负责人签字后归档。被检查单位的有关负责人拒绝签字的，特种设备安全监察人员应当将情况记录在案。负责特种设备安全监督管理的部门及其工作人员不得推荐或者监制、监销特种设备；对履行职责过程中知悉的商业秘密负有保密义务。

(4) 特大事故应急救援预案和重大生产安全事故抢救

《安全生产法》规定，县级以上地方各级人民政府应当组织有关部门制定本行政区域内生产安全事故应急救援预案，建立应急救援体系。

有关地方人民政府和负有安全生产监督管理职责的部门的负责人接到生产安全事故报告后，应当按照生产安全事故应急救援预案的要求立即赶到事故现场，组织事故抢救。

(5) 严重危及施工安全的工艺设备材料的淘汰和受理处理

《建设工程安全生产管理条例》规定，国家对严重危及施工安全的工艺、设备、材料实行淘汰制度。具体目录由国务院建设行政主管部门会同国务院其他有关部门制定并公布。

县级以上人民政府建设行政主管部门和其他有关部门应当及时受理对建设工程生产安全事故及安全事故隐患的检举、控告和投诉。

6.3 施工现场安全防护制度

保障建设工程施工安全生产，不仅要建立并落实施工安全生产责任和安全生产教育培训制度，还应当针对建设工程施工的特点，加强安全技术管理和施工现场的安全防护。

6.3.1 施工现场安全文件的编制及管理规定

《建筑法》规定："建筑施工企业在编制施工组织设计时，应当根据建筑工程的特点制定相应的安全技术措施；对专业性较强的工程项目，应当编制专项安全施工组织设计，并采取安全技术措施。"

6.3.1.1 编制安全技术措施和施工现场临时用电方案

《建设工程安全生产管理条例》规定，施工单位应当在施工组织设计中编制安全技术措施和施工现场临时用电方案。

临时用电方案不仅直接关系到用电人员的安全，也关系到施工进度和工程质量。《施工现场临时用电安全技术规范》（JGJ 46—2005）规定，施工现场临时用电设备在 5 台及以上或设备总容量在 50kW 及以上者，应编制用电组织设计。施工现场临时用电设备在 5 台以下或设备总容量在 50kW 以下者，应制定安全用电和电气防火措施。临时用电方案直接关系到用电人员的安全，应当严格按照上述规范进行编制，保障施工现场用电，防止触电和电气火灾事故发生。

6.3.1.2 编制安全专项施工方案

《建设工程安全生产管理条例》规定："对下列达到一定规模的危险性较大的分部分项工程编制专项施工方案，并附具安全验算结果，经施工单位技术负责人、总监理工程师签字后实施，由专职安全生产管理人员进行现场监督：(1) 基坑支护与降水工程；(2) 土方开挖工程；(3) 模板工程；(4) 起重吊装工程；(5) 脚手架工程；(6) 拆除、爆破工程；(7) 国务院建设行政主管部门或者其他有关部门规定的其他危险性较大的工程。"对以上所列工程中涉及深基坑、地下暗挖工程、高大模板工程的专项施工方案，施工单位还应当组织专家进行论证、审查。

上述所谓危险性较大的分部分项工程，是指建筑工程在施工过程中存在的、可能导致作业人员群死群伤或造成重大不良社会影响的分部分项工程。危险性较大的分部分项工程安全专项施工方案，是指施工单位在编制施工组织（总）设计的基础上，针对危险性较大的分部分项工程单独编制的安全技术措施文件。

(1) 安全专项施工方案的编制

《危险性较大的分部分项工程安全管理规定》中规定："施工单位应当在危大工程施工前组织工程技术人员编制专项施工方案。实行施工总承包的，专项施工方案应当由施工总承包单位组织编制。危大工程实行分包的，专项施工方案可以由相关专业分包单位组织编制。"

(2) 安全专项施工方案的审核

专项方案应当由施工单位技术部门组织本单位施工技术、安全、质量等部门的专业技术人员进行审核。经审核合格的，由施工单位技术负责人签字。实行施工总承包的，专项方案应当由总承包单位技术负责人及相关专业承包单位技术负责人签字。不需专家论证的专项方案，经施工单位审核合格后上报监理单位，由项目总监理工程师审核签字。

超过一定规模的危险性较大的分部分项工程专项方案应当由施工单位组织召开专家论证会。实行施工总承包的，由施工总承包单位组织召开专家论证会。

施工单位应当根据论证报告修改完善专项方案，并经施工单位技术负责人、项目总监理工程师、建设单位项目负责人签字后，方可组织实施。实行施工总承包的，应当由施工总承包单位、相关专业承包单位技术负责人签字。

专项方案经论证后需做重大修改的，施工单位应当按照论证报告修改，并重新组织专家进行论证。

(3) 安全专项施工方案的实施

施工单位应当在施工现场显著位置公告危大工程名称、施工时间和具体责任人员，并在危险区域设置安全警示标志。

施工单位应当严格按照专项方案组织施工，不得擅自修改、调整专项方案。如因设计、结构、外部环境等因素发生变化确需修改的，修改后的专项方案应当按规定重新审核。对于超过一定规模的危险性较大工程的专项方案，施工单位应当重新组织专家进行论证。

施工单位应当指定专人对专项方案实施情况进行现场监督和按规定进行监测。发现不按照专项方案施工的，应当要求其立即整改；发现有危及人身安全紧急情况的，应当立即组织作业人员撤离危险区域。施工单位技术负责人应当定期巡查专项方案实施情况。

对于按规定需要验收的危险性较大的分部分项工程，施工单位、监理单位应当组织有关人员进行验收。验收合格的，经施工单位项目技术负责人及项目总监理工程师签字后，方可进入下一道工序。

6.3.1.3 安全施工技术交底

《建设工程安全生产管理条例》第二十七条规定："建设工程施工前，施工单位负责项目管理的技术人员应当对有关安全施工的技术要求向施工作业班组、作业人员作出详细说明，并由双方签字确认。"

施工前对有关安全施工的技术要求作出详细说明，就是通常所说的安全技术交底。它的目的是让所有的安全生产从业人员尽快了解工程概况、施工方法、安全技术措施等情况，掌握操作方法和注意事项，以保护作业人员的人身安全，最大限度地避免安全事故的发生。安全技术交底，通常有施工工种安全技术交底、分部分项工程施工安全技术交底、大型特殊工程单项安全技术交底、设备安装工程技术交底以及采用新工艺、新技术、新设备、新材料施工的安全技术交底等。

6.3.2 施工现场安全防护及设备管理规定

《国务院办公厅关于促进建筑业持续健康发展的意见》中规定，全面落实安全生产责任，加强施工现场安全防护，特别要强化对深基坑、高支模、起重机械等危险性较大的分部分项工程的管理，以及对不良地质地区重大工程项目的风险评估或论证。

6.3.2.1 施工现场安全防护

《建筑法》规定："建筑施工企业应当在施工现场采取维护安全、防范危险、预防火灾等措施；有条件的，应当对施工现场实行封闭管理。施工现场对毗邻的建筑物、构筑物和特殊作业环境可能造成损害的，建筑施工企业应当采取安全防护措施。"

（1）危险部位设置安全警示标志

安全警示标志，是指提醒人们注意的各种标牌、文字、符号以及灯光等，一般由安全色、几何图形和图形符号构成。安全警示标志须符合国家标准《安全标志》（GB 2894）的有关规定。

《建设工程安全生产管理条例》第二十八条规定："施工单位应当在施工现场入口处、施工起重机械、临时用电设施、脚手架、出入通道口、楼梯口、电梯井口、孔洞口、桥梁口、隧道口、基坑边沿、爆破物及有害危险气体和液体存放处等危险部位，设置明显的安全警示标志。安全警示标志必须符合国家标准。"

（2）不同施工阶段和暂停施工应采取的安全施工措施

《建设工程安全生产管理条例》规定："施工单位应当根据不同施工阶段和周围环境及季

节、气候的变化，在施工现场采取相应的安全施工措施。施工现场暂时停止施工的，施工单位应当做好现场防护，所需费用由责任方承担，或者按照合同约定执行。"

在实践中，造成暂时停止施工的原因很多，可能是因为施工单位、建设单位、设计单位或监理单位的问题，也可能是因为不可抗力因素或违法行为被责令停止施工等。一般来说，除不可抗力要按合同约定执行外，其他则要分清责任，谁的责任就由谁承担费用。但不论费用由谁承担，施工单位都必须做好现场防护，以防止在暂停施工期间出现施工现场的作业人员或者其他人员的安全事故，并为今后继续施工创造良好的作业环境。

（3）施工现场临时设施的安全卫生要求

《建设工程安全生产管理条例》规定："施工单位应当将施工现场的办公、生活区与作业区分开设置，并保持安全距离；办公、生活区的选址应当符合安全性要求。职工的膳食、饮水、休息场所等应当符合卫生标准。施工单位不得在尚未竣工的建筑物内设置员工集体宿舍。施工现场临时搭建的建筑物应当符合安全使用要求。施工现场使用的装配式活动房屋应当具有产品合格证。"

（4）对施工现场周边的安全防护措施

《建设工程安全生产管理条例》规定："施工单位对因建设工程施工可能造成损害的毗邻建筑物、构筑物和地下管线等，应当采取专项防护措施。施工单位应当遵守有关环境保护法律、法规的规定，在施工现场采取措施，防止或者减少粉尘、废气、废水、固体废物、噪声、振动和施工照明对人和环境的危害和污染。在城市市区内的建设工程，施工单位应当对施工现场实行封闭围挡。"

（5）危险作业的施工现场安全管理

《安全生产法》规定："生产经营单位进行爆破、吊装等危险作业，应当安排专门人员进行现场安全管理，确保操作规程的遵守和安全措施的落实。"

《危险化学品安全管理条例》还规定："进行可能危及危险化学品管道安全的施工作业，施工单位应当在开工的7日前书面通知管道所属单位，并与管道所属单位共同制定应急预案，采取相应的安全防护措施。管道所属单位应当指派专门人员到现场进行管道安全保护指导。"

（6）安全防护设备、机械设备等的安全管理

《建设工程安全生产管理条例》第三十四条规定："施工单位采购、租赁的安全防护用具、机械设备、施工机具及配件，应当具有生产（制造）许可证、产品合格证，并在进入施工现场前进行查验。施工现场的安全防护用具、机械设备、施工机具及配件必须由专人管理，定期进行检查、维修和保养，建立相应的资料档案，并按照国家有关规定及时报废。"

（7）施工起重机械设备等的安全使用管理

《建设工程安全生产管理条例》规定："施工单位在使用施工起重机械和整体提升脚手架、模板等自升式架设设施前，应当组织有关单位进行验收，也可以委托具有相应资质的检验检测机构进行验收；使用承租的机械设备和施工机具及配件的，由施工总承包单位、分包单位、出租单位和安装单位共同进行验收。验收合格的方可使用。"

《特种设备安全监察条例》第二十四条规定："特种设备使用单位应当使用符合安全技术规范要求的特种设备。特种设备投入使用前，使用单位应当核对其是否附有本条例第十五条规定的相关文件。"

《特种设备安全监察条例》第二十五条规定："特种设备在投入使用前或者投入使用后30日

内,特种设备使用单位应当向直辖市或者设区的市的特种设备安全监督管理部门登记。登记标志应当置于或者附着于该特种设备的显著位置。"

依据《特种设备安全监察条例》第二条的规定,作为特种设备的施工起重机械是:"涉及生命安全、危险性较大的"起重机械。

6.3.2.2 施工单位安全生产费用的使用管理

施工单位安全生产费用(以下简称安全费用),是指施工单位按照规定标准提取在成本中列支,专门用于完善和改进企业或者施工项目安全生产条件的资金。安全费用按照"企业提取、政府监管、确保需要、规范使用"的原则进行管理。

《建设工程安全生产管理条例》规定:"施工单位对列入建设工程概算的安全作业环境及安全施工措施所需费用,应当用于施工安全防护用具及设施的采购和更新、安全施工措施的落实、安全生产条件的改善,不得挪作他用。"《国务院关于坚持科学发展安全发展 促进安全生产形势持续稳定好转的意见》中指出:"企业在年度财务预算中必须确定必要的安全投入,提足用好安全生产费用。"

《企业安全生产费用提取和使用管理办法》中规定:"建设工程施工企业安全费用应当按照以下范围使用:(一)完善、改造和维护安全防护设施设备(不含'三同时'要求初期投入的安全设施)支出,包括施工现场临时用电系统、洞口、临边、机械设备、高处作业防护、交叉作业防护、防火、防爆、防尘、防毒、防雷、防台风、防地质灾害、地下工程有害气体监测、通风、临时安全防护等设施设备支出;(二)配备、维护、保养应急救援器材、设备支出和应急演练支出;(三)开展重大危险源和事故隐患评估、监控和整改支出;(四)安全生产检查、评价(不包括新建、改建、扩建项目安全评价)、咨询、标准化建设支出;(五)配备和更新现场作业人员安全防护用品支出;(六)安全生产宣传、教育、培训支出;(七)安全生产适用的新技术、新标准、新工艺、新装备的推广应用支出;(八)安全设施及特种设备检测检验支出;(九)其他与安全生产直接相关的支出。"

《建筑工程安全防护、文明施工措施费用及使用管理规定》中规定:"实行工程总承包的,总承包单位依法将建筑工程分包给其他单位的,总承包单位与分包单位应当在分包合同中明确安全防护、文明施工措施费用由总承包单位统一管理。安全防护、文明施工措施由分包单位实施,由分包单位提出专项安全防护措施及施工方案,经总承包单位批准后及时支付所需费用。"

工程总承包单位对建筑工程安全防护、文明施工措施费用的使用负总责。总承包单位应当按照规定及合同约定及时向分包单位支付安全防护、文明施工措施费用。总承包单位不按规定和合同约定支付费用,造成分包单位不能及时落实安全防护措施导致发生事故的,由总承包单位负主要责任。

6.3.3 施工现场消防管理规定

施工现场人多物杂,露天作业,消防安全尤为重要。因此,施工单位必须建立健全消防安全责任制,加强消防安全教育培训,严格消防安全管理,确保施工现场消防安全。

(1)施工单位消防安全责任人和消防安全职责

《国务院关于加强和改进消防工作的意见》中规定:"机关、团体、企业事业单位法定代表人是本单位消防安全第一责任人。各单位要依法履行职责，保障必要的消防投入，切实提高检查消除火灾隐患、组织扑救初起火灾、组织人员疏散逃生和消防宣传教育培训的能力。"

《中华人民共和国消防法》（简称《消防法》）规定："机关、团体、企业、事业等单位应当履行下列消防安全职责：（一）落实消防安全责任制，制定本单位的消防安全制度、消防安全操作规程，制定灭火和应急疏散预案；（二）按照国家标准、行业标准配置消防设施、器材，设置消防安全标志，并定期组织检验、维修，确保完好有效；（三）对建筑消防设施每年至少进行一次全面检测，确保完好有效，检测记录应当完整准确，存档备查；（四）保障疏散通道、安全出口、消防车通道畅通，保证防火防烟分区、防火间距符合消防技术标准；（五）组织防火检查，及时消除火灾隐患；（六）组织进行有针对性的消防演练；（七）法律、法规规定的其他消防安全职责。单位的主要负责人是本单位的消防安全责任人。"

重点工程的施工现场多定为消防安全重点单位，按照《消防法》的规定，除应当履行所有单位都应当履行的职责外，还应当履行下列消防安全职责："（一）确定消防安全管理人，组织实施本单位的消防安全管理工作；（二）建立消防档案，确定消防安全重点部位，设置防火标志，实行严格管理；（三）实行每日防火巡查，并建立巡查记录；（四）对职工进行岗前消防安全培训，定期组织消防安全培训和消防演练。"《建设工程安全生产管理条例》第三十一条还规定："施工单位应当在施工现场建立消防安全责任制度，确定消防安全责任人，制定用火、用电、使用易燃易爆材料等各项消防安全管理制度和操作规程，设置消防通道、消防水源，配备消防设施和灭火器材，并在施工现场入口处设置明显标志。"

消防安全标志应当按照《消防安全标志设置要求》（GB 15630）、《消防安全标志》（GB 13495）设置。

（2）施工现场的消防安全要求

《国务院关于加强和改进消防工作的意见》规定，公共建筑在营业、使用期间不得进行外保温材料施工作业，居住建筑进行节能改造作业期间应撤离居住人员，并设消防安全巡逻人员，严格分离用火用焊作业与保温施工作业，严禁在施工建筑内安排人员住宿。新建、改建、扩建工程的外保温材料一律不得使用易燃材料，严格限制使用可燃材料。建筑室内装饰装修材料必须符合国家、行业标准和消防安全要求。

《关于进一步加强建设工程施工现场消防安全工作的通知》中规定："施工单位应当在施工组织设计中编制消防安全技术措施和专项施工方案，并由专职安全管理人员进行现场监督。动用明火必须实行严格的消防安全管理，禁止在具有火灾、爆炸危险的场所使用明火；需要进行明火作业的，动火部门和人员应当按照用火管理制度办理审批手续，落实现场监护人，在确认无火灾、爆炸危险后方可动火施工；动火施工人员应当遵守消防安全规定，并落实相应的消防安全措施；易燃易爆危险物品和场所应有具体防火防爆措施；电焊、气焊、电工等特殊工种人员必须持证上岗；将容易发生火灾、一旦发生火灾后果严重的部位确定为重点防火部位，实行严格管理。"

施工现场的办公、生活区与作业区应当分开设置，并保持安全距离；施工单位不得在尚未竣工的建筑物内设置员工集体宿舍。

（3）施工单位消防安全自我评估和防火检查

《国务院关于加强和改进消防工作的意见》中指出，要建立消防安全自我评估机制，消防安全重点单位每季度、其他单位每半年自行或委托有资质的机构对本单位进行一次消防安全检查评估，做到安全自查、隐患自除、责任自负。

《关于进一步加强建设工程施工现场消防安全工作的通知》中规定："施工单位应及时纠正违章操作行为，及时发现火灾隐患并采取防范、整改措施。国家、省级等重点工程的施工现场应当进行每日防火巡查，其他施工现场也应根据需要组织防火巡查。"

施工单位防火检查的内容应当包括：火灾隐患的整改情况以及防范措施的落实情况，疏散通道、消防车通道、消防水源情况，灭火器材配置及有效情况，用火、用电有无违章情况，重点工种人员及其他施工人员消防知识掌握情况，消防安全重点部位管理情况，易燃易爆危险物品和场所防火防爆措施落实情况，防火巡查落实情况等。

（4）建设工程消防施工的质量和安全责任

《消防法》规定，建设工程的消防设计、施工必须符合国家工程建设消防技术标准。建设、设计、施工、工程监理等单位依法对建设工程的消防设计、施工质量负责。

特殊建设工程未经消防设计审查或者审查不合格的，建设单位、施工单位不得施工；其他建设工程，建设单位未提供满足施工需要的消防设计图纸及技术资料的，有关部门不得发放施工许可证或者批准开工报告。

因施工等特殊情况需要使用明火作业的，应当按照规定事先办理审批手续，采取相应的消防安全措施；作业人员应当遵守消防安全规定。进行电焊、气焊等具有火灾危险作业的人员和自动消防系统的操作人员，必须持证上岗，并遵守消防安全操作规程。

（5）施工单位的消防安全教育培训和消防演练

《国务院关于加强和改进消防工作的意见》指出，要加强对单位消防安全责任人、消防安全管理人、消防控制室操作人员和消防设计、施工、监理人员及保安、电（气）焊工、消防技术服务机构从业人员的消防安全培训。

《社会消防安全教育培训规定》中规定："在建工程的施工单位应当开展下列消防安全教育工作：（一）建设工程施工前应当对施工人员进行消防安全教育；（二）在建设工地醒目位置、施工人员集中住宿场所设置消防安全宣传栏，悬挂消防安全挂图和消防安全警示标识；（三）对明火作业人员进行经常性的消防安全教育；（四）组织灭火和应急疏散演练。"

《关于进一步加强建设工程施工现场消防安全工作的通知》规定："施工人员上岗前的安全培训应当包括以下消防内容：有关消防法规、消防安全制度和保障消防安全的操作规程，本岗位的火灾危险性和防火措施，有关消防设施的性能、灭火器材的使用方法，报火警、扑救初起火灾以及自救逃生的知识和技能等，保障施工现场人员具有相应的消防常识和逃生自救能力。施工单位应当根据国家有关消防法规和建设工程安全生产法规的规定，建立施工现场消防组织，制定灭火和应急疏散预案，并至少每半年组织一次演练，提高施工人员及时报警、扑灭初期火灾和自救逃生能力。"

6.3.4 工伤保险和意外伤害保险的规定

《建筑法》规定："建筑施工企业应当依法为职工参加工伤保险缴纳工伤保险费。鼓励企业为从事危险作业的职工办理意外伤害保险，支付保险费。"

据此，工伤保险是强制性保险。意外伤害保险则属于法定的鼓励性保险，其适用范围是施工现场从事危险作业的特殊职工群体，即在施工现场从事高处作业、深基坑作业、爆破作业等危险性较大的施工人员，尽管这部分人员可能已参加了工伤保险，但法律鼓励建筑施工企业再为其办理意外伤害保险，使他们能够比其他职工依法获得更多的权益保障。

6.3.4.1 工伤保险的规定

《工伤保险条例》规定："中华人民共和国境内的企业、事业单位、社会团体、民办非企业单位、基金会、律师事务所、会计师事务所等组织和有雇工的个体工商户（以下称用人单位）应当依照本条例规定参加工伤保险，为本单位全部职工或者雇工（以下称职工）缴纳工伤保险费。中华人民共和国境内的企业、事业单位、社会团体、民办非企业单位、基金会、律师事务所、会计师事务所等组织的职工和个体工商户的雇工，均有依照本条例的规定享受工伤保险待遇的权利。"

（1）工伤认定

《工伤保险条例》第十四条规定："职工有下列情形之一的，应当认定为工伤：（一）在工作时间和工作场所内，因工作原因受到事故伤害的；（二）工作时间前后在工作场所内，从事与工作有关的预备性或者收尾性工作受到事故伤害的；（三）在工作时间和工作场所内，因履行工作职责受到暴力等意外伤害的；（四）患职业病的；（五）因工外出期间，由于工作原因受到伤害或者发生事故下落不明的；（六）在上下班途中，受到非本人主要责任的交通事故或者城市轨道交通、客运轮渡、火车事故伤害的；（七）法律、行政法规规定应当认定为工伤的其他情形。"

《工伤保险条例》第十五条规定："职工有下列情形之一的，视同为工伤：（一）在工作时间和工作岗位，突发疾病死亡或者在48小时之内经抢救无效死亡的；（二）在抢险救灾等维护国家利益、公共利益活动中受到伤害的；（三）职工原在军队服役，因战、因公负伤致残，已取得革命伤残军人证，到用人单位后旧伤复发的。职工有前款第（一）项、第（二）项情形的，按照本条例的有关规定享受工伤保险待遇；职工有前款第（三）项情形的，按照本条例的有关规定享受除一次性伤残补助金以外的工伤保险待遇。"

《工伤保险条例》第十六条规定："有下列情形之一的，不得认定为工伤或者视同工伤：（一）故意犯罪的；（二）醉酒或者吸毒的；（三）自残或者自杀的。"

职工发生事故伤害或者按照《中华人民共和国职业病防治法》规定被诊断、鉴定为职业病，所在单位应当自事故伤害发生之日或者被诊断、鉴定为职业病之日起30日内，向统筹地区社会保险行政部门提出工伤认定申请。遇有特殊情况，经报社会保险行政部门同意，申请时限可以适当延长。用人单位未按以上规定提出工伤认定申请的，工伤职工或者其近亲属、工会组织在事故伤害发生之日或者被诊断、鉴定为职业病之日起1年内，可以直接向用人单位所在地统筹地区社会保险行政部门提出工伤认定申请。按照以上规定应当由省级社会保险行政部门进行工伤认定的事项，根据属地原则由用人单位所在地的设区的市级社会保险行政部门办理。用人单位未在以上规定的时限内提交工伤认定申请，在此期间发生符合《工伤保险条例》规定的工伤待遇等有关费用由该用人单位负担。

（2）劳动能力鉴定

职工发生工伤，经治疗伤情相对稳定后存在残疾、影响劳动能力的，应当进行劳动能力鉴定。劳动能力鉴定是指劳动功能障碍程度和生活自理障碍程度的等级鉴定。劳动功能障碍分为10个伤残等级，最重的为1级，最轻的为10级。

(3) 工伤保险待遇

《工伤保险条例》第三十条规定："职工因工作遭受事故伤害或者患职业病进行治疗，享受工伤医疗待遇。"

 随堂小练

根据《工伤保险条例》，建筑施工企业职工（　　）可以认定为工伤。
A. 出差途中，由于工作原因遭遇车祸受伤
B. 在施工现场斗殴受伤
C. 施工期间醉酒坠落致残
D. 在办公场所内因劳资纠纷自杀

6.3.4.2 意外伤害保险的规定

工伤保险与建筑意外伤害保险有着很大的不同。工伤保险是社会保险的一种，实行实名制，并按工资总额计提保险费，因此适用于企业的固定职工。建筑意外伤害保险则是一种法定的非强制性商业保险，通常是按照施工合同额或建筑面积计提保险费，针对施工现场从事危险作业的特殊群体，较适合施工现场作业人员流动性大的行业特点。

《国务院安委会关于进一步加强安全培训工作的决定》要求："研究探索由开展安全生产责任险、建筑意外伤害险的保险机构安排一定资金，用于事故预防和安全培训工作。"

6.4　施工生产安全事故应急救援机制

施工生产安全事故是指由于建设、勘察、设计、施工、监理等单位违反工程质量有关法律法规或工程建设标准，使工程产生结构安全、重要使用功能等方面的质量缺陷，造成人身伤亡或者重大经济损失的事故，当该事故发生后应立即实施抢险救援，特别是抢救遇险人员，迅速控制事态，防止伤亡事故进一步扩大，并依法向有关部门报告事故。事故调查处理应当坚持实事求是、尊重科学的原则，及时准确地查清事故经过、事故原因和事故损失，查明事故性质，认定事故责任，总结事故教训，提出整改措施，并对事故责任者依法追究责任。

6.4.1　生产安全事故的等级划分

《安全生产法》规定："生产安全一般事故、较大事故、重大事故、特别重大事故的划分标准由国务院规定。"

《生产安全事故报告和调查处理条例》第三条规定："根据生产安全事故（以下简称事故）造成的人员伤亡或者直接经济损失，事故一般分为以下等级：

（一）特别重大事故，是指造成30人以上死亡，或者100人以上重伤（包括急性工业中毒，下同），或者1亿元以上直接经济损失的事故；

（二）重大事故，是指造成10人以上30人以下死亡，或者50人以上100人以下重伤，或

者 5000 万元以上 1 亿元以下直接经济损失的事故；

（三）较大事故，是指造成 3 人以上 10 人以下死亡，或者 10 人以上 50 人以下重伤，或者 1000 万元以上 5000 万元以下直接经济损失的事故；

（四）一般事故，是指造成 3 人以下死亡，或者 10 人以下重伤，或者 1000 万元以下直接经济损失的事故。

本条第一款所称的"以上"包括本数，所称的"以下"不包括本数。"

《生产安全事故报告和调查处理条例》规定："没有造成人员伤亡，但是社会影响恶劣的事故，国务院或者有关地方人民政府认为需要调查处理的，依照本条例的有关规定执行。"

据此，生产安全事故等级的划分包括了人身、经济和社会三个要素：人身要素就是人员伤亡的数量；经济要素就是直接经济损失的数额；社会要素则是社会影响。这三个要素依法可以单独适用。

6.4.2 施工生产安全事故应急救援预案的规定

在实际施工活动中，常见的安全事故多具有突发性、群体性等特点，如果施工单位可以事先根据本单位和施工现场的实际情况，针对可能发生事故的类别、性质、特点和范围等，事先制订系统完备的应急措施，做好充分的应急救援准备工作，当事故发生时，不但可以采用预防技术和管理手段，降低事故发生的可能性，而且一旦发生事故时，还可以在短时间内紧急救援，防止事故扩大，减少人员伤亡和财产损失。

《建设工程安全生产管理条例》规定："施工单位应当制定本单位生产安全事故应急救援预案，建立应急救援组织或者配备应急救援人员，配备必要的应急救援器材、设备，并定期组织演练。"

《生产安全事故应急条例》规定："生产经营单位应当加强生产安全事故应急工作，建立、健全生产安全事故应急工作责任制，其主要负责人对本单位的生产安全事故应急工作全面负责。"

（1）施工生产安全事故应急救援预案的编制

《中华人民共和国突发事件应对法》规定："应急预案应当根据本法和其他有关法律、法规的规定，针对突发事件的性质、特点和可能造成的社会危害，具体规定突发事件应急管理工作的组织指挥体系与职责和突发事件的预防与预警机制、处置程序、应急保障措施以及事后恢复与重建措施等内容。"

《生产安全事故应急预案管理办法》进一步规定："生产经营单位应急预案分为综合应急预案、专项应急预案和现场处置方案。"生产经营单位编制的综合应急预案、专项应急预案和现场处置方案之间应当相互衔接，并与所涉及的其他单位的应急预案相互衔接。

综合应急预案，应当包括本单位的应急组织机构及其职责、预案体系及响应程序、事故预防及应急保障、应急培训及预案演练等主要内容；专项应急预案，应当包括危险性分析、可能发生的事故特征、应急组织机构与职责、预防措施、应急处置程序和应急保障等内容；现场处置方案，应当包括危险性分析、可能发生的事故特征、应急处置程序、应急处置要点和注意事项等内容。

（2）施工生产安全事故应急救援预案的评审和备案

《生产安全事故应急预案管理办法》规定："建筑施工单位应当组织专家对本单位编制的应急预案进行评审。评审应当形成书面纪要并附有专家名单。"应急预案的评审应当注重应急预案的实用性、基本要素的完整性、预防措施的针对性、组织体系的科学性、响应程序的操作性、应急保障措施的可行性、应急预案的衔接性等内容。施工单位的应急预案经评审后，由施工单位主要负责人签署公布。

生产经营单位申请应急预案备案，应当提交以下材料：①应急预案备案申请表；②应急预案评审或者论证意见；③应急预案文本及电子文档。

对于实行安全生产许可的生产经营单位，已经进行应急预案备案登记的，在申请安全生产许可证时，可以不提供相应的应急预案，仅提供应急预案备案登记表。

（3）施工生产安全事故应急预案的培训和演练

《国务院关于坚持科学发展安全发展 促进安全生产形势持续稳定好转的意见》规定："定期开展应急预案演练，切实提高事故救援实战能力。企业生产现场带班人员、班组长和调度人员在遇到险情时，要按照预案规定，立即组织停产撤人。"

《生产安全事故应急预案管理办法》进一步规定："生产经营单位应当采取多种形式开展应急预案的宣传教育，普及生产安全事故、避险、自救和互救知识，提高从业人员和社会公众的安全意识与应急处置技能。生产经营单位应当组织开展本单位的应急预案、应急知识、自救互救和避险逃生技能的培训活动，使有关人员了解应急预案内容，熟悉应急职责、应急处置程序和措施。"

生产经营单位应当制订本单位的应急预案演练计划，根据本单位的事故风险特点，每年至少组织一次综合应急预案演练或者专项应急预案演练，每半年至少组织一次现场处置方案演练。应急预案演练结束后，应急预案演练组织单位应当对应急预案演练效果进行评估，撰写应急预案演练评估报告，分析存在的问题，并对应急预案提出修订意见。

（4）施工生产安全事故应急预案的修订

《国务院关于坚持科学发展安全发展促进安全生产形势持续稳定好转的意见》指出，建立健全安全生产应急预案体系，加强动态修订完善。

《生产安全事故应急预案管理办法》进一步规定：有下列情形之一的，应急预案应当及时修订并归档：(1) 生产经营单位因兼并、重组、转制等导致隶属关系、经营方式、法定代表人发生变化的；(2) 生产经营单位生产工艺和技术发生变化的；(3) 周围环境发生变化，形成新的重大危险源的；(4) 应急组织指挥体系或者职责已经调整的；(5) 依据的法律、法规、规章和标准发生变化的；(6) 应急预案演练评估报告要求修订的；(7) 应急预案管理部门要求修订的。

生产经营单位应当及时向有关部门或者单位报告应急预案的修订情况，并按照有关应急预案报备程序重新备案。生产经营单位应当按照应急预案的要求配备相应的应急物资及装备，建立使用状况档案，定期检测和维护，使其处于良好状态。

（5）施工总分包单位的职责分工

《建设工程安全生产管理条例》规定："实行施工总承包的，由总承包单位统一组织编制建设工程生产安全事故应急救援预案，工程总承包单位和分包单位按照应急救援预案，各自建立应急救援组织或者配备应急救援人员，配备救援器材、设备，并定期组织演练。"

6.4.3 施工生产安全事故处理的规定

《建筑法》规定："施工中发生事故时，建筑施工企业应当采取紧急措施减少人员伤亡和事故损失，并按照国家有关规定及时向有关部门报告。"

《建设工程安全生产管理条例》进一步规定："施工单位发生生产安全事故，应当按照国家有关伤亡事故报告和调查处理的规定，及时、如实地向负责安全生产监督管理的部门、建设行政主管部门或者其他有关部门报告；特种设备发生事故的，还应当同时向特种设备安全监督管理部门报告。实行施工总承包的建设工程，由总承包单位负责上报事故。"

6.4.3.1 施工生产安全事故报告的基本要求

《安全生产法》规定："生产经营单位发生生产安全事故后，事故现场有关人员应当立即报告本单位负责人。单位负责人接到事故报告后，应当迅速采取有效措施，组织抢救，防止事故扩大，减少人员伤亡和财产损失，并按照国家有关规定立即如实报告当地负有安全生产监督管理职责的部门，不得隐瞒不报、谎报或者迟报，不得故意破坏事故现场、毁灭有关证据。"

《特种设备安全法》进一步规定："特种设备发生事故后，事故发生单位应当按照应急预案采取措施，组织抢救，防止事故扩大，减少人员伤亡和财产损失，保护事故现场和有关证据，并及时向事故发生地县级以上人民政府负责特种设备安全监督管理的部门和有关部门报告。与事故相关的单位和人员不得迟报、谎报或者瞒报事故情况，不得隐匿、毁灭有关证据或者故意破坏事故现场。"

（1）事故报告的时间要求

《生产安全事故报告和调查处理条例》规定："事故发生后，事故现场有关人员应当立即向本单位负责人报告；单位负责人接到报告后，应当于1小时内向事故发生地县级以上人民政府安全生产监督管理部门和负有安全生产监督管理职责的有关部门报告。情况紧急时，事故现场有关人员可以直接向事故发生地县级以上人民政府安全生产监督管理部门和负有安全生产监督管理职责的有关部门报告。"

安全生产监督管理部门和负有安全生产监督管理职责的有关部门接到事故报告后，应当依照规定上报事故情况，并通知公安机关、劳动保障行政部门、工会和人民检察院。

（2）事故报告的内容要求

《生产安全事故报告和调查处理条例》规定，报告事故应当包括下列内容：①事故发生单位概况；②事故发生的时间、地点以及事故现场情况；③事故的简要经过；④事故已经造成或者可能造成的伤亡人数（包括下落不明的人数）和初步估计的直接经济损失；⑤已经采取的措施；⑥其他应当报告的情况。

（3）事故补报的要求

《生产安全事故报告和调查处理条例》规定："事故报告后出现新情况的，应当及时补报。自事故发生之日起30日内，事故造成的伤亡人数发生变化的，应当及时补报。道路交通事故、火灾事故自发生之日起7日内，事故造成的伤亡人数发生变化的，应当及时补报。"

6.4.3.2 发生施工生产安全事故后应采取的相应措施

《建设工程安全生产管理条例》规定:"发生生产安全事故后,施工单位应当采取措施防止事故扩大,保护事故现场。需要移动现场物品时,应当做出标记和书面记录,妥善保管有关证物。"

(1) 组织应急抢救工作

《生产安全事故报告和调查处理条例》规定:"事故发生单位负责人接到事故报告后,应当立即启动事故相应应急预案,或者采取有效措施,组织抢救,防止事故扩大,减少人员伤亡和财产损失。"

对危险化学品泄漏等可能对周边群众和环境产生危害的事故,施工单位应当在向地方政府及有关部门报告的同时,及时向可能受到影响的单位、职工、群众发出预警信息,标明危险区域,组织、协助应急救援队伍救助受害人员,疏散、撤离、安置受到威胁的人员,并采取必要措施防止发生次生、衍生事故。

事故发生地有关地方人民政府、安全生产监督管理部门和负有安全生产监督管理职责的有关部门接到事故报告后,其负责人应当立即赶赴事故现场,组织事故救援。

(2) 妥善保护事故现场

《生产安全事故报告和调查处理条例》规定:"事故发生后,有关单位和人员应当妥善保护事故现场以及相关证据,任何单位和个人不得破坏事故现场、毁灭相关证据。因抢救人员、防止事故扩大以及疏通交通等原因,需要移动事故现场物件的,应当做出标志,绘制现场简图并做出书面记录,妥善保存现场重要痕迹、物证。"

确因特殊情况需要移动事故现场物件的,须同时满足以下条件:①抢救人员、防止事故扩大以及疏通交通的需要;②经事故单位负责人或者组织事故调查的安全生产监督管理部门和负有安全生产监督管理职责的有关部门同意;③做出标志,绘制现场简图,拍摄现场照片,对被移动物件贴上标签,并做出书面记录;④尽量使现场少受破坏。

6.4.3.3 施工生产安全事故的调查

(1) 事故调查的管辖

《生产安全事故报告和调查处理条例》规定:"特别重大事故由国务院或者国务院授权有关部门组织事故调查组进行调查。重大事故、较大事故、一般事故分别由事故发生地省级人民政府、设区的市级人民政府、县级人民政府负责调查。省级人民政府、设区的市级人民政府、县级人民政府可以直接组织事故调查组进行调查,也可以授权或者委托有关部门组织事故调查组进行调查。未造成人员伤亡的一般事故,县级人民政府也可以委托事故发生单位组织事故调查组进行调查。上级人民政府认为必要时,可以调查由下级人民政府负责调查的事故。"

自事故发生之日起 30 日内(道路交通事故、火灾事故自发生之日起 7 日内),因事故伤亡人数变化导致事故等级发生变化,依照《生产安全事故报告和调查处理条例》规定应当由上级人民政府负责调查的,上级人民政府可以另行组织事故调查组进行调查。

特别重大事故以下等级事故,事故发生地与事故发生单位不在同一个县级以上行政区域的,由事故发生地人民政府负责调查,事故发生单位所在地人民政府应当派人参加。

(2) 事故调查组的组成与职责

事故调查组的组成应当遵循精简、高效的原则。根据事故的具体情况,事故调查组由有关人民政府、安全生产监督管理部门、负有安全生产监督管理职责的有关部门、监察机关、公安机关以及工会派人组成,并应当邀请人民检察院派人参加。事故调查组可以聘请有关专家参与调查。

事故调查组履行下列职责:①查明事故发生的经过、原因、人员伤亡情况及直接经济损失;②认定事故的性质和事故责任;③提出对事故责任者的处理建议;④总结事故教训,提出防范和整改措施;⑤提交事故调查报告。

事故调查中发现涉嫌犯罪的,事故调查组应当及时将有关材料或者其复印件移交司法机关处理。

(3) 事故调查组的权利与纪律

事故调查组有权向有关单位和个人了解与事故有关的情况,并要求其提供相关文件、资料,有关单位和个人不得拒绝。事故发生单位的负责人和有关人员在事故调查期间不得擅离职守,并应当随时接受事故调查组的询问,如实提供有关情况。

事故调查组成员在事故调查工作中应当诚信公正、恪尽职守,遵守事故调查组的纪律,保守事故调查的秘密。未经事故调查组组长允许,事故调查组成员不得擅自发布有关事故的信息。

(4) 事故调查报告的期限与内容

事故调查组应当自事故发生之日起 60 日内提交事故调查报告;特殊情况下,经负责事故调查的人民政府批准,提交事故调查报告的期限可以适当延长,但延长的期限最长不超过 60 日。

事故调查中需要进行技术鉴定的,事故调查组应当委托具有国家规定资质的单位进行技术鉴定。必要时,事故调查组可以直接组织专家进行技术鉴定。技术鉴定所需时间不计入事故调查期限。

事故调查报告应当包括下列内容:①事故发生单位概况;②事故发生经过和事故救援情况;③事故造成的人员伤亡和直接经济损失;④事故发生的原因和事故性质;⑤事故责任的认定以及对事故责任者的处理建议;⑥事故防范和整改措施。事故调查报告应当附具有关证据材料。事故调查组成员应当在事故调查报告上签名。

6.4.3.4 施工生产安全事故的处理

(1) 事故处理时限和落实批复

《生产安全事故报告和调查处理条例》规定:"重大事故、较大事故、一般事故,负责事故调查的人民政府应当自收到事故调查报告之日起 15 日内做出批复;特别重大事故,30 日内做出批复,特殊情况下,批复时间可以适当延长,但延长的时间最长不超过 30 日。"

有关机关应当按照人民政府的批复,依照法律、行政法规规定的权限和程序,对事故发生单位和有关人员进行行政处罚,对负有事故责任的国家工作人员进行处分。事故发生单位应当按照负责事故调查的人民政府的批复,对本单位负有事故责任的人员进行处理。负有事故责任的人员涉嫌犯罪的,依法追究刑事责任。

（2）事故发生单位的防范和整改措施

事故发生单位应当认真吸取事故教训，落实防范和整改措施，防止事故再次发生。防范和整改措施的落实情况应当接受工会和职工的监督。

安全生产监督管理部门和负有安全生产监督管理职责的有关部门应当对事故发生单位落实防范和整改措施的情况进行监督检查。

（3）处理结果的公布

事故处理的情况由负责事故调查的人民政府或者其授权的有关部门、机构向社会公布，依法应当保密的除外。

思考题

1. 简述施工安全生产许可制度的相关条款和要求。
2. 区别分析各单位安全生产责任，结合实际理解并掌握。
3. 阐述施工单位的安全生产教育培训制度。
4. 施工现场安全防护制度有哪些？可分为哪几类？

实战题

2020年3月7日，福建省泉州市鲤城区欣佳酒店所在建筑物发生坍塌事故，造成29人死亡、42人受伤，直接经济损失5794万元，经国务院事故调查组认定，泉州市欣佳酒店"3·7"坍塌事故是一起主要因违法违规建设、改建和加固施工导致建筑物坍塌的重大生产安全责任事故。

发生原因是，项目负责人无视国家有关城乡规划、建设、安全生产以及行政许可等法律法规，违法违规建设施工，弄虚作假骗取行政许可，安全生产责任长期不落实。相关工程质量检测、建筑设计、消防检测、装饰设计等服务机构违规承接业务，出具虚假报告，制作虚假材料帮助事故企业通过行政审批。酒店未经过专业、安全的设计，负责人擅自将欣佳酒店建筑物由原四层违法增加夹层改建成七层，导致酒店存在安全隐患，建筑修建完成后未进行安全质量检查、专业的竣工验收，项目负责人也未制订相应的应急救援机制，事故发生后，无法进行及时的救援，错过了最佳救援时机，出现了大量的人员伤亡。

问题：

（1）根据对建设单位和相关单位的建设安全生产责任的介绍，对案例中的违法行为进行分析。

（2）结合案例，对施工事故应急救援机制的制订谈谈自己的看法。

第7章
建设工程质量法律制度

导言

建设工程是人类赖以生存和发展的重要物质基础，为人们生产、生活提供空间载体。因此，工程建设成果的质量及工程建设过程中的工作质量对工程的安全性、耐久性都会产生很大影响，进而对社会生产、生活产生重大而深远影响。"百年大计，质量第一"，质量管理让习惯符合标准，让标准成为习惯。工程各参与主体必须大力提高建设工程质量水准，确保建设工程的安全可靠。

建设工程质量是指国家现行的有关法律、法规、技术标准、设计文件以及建设工程合同对工程的安全、适用、经济、美观等特性的综合要求。

引例

2019年5月16日11时10分左右，上海市长宁区昭化路148号1幢厂房发生局部坍塌，造成12人死亡，10人重伤，3人轻伤，直接经济损失约3430万元。

事故发生的直接原因是厂房1层承重砖墙（柱）本身承载力不足，施工过程中未采取维持墙体稳定措施，南侧承重墙在改造施工过程中承载力和稳定性进一步降低，施工时承重砖墙（柱）瞬间失稳后部分厂房结构连锁坍塌，生活区设在施工区内，导致群死群伤。

间接原因是施工单位超资质承揽工程，违规允许个人挂靠，安排人员挂名项目经理，对承包项目未实施实际管理；在没有施工许可证，结构设计图纸未经审查，无施工组织设计、无安全技术交底的情况下进行施工；项目施工现场内违规设置办公区、生活区。建设单位对建设项目未立项、报建；结构设计图纸未经审查，未取得施工许可证违法组织施工；将工程发包给个人和不具备结构改造资质的单位；在收到该区域工程停工通知单、知道厂房承重砖墙（柱）本身承载力不足后，依然组织人员进行违法施工。

针对上述案例，谈谈你对该事故的认识。如果你是项目经理，应从哪几个方面制定项目质量管理制度？

学习目标

通过本章节的学习，明确各类工程建设质量标准，为建设工程的勘察、设计、施工、安装、验收、运营维护及管理等活动确立了依据和准则；明确建筑工程强制性标准下的建筑五方责任主体的责任与义务，提高质量责任意识，强化质量责任追究，保证工程建设质量；明确建设竣工验收制度，实现从开工到竣工交付过程中连续的质量管控；明确建设工程的保修制度，达到建设工程项目生命周期效益最大化。

掌握：各类工程建设标准；工程主要参与单位的质量责任；工程建设竣工验收制度；有关竣工结算、质量争议处理规定；工程返修和保修的相关规定。

7.1 工程建设质量标准

工程建设标准是指为在工程建设领域内获得最佳秩序，针对建设工程的勘察、设计、施工、安装、验收、运营维护及管理等活动和结果需要协调统一的事项所制定的共同的、重复使用的技术依据和准则。该标准对促进技术进步，保证工程的安全、质量、环境和公众利益，实现最佳社会效益、经济效益、环境效益和最佳效率等，具有直接作用和重要意义。

工程建设标准通过行之有效的标准规范，特别是工程建设强制性标准，为建设工程实施安全防范措施、消除安全隐患提供统一的技术要求，以确保在现有的技术、管理条件下尽可能地保障建设工程质量安全，从而最大限度地保障建设工程的建造者、使用者和所有者的生命财产安全以及人身健康安全。

7.1.1 工程建设标准的类型

《中华人民共和国标准化法》（以下简称《标准化法》）规定，我国的标准分为国家标准、行业标准、地方标准、团体标准和企业标准。国家标准分为强制性标准、推荐性标准。行业标准、地方标准是推荐性标准。强制性标准必须执行。国家鼓励采用推荐性标准。

法律、行政法规和国务院决定对强制性标准的制定另有规定的，从其规定。

7.1.1.1 工程建设国家标准

（1）工程建设国家标准的范围和类型

《标准化法》规定，对保障人身健康和生命财产安全、国家安全、生态环境安全以及满足经济社会管理基本需要的技术要求，应当制定强制性国家标准。

对满足基础通用、与强制性国家标准配套、对各有关行业起引领作用等需要的技术要求，可以制定推荐性国家标准。

国家市场监督管理总局发布的《强制性国家标准管理办法》规定，强制性国家标准的技术要求应当全部强制，并且可验证、可操作。

《工程建设国家标准管理办法》规定，对需要在全国范围内统一的下列技术要求，应当制定国家标准：①工程建设勘察、规划、设计、施工（包括安装）及验收等通用的质量要求；

②工程建设通用的有关安全、卫生和环境保护的技术要求；③工程建设通用的术语、符号、代号、量与单位、建筑模数和制图方法；④工程建设通用的试验、检验和评定等方法；⑤工程建设通用的信息技术要求；⑥国家需要控制的其他工程建设通用的技术要求。法律另有规定的，依照法律的规定执行。

下列标准属于强制性标准：①工程建设勘察、规划、设计、施工（包括安装）及验收等通用的综合标准和重要的通用的质量标准；②工程建设通用的有关安全、卫生和环境保护的标准；③工程建设重要的通用的术语、符号、代号、量与单位、建筑模数和制图方法标准；④工程建设重要的通用的试验、检验和评定方法等标准；⑤工程建设重要的通用的信息技术标准；⑥国家需要控制的其他工程建设通用的标准。

强制性标准以外的标准是推荐性标准。推荐性标准，国家鼓励企业自愿采用。

（2）工程建设国家标准的制定原则和程序

《标准化法》规定，国务院有关行政主管部门依据职责负责强制性国家标准的项目提出、组织起草、征求意见和技术审查。国务院标准化行政主管部门负责强制性国家标准的立项、编号和对外通报。

省、自治区、直辖市人民政府标准化行政主管部门可以向国务院标准化行政主管部门提出强制性国家标准的立项建议，由国务院标准化行政主管部门会同国务院有关行政主管部门决定。社会团体、企业事业组织以及公民可以向国务院标准化行政主管部门提出强制性国家标准的立项建议，国务院标准化行政主管部门认为需要立项的，会同国务院有关行政主管部门决定。

推荐性国家标准由国务院标准化行政主管部门制定。

《强制性国家标准管理办法》规定，制定强制性国家标准应当结合国情采用国际标准。强制性国家标准应当有明确的标准实施监督管理部门，并能够依据法律、行政法规、部门规章的规定对违反强制性国家标准的行为予以处理。

（3）工程建设国家标准的审批发布和编号

《标准化法》规定，强制性国家标准由国务院批准发布或者授权批准发布。强制性标准文本应当免费向社会公开。国家推动免费向社会公开推荐性标准文本。

《强制性国家标准管理办法》规定，国务院标准化行政主管部门应当自发布之日起二十日内在全国标准信息公共服务平台上免费公开强制性国家标准文本。强制性国家标准的解释与标准具有同等效力。解释发布后，国务院标准化行政主管部门应当自发布之日起二十日内在全国标准信息公共服务平台上免费公开解释文本。

《工程建设国家标准管理办法》规定，国家标准的编号由国家标准代号、发布标准的顺序号和发布标准的年号组成。强制性国家标准的代号为"GB"，推荐性国家标准的代号为"GB/T"。例如：《建筑环境通用规范》（GB 55016—2021），其中 GB 表示强制性国家标准，55016 表示标准发布顺序号，2021 表示 2021 年批准发布；《沥青混合料低温抗裂性能评价方法》（GB/T 38948—2020），其中 GB/T 表示推荐性国家标准，38948 表示标准发布顺序号，2020 表示 2020 年批准发布。

（4）国家标准的复审与修订

《强制性国家标准管理办法》规定，国务院标准化行政主管部门应当通过全国标准信息公共服务平台接收社会各方对强制性国家标准实施情况的意见建议，并及时反馈组织起草部门。组织起草部门应当根据反馈和评估情况，对强制性国家标准进行复审，提出继续有效、修订或者废止的结论，并送国务院标准化行政主管部门。复审周期一般不得超过五年。

复审结论为修订强制性国家标准的，组织起草部门应当在报送复审结论时提出修订项目。强制性国家标准的修订，按照规定的强制性国家标准制定程序执行；个别技术要求需要调整、补充或者删减，采用修改单方式予以修订的，不需经国务院标准化行政主管部门立项。

复审结论为废止强制性国家标准的，由国务院标准化行政主管部门通过全国标准信息公共服务平台向社会公开征求意见，并以书面形式征求强制性国家标准的实施监督管理部门意见。公开征求意见一般不得少于30日。无重大分歧意见或者经协调一致的，由国务院标准化行政主管部门依据国务院授权以公告形式废止强制性国家标准。

7.1.1.2　工程建设行业标准

《标准化法》规定，对没有推荐性国家标准、需要在全国某个行业范围内统一的技术要求，可以制定行业标准。行业标准由国务院有关行政主管部门制定，报国务院标准化行政主管部门备案。

（1）工程建设行业标准的范围和类型

《工程建设行业标准管理办法》规定，下列技术要求可以制定行业标准：①工程建设勘察、规划、设计、施工（包括安装）及验收等行业专用的质量要求；②工程建设行业专用的有关安全、卫生和环境保护的技术要求；③工程建设行业专用的术语、符号、代号、量与单位和制图方法；④工程建设行业专用的试验、检验和评定等方法；⑤工程建设行业专用的信息技术要求；⑥其他工程建设行业专用的技术要求。

行业标准不得与国家标准相抵触。行业标准的某些规定与国家标准不一致时，必须有充分的科学依据和理由，并经国家标准的审批部门批准。行业标准在相应的国家标准实施后，应当及时修订或废止。

（2）工程建设行业标准的制定、修订程序与复审

工程建设行业标准的制定、修订程序，也可以按准备、征求意见、送审和报批四个阶段进行。

工程建设行业标准实施后，根据科学技术的发展和工程建设的实际需要，该标准的批准部门应当适时进行复审，确认其继续有效或予以修订、废止，一般也是五年复审一次。

7.1.1.3　工程建设地方标准

《标准化法》规定，为满足地方自然条件、风俗习惯等特殊技术要求，可以制定地方标准。

我国幅员辽阔，各地的自然条件差异较大，而工程建设在许多方面要受到自然条件的影响。例如，我国的黄土地区、冻土地区以及膨胀土地区，对建筑技术的要求有很大区别。因此，工程建设标准除国家标准、行业标准外，还需要有相应的地方标准。

7.1.1.4　工程建设团体标准

《标准化法》还针对团体标准作出规定，国家鼓励学会、协会、商会、联合会、产业技术联盟等社会团体协调相关市场主体共同制定满足市场和创新需要的团体标准，由本团体成员约定采用或者按照本团体的规定供社会自愿采用。

（1）团体标准的定性和基本要求

国家标准化管理委员会、民政部《团体标准管理规定》（国标委联〔2019〕1号）规定，团体标准是依法成立的社会团体为满足市场和创新需要，协调相关市场主体共同制定的标准。

《标准化法》规定，制定团体标准，应当遵循开放、透明、公平的原则，保证各参与主体获取相关信息，反映各参与主体的共同需求，并应当组织对标准相关事项进行调查分析、实验、论证。国家支持在重要行业、战略性新兴产业、关键共性技术等领域利用自主创新技术制定团体标准、企业标准。

《团体标准管理规定》进一步规定，禁止利用团体标准实施妨碍商品、服务自由流通等排除、限制市场竞争的行为。团体标准应当符合相关法律法规的要求，不得与国家有关产业政策相抵触。团体标准的技术要求不得低于强制性标准的相关技术要求。

国家鼓励社会团体制定高于推荐性标准相关技术要求的团体标准；鼓励制定具有国际领先水平的团体标准。

（2）团体标准制定的程序

制定团体标准的一般程序包括：提案、立项、起草、征求意见、技术审查、批准、编号、发布、复审。

7.1.1.5　工程建设企业标准

《标准化法》规定，企业可以根据需要自行制定企业标准，或者与其他企业联合制定企业标准。

推荐性国家标准、行业标准、地方标准、团体标准、企业标准的技术要求不得低于强制性国家标准的相关技术要求。国家鼓励社会团体、企业制定高于推荐性标准相关技术要求的团体标准、企业标准。

国家实行团体标准、企业标准自我声明公开和监督制度。企业应当公开其执行的强制性标准、推荐性标准、团体标准或者企业标准的编号和名称；企业执行自行制定的企业标准的，还应当公开产品、服务的功能指标和产品的性能指标。国家鼓励团体标准、企业标准通过标准信息公共服务平台向社会公开。

企业应当按照标准组织生产经营活动，其生产的产品、提供的服务应当符合企业公开标准的技术要求。

7.1.2　工程建设强制性标准的实施

我国工程建设领域所出现的各类工程质量事故，大多是没有贯彻或没有严格贯彻强制性标准的结果。因此，《标准化法》规定，强制性标准必须执行。《建筑法》规定，建筑活动应当确保建筑工程质量和安全，符合国家的建设工程安全标准。

7.1.2.1　工程建设各方主体实施强制性标准的规定

建筑工程设计应当符合按照国家规定制定的建筑安全规程和技术规范，保证工程的安全性能。设计文件选用的建筑材料、建筑构配件和设备，应当注明其规格、型号、性能等技术指标，其质量要求必须符合国家规定的标准。

建筑工程监理应当依照法律、行政法规及有关的技术标准、设计文件和建筑工程承包合同，对承包单位在施工质量、建设工期和建设资金使用等方面，代表建设单位实施监督。工程监理人员认为工程施工不符合工程设计要求、施工技术标准和合同约定的，有权要求建筑施工企业改正。工程监理人员发现工程设计不符合建筑工程质量标准或者合同约定的质量要求的，应当报告建设单位要求设计单位改正。

《建设工程质量管理条例》进一步规定，建筑设计单位和建筑施工企业对建设单位违反规定提出的降低工程质量的要求，应当予以拒绝。勘察、设计单位必须按照工程建设强制性标准进行勘察、设计，并对其勘察、设计的质量负责。

7.1.2.2 对工程建设强制性标准的监督检查

（1）监督管理机构

国务院住房城乡建设主管部门负责全国实施工程建设强制性标准的监督管理工作。国务院有关主管部门按照国务院的职能分工负责实施工程建设强制性标准的监督管理工作。县级以上地方人民政府住房城乡建设主管部门负责本行政区域内实施工程建设强制性标准的监督管理工作。

建设项目规划审查机构应当对工程建设规划阶段执行强制性标准的情况实施监督；施工图设计文件审查单位应当对工程建设勘察、设计阶段执行强制性标准的情况实施监督；建筑安全监督管理机构应当对工程建设施工阶段执行施工安全强制性标准的情况实施监督；工程质量监督机构应当对工程建设施工、监理、验收等阶段执行强制性标准的情况实施监督。

建设项目规划审查机关、施工图设计文件审查单位、建筑安全监督管理机构、工程质量监督机构的技术人员必须熟悉、掌握工程建设强制性标准。

（2）监督检查的方式和内容

工程建设标准批准部门应当定期对建设项目规划审查机关、施工图设计文件审查单位、建筑安全监督管理机构、工程质量监督机构实施强制性标准的监督进行检查，对监督不力的单位和个人，给予通报批评，建议有关部门处理。

工程建设标准批准部门应当对工程项目执行强制性标准情况进行监督检查。监督检查可以采取重点检查、抽查和专项检查的方式。

强制性标准监督检查的内容包括：①工程技术人员是否熟悉、掌握强制性标准；②工程项目的规划、勘察、设计、施工、验收等是否符合强制性标准的规定；③工程项目采用的材料、设备是否符合强制性标准的规定；④工程项目的安全、质量是否符合强制性标准的规定；⑤工程项目采用的导则、指南、手册、计算机软件的内容是否符合强制性标准的规定。

建设行政主管部门或者有关行政主管部门在处理重大事故时，应当有工程建设标准方面的专家参加；工程事故报告应当包含是否符合工程建设强制性标准的意见。工程建设标准批准部门应当将强制性标准监督检查结果在一定范围内公告。

 案例

1. 背景

甲施工企业（以下称施工方）承包了乙开发公司（以下称建设方）的办公楼工程施工，双方签订了工程施工合同。工程封顶时，建设方发现该楼8～10层的混凝土凝固较慢。于是，建设方认为施工方使用的混凝土强度不够，要求施工方采取措施，对该三层重新施工。施工方则认为，该混凝土强度符合相关的技术规范，不同意重新施工或者采取其他措施。双方协商未果，建设方便将施工方起诉至某区法院，要求施工方对混凝土强度不够的三层重新施工或采取其他措施，并赔偿建设方的相应损失。根据双方的请求，法院委托某建筑工程质量检测中心按照两种建设规范对该工程结构混凝土实体强度进行检测，具体检测情况如下：

根据原告即建设方的要求，检测中心按照行业协会推荐性标准《钻芯法检测混凝土强度技术规程》的检测结果是：8~10层的结构混凝土实体强度达不到该技术规范的要求，其他各层的结构混凝土实体强度均达到该技术规范的要求。

根据被告即施工方的请求，检测中心按照地方推荐性标准《结构混凝土实体检测技术规程》的检测结果是：各层结构混凝土实体强度均达到该规范的要求。

2. 问题

（1）本案中的检测中心按照两个推荐性标准分别进行了检测，法院应以哪个标准作为判案的依据？

（2）当事人若在合同中约定了推荐性标准，对国家强制性标准是否仍须执行？

7.2　建设工程质量责任

质量是建设工程的灵魂。任何一项建设工程只有在保证质量的前提下，才能为社会和人民带来福利。建设工程的质量好坏还会直接影响建筑的使用性能，甚至可能导致安全问题，危及人们的生命健康和财产安全。因此，应当明确建设工程各方面的质量责任。为贯彻《建设工程质量管理条例》，提高质量责任意识，强化质量责任追究，保证工程建设质量，住房和城乡建设部制定了《建筑工程五方责任主体项目负责人质量终身责任追究暂行办法》。建筑工程五方责任主体项目负责人是指承担建筑工程项目建设的建设单位项目负责人、勘察单位项目负责人、设计单位项目负责人、施工单位项目经理、监理单位总监理工程师。

7.2.1　施工单位的质量责任

施工单位是工程建设的重要责任主体之一。施工阶段是建设工程实物质量形成的重要阶段，勘察、设计工作成果均要在这一阶段得以实现。由于施工阶段影响质量稳定的因素和涉及的责任主体均较多，协调管理的难度较大，施工阶段的质量责任制度尤为重要。

《建设工程五方责任主体项目负责人质量终身责任追究暂行办法》规定，建筑工程开工建设前，建设、勘察、设计、施工、监理单位法定代表人应当签署授权书，明确本单位项目负责人。建筑工程五方责任主体项目负责人质量终身责任，是指参与新建、扩建、改建的建筑工程项目负责人按照国家法律法规和有关规定，在工程设计使用年限内对工程质量承担相应责任。工程质量终身责任实行书面承诺和竣工后永久性标牌等制度。

7.2.1.1　总分包单位的质量责任分担

《建筑法》规定，建筑施工企业对工程的施工质量负责。《建设工程质量管理条例》进一步规定，施工单位对建设工程的施工质量负责。施工单位应当建立质量责任制，确定工程项目的项目经理、技术负责人和施工管理负责人。

对施工质量负责是施工单位法定的质量责任。施工单位是建设工程质量的重要责任主体，但不是唯一的责任主体。建设工程质量要受到多方面因素的制约，建设工程各方主体依法各司其职、各负其责，才能使建设工程质量责任真正落到实处。

施工单位的质量责任制，是其质量保证体系的一个重要组成部分，也是施工质量目标得以实现的重要保证。建立质量责任制，主要包括制订质量目标计划，建立考核标准，并层层分解落实到具体的责任单位和责任人，特别是工程项目的项目经理、技术负责人和施工管理负责人。落实质量责任制，不仅是为了在出现质量问题时可以追究责任，更重要的是通过层层落实质量责任制，做到事事有人管、人人有职责，加强对施工过程的全面质量控制，保证建设工程的施工质量。

《建筑法》规定，建设工程实行总承包的，总承包单位应当对全部建设工程质量负责；……总承包单位依法将建设工程分包给其他单位的，分包单位应当按照分包合同的约定对其分包工程的质量向总承包单位负责，总承包单位与分包单位对分包工程的质量承担连带责任。分包单位应当接受总承包单位的质量管理。《建设工程质量管理条例》第二十六、第二十七条对此也有规定。

7.2.1.2 施工单位施工的依据

《建筑法》规定，建筑施工企业必须按照工程设计图纸和施工技术标准施工，不得偷工减料。工程设计的修改由原设计单位负责，建筑施工企业不得擅自修改工程设计。

《建设工程质量管理条例》做了进一步规定，施工单位在施工过程中发现设计文件和图纸有差错的，应当及时提出意见和建议。

（1）按图施工，遵守标准

按工程设计图纸施工，不仅是建设合同赋予施工单位必须履行的责任，更是保证工程实现设计意图，明确划分设计、施工单位质量责任的重要前提。如果施工单位不按图施工或不经原设计单位同意就擅自修改工程设计，其直接后果往往是违反了原设计的意图，严重的可能给工程结构安全留下隐患，造成重大人员伤亡或财产损失；间接后果是在原设计有缺陷或出现工程质量事故的情况下，施工单位擅自修改设计，混淆设计、施工单位各自的质量责任。所以，按图施工、不擅自修改设计，是施工单位保证工程质量的最基本要求之一。

施工技术标准是工程建设过程中规范施工行为的技术依据。如前所述，工程建设国家标准、行业标准均分为强制性标准和推荐性标准。施工单位只有按照施工技术标准，特别是强制性标准的要求施工，才能保证工程的施工质量。偷工减料属于一种非法牟利的行为。如果施工单位的施工工序不能严格按照标准要求，减少工料投入，简化操作程序，将会产生许多影响工程质量的问题，轻则影响工程外观或一般使用功能，重则影响工程主体结构，造成坍塌、倾倒等严重工程质量问题。

从法律的角度来看，工程设计图纸和施工技术标准都属于合同文件的组成部分，如果施工单位不按照工程设计图纸和施工技术标准施工，则属于违约行为，应该对建设单位承担违约责任。

（2）防止设计文件和图纸出现差错

一个优秀工程项目的设计通常会涉及多个专业，因此，思维体系、建设理念等的差异有时也会导致设计文件和图纸出现差错。这些差错通常会在图纸会审或施工过程中被逐渐发现,尤其是施工管理负责人、技术负责人以及项目经理等实践经验丰富的专业人员。如果施工单位在施工过程中发现设计文件和图纸中确实存在差错,有义务及时向设计单位提出,以免造成不必要的损失和质量问题。这是施工单位应具备的职业道德,也是履行合同应尽的基本义务。

 随堂小练

某单位工程设计图纸注明的混凝土标号为C30,但监理工程师认为该设计不符合承包合同约定的C35等级,书面通知承包人按照合同约定的C35施工。该事件说法正确的是(　　)。

A. 施工单位应当继续按照原施工图纸施工
B. 施工单位应当按照监理通知要求施工
C. 施工单位发现设计不符合承包合同约定时,应按照承包合同约定施工
D. 监理单位认为设计不符合技术标准和合同约定的,应当报告建设单位

7.2.1.3 建筑材料、设备进场检验检测的规定

《建筑法》规定,建筑施工企业必须按照工程设计要求、施工技术标准和合同的约定,对建筑材料、建筑构配件和设备进行检验,不合格的不得使用。

《建设工程质量管理条例》进一步规定,施工单位必须按照工程设计要求、施工技术标准和合同约定,对建筑材料、建筑构配件、设备和商品混凝土进行检验,检验应当有书面记录和专人签字;未经检验或者检验不合格的,不得使用。

由于建设工程属于特殊产品,其质量隐蔽性强、终检局限性大,在施工全过程质量控制中,必须严格执行法定的检验、检测制度。否则,将给建设工程造成难以逆转的质量隐患,甚至导致质量安全事故。依法对建筑材料、设备等进行检验检测,是施工单位的一项重要法定义务。

（1）建筑材料、建筑构配件、设备和商品混凝土的检验制度

施工单位对进入施工现场的建筑材料、建筑构配件、设备和商品混凝土实行检验制度,是施工单位质量保证体系的重要组成部分,也是保证施工质量的重要前提。施工单位要依据工程设计要求、施工技术标准和合同约定对其进行严格检验。施工单位应当严把两道关:一是谨慎选择生产供应厂商;二是实行进场二次检验。

检验对象是将在工程施工中使用的建筑材料、建筑构配件、设备和商品混凝土,合同若有其他约定的,检验工作还应满足合同相应条款的要求。为了促使检验工作严谨认真,以及未来必要时有据可查,方便管理,明确责任。检验结果要按规定的格式形成书面记录,并由相关的专业人员签字。

对于未经检验或检验不合格的,不得在施工中使用。否则,将是一种违法行为,要追究擅自使用或批准使用人的责任。

（2）施工检测的见证取样和送检制度

见证取样和送检,《建设工程质量管理条例》中做了相应规定,施工人员对涉及结构安全的试块、试件以及有关材料,应当在建设单位或者工程监理单位监督下现场取样,并送具有相应资质等级的质量检测单位进行检测。

《房屋建筑工程和市政基础设施工程实行见证取样和送检的规定》中规定,涉及结构安全

的试块、试件、材料见证取样和送检的比例不得低于有关技术标准中规定应取样数量的30%。下列试块、试件、材料必须实施见证取样和送检：①用于承重结构的混凝土试块；②用于承重墙体的砌筑砂浆试块；③用于承重结构的钢筋及连接接头试件；④用于承重墙的砖和混凝土小型砌块；⑤用于拌制混凝土和砌筑砂浆的水泥；⑥用于承重结构的混凝土中使用的掺加剂；⑦地下、屋面、厕浴间使用的防水材料；⑧国家规定必须实行见证取样和送检的其他试块、试件和材料。

见证人员应由建设单位或该工程的监理单位中具备施工试验知识的专业技术人员担任，并由建设单位或该工程的监理单位书面通知施工单位、检测单位和负责该项工程的质量监督机构。在施工过程中，见证人员应按照见证取样和送检计划，对施工现场的取样和送检进行见证。取样人应在试样或其包装上做出标识、封志。标识和封志应标明工程名称、取样部位、样品名称和样品数量，并由见证人员和取样人员签字。见证人员和取样人员应对试样的代表性和真实性负责。

(3) 工程质量检测单位的资质和检测规定

《建设工程质量检测管理办法》规定，工程质量检测机构是具有独立法人资格的中介机构。按照其承担的检测业务内容分为专项检测机构资质和见证取样检测机构资质。检测机构未取得相应的资质证书，不得承担本办法规定的质量检测业务。

质量检测业务委托方与被委托方应当签订书面合同。检测机构完成检测业务后，应当及时出具检测报告。检测报告经检测人员签字、检测机构法定代表人或者其授权的签字人签署，并加盖检测机构公章或者检测专用章后方可生效。检测报告经建设单位或者工程监理单位确认后，由施工单位归档。任何单位和个人不得明示或者暗示检测机构出具虚假检测报告，不得篡改或者伪造检测报告。如果检测结果利害关系人对检测结果发生争议的，由双方共同认可的检测机构复检，复检结果由提出复检的一方报当地建设主管部门备案。

检测机构应当将检测过程中发现的建设单位、监理单位、施工单位违反有关法律、法规和工程建设强制性标准的情况以及涉及结构安全检测结果的不合格情况，及时报告工程所在地建设主管部门。检测机构应当建立档案管理制度，并应当单独建立检测结果不合格项目台账。

检测人员不得同时受聘于两个或者两个以上的检测机构。检测机构和检测人员不得推荐或者监制建筑材料、构配件和设备。检测机构不得与行政机关，法律、法规授权的具有管理公共事务职能的组织以及所检测工程项目相关的设计单位、施工单位、监理单位有隶属关系或者其他利害关系。

检测机构不得转包检测业务。检测机构应当对其检测数据和检测报告的真实性和准确性负责。检测机构违反法律、法规和工程建设强制性标准，给他人造成损失的，应当依法承担相应的赔偿责任。

7.2.1.4 施工质量检验和返修的规定

(1) 施工质量检验制度

《建设工程质量管理条例》规定，施工单位必须建立、健全施工质量的检验制度，严格工序管理，作好隐蔽工程的质量检查和记录。隐蔽工程在隐蔽前，施工单位应当通知建设单位和建设工程质量监督机构。

隐蔽工程施工具有不可逆性，对隐蔽工程的验收应当严格按照法律、法规、强制性标准及合同约定进行。《民法典》第七百九十八条还规定，隐蔽工程在隐蔽以前，承包人应当通知发包人检查。发包人没有及时检查的，承包人可以顺延工程日期，并有权请求赔偿停工、窝工等损失。

（2）建设工程的返修

所谓返工，是指工程质量不符合规定的质量标准，而又无法修理的情况下重新进行施工；修理则是指工程质量不符合标准，而又有可能修复的情况下，对工程进行修补，使其达到质量标准的要求。无论是在施工过程中出现的质量问题还是竣工验收不合格的建设工程，施工人都有义务进行修理。对于非施工单位原因造成的质量问题，施工单位也应当负责返修，但是因此而造成的损失及返修费用由责任方负责。《建筑法》规定，对已发现的质量缺陷，建筑施工企业应当修复。

7.2.2 建设单位的质量责任

建设单位作为建设工程的投资人，是建设工程的重要责任主体。建设单位有权选择承包单位，有权对建设过程进行检查、控制，对建设工程进行验收，并要按时支付工程款和费用等，在整个建设活动中居于主导地位。因此，要确保建设工程的质量，首先就要对建设单位的行为进行规范，对其质量责任予以明确。

（1）依法发包工程

《建设工程质量管理条例》规定，建设单位应当将工程发包给具有相应资质等级的单位。建设单位不得将建设工程肢解发包。建设单位应当依法对工程建设项目的勘察、设计、施工、监理以及与工程建设有关的重要设备、材料等的采购进行招标。

建设单位发包工程时，应该根据工程特点，以有利于工程的质量、进度、成本控制为原则，合理划分标段，但不得肢解发包工程。如果将应当由一个承包单位完成的工程肢解成若干部分，分别发包给不同的承包单位，将使整个工程建设在管理和技术上缺乏应有的统筹协调，从而造成施工现场秩序的混乱，责任不清，严重影响建设工程质量，一旦出现问题也很难找到责任方。

建设单位还要依照《招标投标法》等有关规定，对必须实行招标的工程项目进行招标，择优选定工程勘察、设计、施工、监理单位以及重要设备、材料供应商等。

（2）依法向有关单位提供原始资料

《建设工程质量管理条例》规定，建设单位必须向有关的勘察、设计、施工、工程监理等单位提供与建设工程有关的原始资料。原始资料必须真实、准确、齐全。

在工程实践中，建设单位根据委托任务必须向勘察单位提供如勘察任务书、项目规划总平面图、地下管线、地形地貌等在内的基础资料；向设计单位提供政府有关部门批准的项目建议书、可行性研究报告等立项文件，设计任务书，有关城市规划、专业规划设计条件，勘察成果及其他基础资料；向施工单位提供概算批准文件，建设项目正式列入国家、部门或地方的年度固定资产投资计划，建设用地的征用资料，施工图纸及技术资料，建设资金和主要建筑材料、设备的来源落实资料，建设项目所在地规划部门批准文件，施工现场完成"三通一平"的平面图等资料；向工程监理单位提供的原始资料，除包括给施工单位的资料外，还要有建设单位与施工单位签订的承包合同文本。

(3) 限制不合理的干预行为

《建筑法》规定，建设单位不得以任何理由，要求建筑设计单位或者建筑施工企业在工程设计或者施工作业中，违反法律、行政法规和建筑工程质量、安全标准，降低工程质量。

《建设工程质量管理条例》进一步规定，建设工程发包单位不得迫使承包方以低于成本的价格竞标，不得任意压缩合理工期。建设单位不得明示或者暗示设计单位或者施工单位违反工程建设强制性标准，降低建设工程质量。

(4) 依法报审施工图设计文件

《建设工程质量管理条例》规定，建设单位应当将施工图设计文件报县级以上人民政府建设行政主管部门或者其他有关部门审查。施工图设计文件审查的具体办法，由国务院建设行政主管部门会同国务院其他有关部门制定。施工图设计文件未经审查批准的，不得使用。

根据这一规定，施工图设计文件审查成为建设必须进行的一道程序，建设单位应当严格执行。关于施工图设计文件审查的主要内容，《建设工程勘察设计管理条例》第三十三条进一步明确规定，施工图设计文件审查机构应当对房屋建筑工程、市政基础设施工程施工图设计文件中涉及公共利益、公众安全、工程建设强制性标准的内容进行审查。县级以上人民政府交通运输等有关部门应当按照职责对施工图设计文件中涉及公共利益、公众安全、工程建设强制性标准的内容进行审查。

(5) 依法实行工程监理

《建设工程质量管理条例》还规定，下列建设工程必须实行监理：①国家重点建设工程；②大中型公用事业工程；③成片开发建设的住宅小区工程；④利用外国政府或者国际组织贷款、援助资金的工程；⑤国家规定必须实行监理的其他工程。

《建设工程质量管理条例》规定，实行监理的建设工程，建设单位应当委托具有相应资质等级的工程监理单位进行监理，也可以委托具有工程监理相应资质等级并与被监理工程的施工承包单位没有隶属关系或者其他利害关系的该工程的设计单位进行监理。对于其他建设工程也应依照法律采取相应的监理措施。

(6) 依法办理工程质量监督手续

《建设工程质量管理条例》规定，建设单位在开工前，应当按照国家有关规定办理工程质量监督手续。

建设单位办理工程质量监督手续，应提供以下文件资料：①工程规划许可证；②设计单位资质等级证书；③监理单位资质等级证书，监理合同及《工程项目监理登记表》；④施工单位资质等级证书及营业执照副本；⑤工程勘察设计文件；⑥中标通知书及施工承包合同等。

(7) 依法保证建筑材料等符合要求

《建设工程质量管理条例》规定，按照合同约定，由建设单位采购建筑材料、建筑构配件和设备的，建设单位应当保证建筑材料、建筑构配件和设备符合设计文件和合同要求。建设单位不得明示或者暗示施工单位使用不合格的建筑材料、建筑构配件和设备。

若为了赶进度或降低采购成本，在工程上使用了不合格的建筑材料、建筑构配件和设备，此类行为严重违法。

(8) 依法进行装修工程

随意拆改建筑主体结构和承重结构等，会危及建设工程安全和人民生命财产安全。因此，《建设工程质量管理条例》规定，涉及建筑主体和承重结构变动的装修工程，建设单位应当在施工前委托原设计单位或者具有相应资质等级的设计单位提出设计方案；没有设计方案的，不得施工。房屋建筑使用者在装修过程中，不得擅自变动房屋建筑主体和承重结构，如拆除隔墙、窗洞改门洞等，都是不允许的。

7.2.3 勘察、设计单位的质量责任

谁勘察设计谁负责，谁施工谁负责，这是国际上通行的做法，也是对质量责任的概括。勘察、设计单位和执业注册人员是勘察设计质量的责任主体，也是整个工程质量的责任主体之一。勘察、设计质量实行单位与执业注册人员双重责任，即勘察、设计单位对其勘察、设计的质量负责，注册建筑师、注册结构工程师等专业人士对其签字的设计文件负责。

(1) 依法承揽工程的勘察、设计业务

《建设工程质量管理条例》规定，从事建设工程勘察、设计的单位应当依法取得相应等级的资质证书，并在其资质等级许可的范围内承揽工程。禁止勘察、设计单位超越其资质等级许可的范围或者以其他勘察、设计单位的名义承揽工程。禁止勘察、设计单位允许其他单位或者个人以本单位的名义承揽工程。勘察、设计单位不得转包或者违法分包所承揽的工程。

(2) 勘察、设计必须执行强制性标准

《建设工程质量管理条例》规定，勘察、设计单位必须按照工程建设强制性标准进行勘察、设计，并对其勘察、设计的质量负责。强制性标准是工程建设技术和经验的积累，是勘察、设计工作的技术依据。只有满足工程建设强制性标准才能保证质量，才能满足工程对安全、卫生、环保等多方面的质量要求，因而勘察、设计单位必须严格执行。

(3) 勘察单位提供的勘察成果必须真实、准确

《建设工程质量管理条例》规定，勘察单位提供的地质、测量、水文等勘察成果必须真实、准确。工程勘察工作是建设工作的基本工作，工程勘察成果文件是设计和施工的基础资料和重要依据，其真实准确与否直接影响到设计、施工质量，因而工程勘察成果必须真实准确、安全可靠。

(4) 设计依据和设计深度

《建设工程质量管理条例》规定，设计单位应当根据勘察成果文件进行建设工程设计。设计文件应当符合国家规定的设计深度要求，注明工程合理使用年限。

勘察成果文件是设计的基础资料，是设计的依据。因此，先勘察、后设计是工程建设基本建设程序的要求，也是工程质量得以保证的前提。我国对各类设计文件的编制深度都有规定，在实践中应当贯彻执行。工程合理使用年限是指从工程竣工验收合格之日起，工程的地基基础、主体结构能保证在正常情况下安全使用的年限。它与《建筑法》中的"建筑物合理寿命年限"、《民法典》中工程的"合理使用期限"等在概念上是一致的。

(5) 依法规范设计对建筑材料等的选用

《建筑法》《建设工程质量管理条例》都规定，设计单位在设计文件中选用的建筑材料、建筑构配件和设备，应当注明规格、型号、性能等技术指标，其质量要求必须符合国家规定的标准。除有

特殊要求的建筑材料、专用设备、工艺生产线等外，设计单位不得指定生产厂、供应商。

（6）依法对设计文件进行技术交底

对设计文件进行技术交底是设计单位的重要义务，对确保工程质量有重要的意义。

《建设工程质量管理条例》规定，设计单位应当就审查合格的施工图设计文件向施工单位作出详细说明。

《建设工程勘察设计管理条例》第三十条规定，建设工程勘察、设计单位应当在建设工程施工前，向施工单位和监理单位说明建设工程勘察、设计意图，解释建设工程勘察、设计文件。建设工程勘察、设计单位应当及时解决施工中出现的勘察、设计问题。

（7）依法参与建设工程质量事故分析

工程质量的好坏，一定程度反映出工程建设是否准确贯彻了设计意图。《建设工程质量管理条例》规定，设计单位应当参与建设工程质量事故分析，并对因设计造成的质量事故，提出相应的技术处理方案。因此，一旦发生了质量事故，该工程的设计单位最有可能在短时间内发现工程建设中存在的问题。这对及时进行事故处理十分有利。对因设计造成的质量事故，设计单位必须提出相应的技术处理方案，这是设计单位的法定义务。

7.2.4 工程监理单位的质量责任

工程监理单位接受建设单位的委托，代表建设单位，对建设工程进行管理。因此，工程监理单位也是建设工程质量的责任主体之一。

（1）依法承担工程监理业务

《建筑法》规定，工程监理单位应当在其资质等级许可的监理范围内，承担工程监理业务。工程监理单位不得转让工程监理业务。

《建设工程质量管理条例》进一步规定，工程监理单位应当依法取得相应等级的资质证书，并在其资质等级许可的范围内承担工程监理业务。禁止工程监理单位超越本单位资质等级许可的范围或者以其他工程监理单位的名义承担工程监理业务。禁止工程监理单位允许其他单位或者个人以本单位的名义承担工程监理业务。

（2）对有隶属关系或其他利害关系的回避

《建筑法》《建设工程质量管理条例》都规定，工程监理单位与被监理工程的施工承包单位以及建筑材料、建筑构配件和设备供应单位有隶属关系或者其他利害关系的，不得承担该项建设工程的监理业务。

（3）监理工作的依据和监理责任

《建设工程质量管理条例》规定，工程监理单位应当依照法律、法规以及有关技术标准、设计文件和建设工程承包合同，代表建设单位对施工质量实施监理，并对施工质量承担监理责任。

监理单位对施工质量承担监理责任，包括违约责任和违法责任两个方面：①违约责任。如果监理单位不按照监理合同约定履行监理义务，给建设单位或其他单位造成损失的，应当承担相应的赔偿责任。②违法责任。如果监理单位违法监理，或者降低工程质量标准，造成质量事故的，要承担相应的法律责任。

（4）工程监理的职责和权限

《建设工程质量管理条例》规定，工程监理单位应当选派具备相应资格的总监理工程师和监理工程师进驻施工现场。未经监理工程师签字，建筑材料、建筑构配件和设备不得在工程上使用或者安装，施工单位不得进行下一道工序的施工。未经总监理工程师签字，建设单位不拨付工程款，不进行竣工验收。

(5) 工程监理的形式

《建设工程质量管理条例》规定，监理工程师应当按照工程监理规范的要求，采取旁站、巡视和平行检验等形式，对建设工程实施监理。

所谓旁站，是指监理人员在施工现场对工程中有关地基和结构安全的关键工序和关键施工过程，进行连续不断监督检查或检验的监理活动，有时甚至要连续跟班监理。所谓巡视，主要是强调除了关键点的质量控制外，监理工程师还应对施工现场进行面上的巡查监理。所谓平行检验，主要是强调监理单位对施工单位已经检验的工程应及时进行检验。对于关键性、较大体量的工程实物，采取分段后平行检验的方式，有利于及时发现质量问题，并采取措施予以纠正。

7.2.5 政府主管部门工程质量监督管理

为了确保建设工程质量，保障公共安全和人民生命财产安全，政府必须加强对建设工程质量的监督管理。因此，《建设工程质量管理条例》规定，国家实行建设工程质量监督管理制度。

(1) 我国的建设工程质量监督管理体制

《建设工程质量管理条例》规定，国务院建设行政主管部门对全国的建设工程质量实施统一监督管理。国务院铁路、交通、水利等有关部门按照国务院规定的职责分工，负责对全国的有关专业建设工程质量的监督管理。

国务院发展计划部门按照国务院规定的职责，组织稽查特派员，对国家出资的重大建设项目实施监督检查。国务院经济贸易主管部门按照国务院规定的职责，对国家重大技术改造项目实施监督检查。

县级以上地方人民政府建设行政主管部门对本行政区域内的建设工程质量实施监督管理。县级以上地方人民政府交通、水利等有关部门在各自的职责范围内，负责对本行政区域内的专业建设工程质量的监督管理。

建设工程质量监督管理，可以由建设行政主管部门或者其他有关部门委托的建设工程质量监督机构具体实施。从事房屋建筑工程和市政基础设施工程质量监督的机构，必须按照国家有关规定经国务院建设行政主管部门或者省、自治区、直辖市人民政府建设行政主管部门考核；从事专业建设工程质量监督的机构，必须按照国家有关规定经国务院有关部门或者省、自治区、直辖市人民政府有关部门考核。经考核合格后，方可实施质量监督。

除了政府加强监督，社会监督也发挥了巨大作用，即任何单位和个人对建设工程的质量事故、质量缺陷都有权检举、控告、投诉。

(2) 政府监督检查的内容和有权采取的措施

《建设工程质量管理条例》规定，国务院建设行政主管部门和国务院铁路、交通、水利等有关部门以及县级以上地方人民政府建设行政主管部门和其他有关部门，应当加强对有关建设工程质量的法律、法规和强制性标准执行情况的监督检查。

县级以上人民政府建设行政主管部门和其他有关部门履行监督检查职责时，有权采取下列措施：①要求被检查的单位提供有关工程质量的文件和资料；②进入被检查单位的施工现场进行检查；③发现有影响工程质量的问题时，责令改正。

有关单位和个人对县级以上人民政府建设行政主管部门和其他有关部门进行的监督检查应当支持与配合，不得拒绝或者阻碍建设工程质量监督检查人员依法执行职务。

（3）禁止滥用权力的行为

法律对政府有关部门滥用职权的行为作出明令禁止。《建设工程质量管理条例》规定，供水、供电、供气、公安消防等部门或者单位不得明示或者暗示建设单位、施工单位购买其指定的生产供应单位的建筑材料、建筑构配件和设备。

（4）建设工程质量事故报告制度

① 事故发生后，事故现场有关人员立即向工程建设单位负责人报告。工程建设单位负责人接到报告后，应于1小时内向事故发生地县级以上人民政府建设行政主管部门及有关部门报告，并按照应急预案采取相应措施。情况紧急时，事故现场有关人员可直接向事故发生地县级以上人民政府建设行政主管部门报告。

② 事故调查报告主要内容：事故项目和各参建单位概况；事故发生经过和事故救援情况；事故造成的人员伤亡和直接经济损失；事故项目有关质量检测报告和技术分析报告；事故发生的原因和事故性质；事故责任的认定和事故责任者处理的建议；事故防范和整改措施。

（5）有关质量违法行为应承担的法律责任

《建设工程质量管理条例》规定，发生重大工程质量事故隐瞒不报、谎报或者拖延报告期限的，对直接负责的主管人员和其他责任人员依法给予行政处分。

供水、供电、供气、公安消防等部门或者单位明示或者暗示建设单位或者施工单位购买其指定的生产供应单位的建筑材料、建筑构配件和设备的，责令改正。

国家机关工作人员在建设工程质量监督管理工作中玩忽职守、滥用职权、徇私舞弊，构成犯罪的，依法追究刑事责任；尚不构成犯罪的，依法给予行政处分。

 随堂小练

按照《建设工程质量管理条例》规定，工程建设过程有关主体的下列行为中，符合规定的有（　　）。

A. 为保证工程质量，设计单位对某重要设备指定了生产商
B. 建设单位装修过程中指令拆除承重墙
C. 施工单位项目经理修改了混凝土的配合比，提高了混凝土强度
D. 国务院建设行政主管部门对全国的建设工程质量实施统一的监督管理

 案例

1. 背景

某制药公司与某施工单位签订了一份《建设工程施工承包合同》，双方约定由该施工单位承包制药公司的提取车间等约1万平方米的建筑工程土建及配套附属工程。之后，在施工过程中，对于配套的排水工程管道经过开挖、安装管道并经过测量复核，误差在允许的范围之内，随后就进行了回填夯实。施工单位在施工期间聘用了大量对于管道施工缺乏经验的工人，工人

根据以往其他工程的经验进行施工。在主体工程施工时，施工单位发现设计图设计的边柱尺寸过大，于是根据施工经验将施工图设计的 900mm×900mm 的柱子变更为 600mm×600mm 的柱子，柱子的钢筋配置也做了合理的调整，由原来的 8 根变更为 6 根，按照计划，该工程于 2020 年 8 月完工并投入使用。在 2021 年 1 月，制药公司发现局部墙体开裂，制药公司找到这家施工单位要求返修。施工单位认为此工程质量问题不属于自身造成的，拒绝承担维修责任。

2. 问题

① 施工单位对于隐蔽工程的做法是否正确？

② 施工单位还存在哪些违法行为？请逐一列出并说明理由。

7.3 建设工程竣工验收

竣工验收是工程建设活动的最后阶段，指建设工程项目竣工后开发建设单位会同设计、施工、设备供应单位及工程质量监督部门，对该项目是否符合规划设计要求以及建筑施工和设备安装质量进行全面检查，取得竣工合格资料、数据和凭证。工程项目的竣工验收是施工全过程的最后一道工序，也是工程项目管理的最后一项工作。它是建设投资成果转入生产或使用的标志，也是全面考核投资效益、检验设计和施工质量的重要环节。

7.3.1 建设工程竣工验收制度

对工程进行竣工检查和验收，是建设单位法定的权利和义务。在建设工程完工后，承包单位应当向建设单位提供完整的竣工资料和竣工验收报告，提请建设单位组织竣工验收。《建设工程质量管理条例》规定，建设单位收到建设工程竣工报告后，应当组织设计、施工、工程监理等有关单位进行竣工验收。

检查内容包括整个工程项目是否已按设计要求和合同约定全部建设完成，并符合竣工验收条件。

7.3.1.1 竣工验收应当具备的法定条件

《建筑法》规定，交付竣工验收的建筑工程，必须符合规定的建筑工程质量标准，有完整的工程技术经济资料和经签署的工程保修书，并具备国家规定的其他竣工条件。建筑工程竣工经验收合格后，方可交付使用；未经验收或者验收不合格的，不得交付使用。

《建设工程质量管理条例》进一步规定，建设工程竣工验收应当具备下列条件：

(1) 完成建设工程设计和合同约定的各项内容

建设工程设计和合同约定的内容，主要是指设计文件所确定的以及承包合同"承包人承揽工程项目一览表"中载明的工作范围，也包括监理工程师签发的变更通知单中所确定的工作内容。承包单位必须按合同的约定，按质、按量、按时完成上述工作内容，使工程具有正常的使用功能。

(2) 有完整的技术档案和施工管理资料

工程技术档案和施工管理资料是工程竣工验收和质量保证的重要依据之一，主要包括以下档案和资料：①工程项目竣工验收报告；②分项、分部工程和单位工程技术人员名单；③图纸会审和技术交底记录；④设计变更通知单，技术变更核实单；⑤工程质量事故发生后的调查和处理资料；

⑥隐蔽验收记录及施工日志；⑦竣工图；⑧质量检验评定资料等；⑨合同约定的其他资料。

（3）有工程使用的主要建筑材料、建筑构配件和设备的进场试验报告

对建设工程使用的主要建筑材料、建筑构配件和设备，除须具有质量合格证明资料外，还应当有进场试验、检验报告，其质量要求必须符合国家规定的标准。

（4）有勘察、设计、施工、工程监理等单位分别签署的质量合格文件

勘察、设计、施工、工程监理等有关单位要依据工程设计文件及承包合同所要求的质量标准，对竣工工程进行检查评定；符合规定的，应当签署合格文件。

（5）有施工单位签署的工程保修书

施工单位向建设单位签署的工程保修书，也是交付竣工验收的条件之一。

凡是没有经过竣工验收或者经过竣工验收确定为不合格的建设工程，不得交付使用。如果建设单位为提前获得投资效益，工程未经验收就提前投产或使用，由此而发生的质量等问题，建设单位要承担责任。

住宅工程要分户验收。在住宅工程各检验批、分项、分部工程验收合格的基础上，在住宅工程竣工验收前，建设单位应组织施工、监理等单位，依据国家有关工程质量验收标准，对每户住宅及相关公共部位的观感质量和使用功能等进行检查验收。分户验收不合格，不能进行住宅工程整体竣工验收。

7.3.1.2 建设工程竣工验收程序

竣工验收作为建设工程项目的最后一环，常因资料的问题而导致验收工作无法进行。交付竣工验收的建筑工程，必须符合规定的建筑工程质量标准，建设工程竣工验收程序如下：

① 工程完工后，施工单位向建设单位提交工程竣工报告，申请工程竣工验收。实行监理的工程，工程竣工报告须经总监理工程师签署意见。

② 单位工程完工后，由施工单位提出竣工报告，监理工程师按照施工单位自检验收合格后提交的《单位工程竣工预验收申请表》，审查资料并进行现场检查；项目监理部就存在的问题提出书面意见，并签发《监理工程师通知书》。

③ 建设单位收到工程竣工报告后，对符合竣工验收要求的工程，组织勘察、设计、施工、监理等单位和其他有关方面的专家组成验收组，制订验收方案。

④ 建设单位应当在工程竣工验收 7 个工作日前将验收的时间、地点及验收组名单书面通知负责监督该工程的工程质量监督机构。

⑤ 建设单位组织工程竣工验收：建设、勘察、设计、施工、监理单位分别汇报工程合同履约情况和在工程建设各个环节执行法律、法规和工程建设强制性标准的情况；审阅建设、勘察、设计、施工、监理单位的工程档案资料；实地查验工程质量；对工程勘察、设计、施工、设备安装质量和各管理环节等方面做出全面评价，形成经验收组人员签署的工程竣工验收意见。

7.3.1.3 建设单位竣工验收时施工单位应提交的档案资料

《建设工程质量管理条例》规定，建设单位应当严格按照国家有关档案管理的规定，及时收集、整理建设项目各环节的文件资料，建立、健全建设项目档案，并在建设工程竣工验收后，及时向建设行政主管部门或者其他有关部门移交建设项目档案。

施工单位应当按照归档要求制订统一目录，有专业分包工程的，分包单位要按照总承包单位的总体安排做好各项资料整理工作，最后再由总承包单位进行审核、汇总。施工单位一般应

当提交的档案资料是：①工程技术档案资料；②工程质量保证资料；③工程检验评定资料；④竣工图等。

7.3.1.4 竣工验收报告备案的规定

竣工验收备案需提交的文件：①工程竣工验收备案表；②工程竣工验收报告；③法律、行政法规规定应当由规划等部门出具的认可文件或者准许使用文件；④法律规定应当由住建部门出具的对大型的人员密集场所和其他特殊建设工程验收合格的证明文件；⑤施工单位签署的工程质量保修书；⑥法规、规章规定必须提供的其他文件。

工程质量监督机构应当在工程竣工验收之日起5日内，向备案机关提交工程质量监督报告。备案机关发现建设单位在竣工验收过程中有违反国家有关建设工程质量管理规定行为的，应当在收讫竣工验收备案文件15日内，责令停止使用，重新组织竣工验收。

7.3.2 规划、消防、环保、节能等验收的规定

7.3.2.1 建设工程竣工规划验收

《中华人民共和国城乡规划法》规定，县级以上地方人民政府城乡规划主管部门按照国务院规定对建设工程是否符合规划条件予以核实。未经核实或者经核实不符合规划条件的，建设单位不得组织竣工验收。建设单位应当在竣工验收后六个月内向城乡规划主管部门报送有关竣工验收资料。

建设工程竣工后，建设单位应当依法向城乡规划行政主管部门提出竣工规划验收申请，由城乡规划行政主管部门按照选址意见书、建设用地规划许可证、建设工程规划许可证、乡村建设规划许可证及其有关规划的要求，对建设工程进行规划验收，包括对建设用地范围内的各项工程建设情况、建筑物的使用性质、位置、间距、层数、标高、平面、立面、外墙装饰材料和色彩、各类配套服务设施、临时施工用房、施工场地等进行全面核查，并作出验收记录。对于验收合格的，由城乡规划行政主管部门出具规划认可文件或核发建设工程竣工规划验收合格证。

7.3.2.2 建设工程竣工消防验收

《消防法》规定，国务院住房和城乡建设主管部门规定应当申请消防验收的建设工程竣工，建设单位应当向住房和城乡建设主管部门申请消防验收。

前款规定以外的其他建设工程，建设单位在验收后应当报住房和城乡建设主管部门备案，住房和城乡建设主管部门应当进行抽查。依法应当进行消防验收的建设工程，未经消防验收或者消防验收不合格的，禁止投入使用；其他建设工程经依法抽查不合格的，应当停止使用。

7.3.2.3 建设工程竣工环保验收

《建设项目环境保护管理条例》规定，编制环境影响报告书、环境影响报告表的建设项目竣工后，建设单位应当按照国务院环境保护行政主管部门规定的标准和程序，对配套建设的环境保护设施进行验收，编制验收报告。建设单位在环境保护设施验收过程中，应当如实查验、监测、记载建设项目环境保护设施的建设和调试情况，不得弄虚作假。除按照国家规定需要保密的情形外，建设单位应当依法向社会公开验收报告。分期建设、分期投入生产或者使用的建设项目，其相应的环境保护设施应当分期验收。

编制环境影响报告书、环境影响报告表的建设项目，其配套建设的环境保护设施经验收合

格，方可投入生产或者使用；未经验收或者验收不合格的，不得投入生产或者使用。

7.3.2.4 建筑工程竣工节能验收

《中华人民共和国节约能源法》规定，国家实行固定资产投资项目节能评估和审查制度。不符合强制性节能标准的项目，建设单位不得开工建设；已经建成的，不得投入生产、使用。政府投资项目不符合强制性节能标准的，依法负责项目审批的机关不得批准建设。

《民用建筑节能条例》进一步规定，建设单位组织竣工验收，应当对民用建筑是否符合民用建筑节能强制性标准进行查验；对不符合民用建筑节能强制性标准的，不得出具竣工验收合格报告。

（1）建筑节能分部工程进行质量验收的条件

建筑节能分部工程的质量验收，应在检验批、分项工程全部合格的基础上，进行建筑围护结构的外墙节能构造实体检验，严寒、寒冷和夏热冬冷地区的外窗气密性现场检测以及系统节能性能检测和系统联合试运转与调试，确认建筑节能工程质量达到验收的条件后方可进行。

（2）建筑节能分部工程验收的组织

建筑节能工程验收的程序和组织应遵守《建筑工程施工质量验收统一标准》的要求，并符合下列规定：①节能工程的检验批验收和隐蔽工程验收应由监理工程师主持，施工单位相关专业的质量检查员与施工员参加；②节能分项工程验收应由监理工程师主持，施工单位项目技术负责人和相关专业的质量检查员、施工员参加，必要时可邀请设计单位相关专业的人员参加；③节能分部工程验收应由总监理工程师（建设单位项目负责人）主持，施工单位项目经理、项目技术负责人和相关专业的质量检查员、施工员参加，施工单位的质量或技术负责人应参加，设计单位节能设计人员应参加。

7.3.3 竣工结算、质量争议的规定

在竣工验收阶段，建设单位与施工单位容易就合同价款结算、质量缺陷等引起纠纷，导致建设工程不能及时办理竣工验收或完成竣工验收。

（1）工程竣工结算

《民法典》规定，建设工程竣工后，发包人应当根据施工图纸及说明书、国家颁发的施工验收规范和质量检验标准及时进行验收。验收合格的，发包人应当按照约定支付价款，并接收该建设工程。《建筑法》也规定，发包单位应当按照合同的约定，及时拨付工程款项。

《建筑工程施工发包与承包计价管理办法》规定，国有资金投资建筑工程的发包方，应当委托具有相应资质的工程造价咨询企业对竣工结算文件进行审核，并在收到竣工结算文件后的约定期限内向承包方提出由工程造价咨询企业出具的竣工结算文件审核意见；逾期未答复的，按照合同约定处理，合同没有约定的，竣工结算文件视为已被认可。

《建设工程价款结算暂行办法》规定，工程竣工后，发、承包双方应及时办清工程竣工结算，否则，工程不得交付使用，有关部门不予办理权属登记。

（2）竣工工程质量争议的处理

《建筑法》规定，建筑工程竣工时，屋顶、墙面不得留有渗漏、开裂等质量缺陷；对已发现的质量缺陷，建筑施工企业应当修复。《建设工程质量管理条例》第三十二条做了相应规定。据此，建设工程竣工时发现的质量问题或者质量缺陷，无论是建设单位的责任还是施工单位的责任，施工单位都有义务进行修复或返修。但是，对于非施工单位原因出现的质量问题或质量

缺陷，其返修的费用和造成的损失应由责任方承担。

① 承包方责任的处理。《民法典》规定，因施工人的原因致使建设工程质量不符合约定的，发包人有权要求施工人在合理期限内无偿修理或者返工、改建。如果承包人拒绝修理、返工或改建的，《最高人民法院关于审理建设工程施工合同纠纷案件适用法律问题的解释》第十二条规定，因承包人的原因造成建设工程质量不符合约定，承包人拒绝修理、返工或者改建，发包人请求减少支付工程价款的，人民法院应予支持。

② 发包方责任的处理。《建筑法》规定，建设单位不得以任何理由，要求建筑设计单位或者建筑施工企业在工程设计或者施工作业中，违反法律、行政法规和建筑工程质量、安全标准，降低工程质量。

《最高人民法院关于审理建设工程施工合同纠纷案件适用法律问题的解释》第十三条规定，发包人具有下列情形之一，造成建设工程质量缺陷，应当承担过错责任：提供的设计有缺陷；提供或者指定购买的建筑材料、建筑构配件、设备不符合强制性标准；直接指定分包人分包专业工程。

③ 未经竣工验收擅自使用的处理。《建筑法》《民法典》《建设工程质量管理条例》均规定，建设工程竣工经验收合格后，方可交付使用；未经验收或验收不合格的，不得交付使用。

《最高人民法院关于审理建设工程施工合同纠纷案件适用法律问题的解释》第十四条规定，建设工程未经竣工验收，发包人擅自使用后，又以使用部分质量不符合约定为由主张权利的，人民法院不予支持；但是承包人应当在建设工程的合理使用寿命内对地基基础工程和主体结构质量承担民事责任。

 案例

1. 背景

某建筑公司与某开发公司签订了施工合同，约定由该建筑公司承建其商务大厦工程。合同签订后，建筑公司组织人员、材料进行施工。但是，由于开发公司资金不足及分包项目进度缓慢迟迟不能完工，主体工程完工后工程停滞。时隔1年，双方约定共同委托审价部门对已完工的主体工程进行了审价，确认工程价款为1800万元。次年春天，开发公司以销售需要为由，占据使用了大厦大部分房屋。到了年底，因开发公司仍然拒绝支付工程欠款，建筑公司起诉至法院，要求开发公司支付工程欠款900万元及违约金。开发公司随后反诉，称因工程质量缺陷未修复，请求减少支付工程款300万元。

2. 问题

（1）该大厦未经竣工验收开发公司提前使用，该工程的质量责任应如何划分？

（2）建筑公司要求开发公司支付工程欠款及违约金时，是否还可以主张停工损失？停工损失包括哪些具体内容？

7.4 建设工程保修制度

《建筑法》《建设工程质量管理条例》均规定，建设工程实行质量保修制度。

建设工程质量保修制度，是指建设工程竣工经验收后，在规定的保修期限内，因勘察、设计、施工、材料等原因造成的质量缺陷，应当由施工承包单位负责维修、返工或更换，由责任单位负责赔偿损失的法律制度。建设工程质量保修制度在促进建设各方加强质量管理，保护用户及消费者的合法权益等方面起到重要的保障作用。

7.4.1 建设工程质量保修的内涵

建设工程承包单位在向建设单位提交竣工验收报告时，应该向建设单位出具质量保证书。质量保证书中应该明确建设工程的保修范围、保修期限和保修责任等。

根据《建设工程质量管理条例》第十六条的规定，"有施工单位签署的工程质量保修书"是建设工程竣工验收应具备的条件之一。工程质量保修书也是一种合同，是发承包双方就保修范围、保修期限和保修责任等设立权利义务的协议，集中体现了承包单位对发包单位的工程质量保修承诺。

7.4.2 建设工程质量保修期的规定

《建设工程质量管理条例》规定了建设工程保修期，是指"在正常使用条件下，建设工程的最低保修期限"。

（1）建设工程质量的最低保修期限

《建设工程质量管理条例》规定，在正常使用条件下，建设工程的最低保修期限为：①基础设施工程、房屋建筑的地基基础工程和主体结构工程，为设计文件规定的该工程的合理使用年限；②屋面防水工程、有防水要求的卫生间、房间和外墙面的防渗漏，为 5 年；③供热与供冷系统，为 2 个采暖期、供冷期；④电气管线、给排水管道、设备安装和装修工程，为 2 年。其他项目的保修期限由发包方与承包方约定。

建设工程保修期的起始日是竣工验收合格之日。对于重新组织竣工验收的工程，其保修期为各方都认可的重新组织竣工验收的日期。

（2）建设工程超过合理使用年限后需要继续使用的规定

《建设工程质量管理条例》规定，建设工程在超过合理使用年限后需要继续使用的，产权所有人应当委托具有相应资质等级的勘察、设计单位鉴定，并根据鉴定结果采取加固、维修等措施，重新界定使用期。

应该讲，各类工程根据其重要程度、结构类型、质量要求和使用性能等所确定的使用年限是不同的。确定建设工程的合理使用年限，并不意味着超过合理使用年限后，建设工程就一定要报废、拆除。经过具有相应资质等级的勘察、设计单位鉴定，制订技术加固措施，在设计文件中重新界定使用期，并经有相应资质等级的施工单位进行加固、维修和补强，该建设工程能达到继续使用条件的就可以继续使用。但是，如果不经鉴定、加固等而违法继续使用的，所产生的后果由产权所有人自负。

 随堂小练

建设单位和施工企业经过平等协商确定某屋面防水工程的保修期限为 3 年，工程竣工验收合格移交使用后的第 4 年屋面出现渗漏，则承担该工程维修责任的是（　　）。

　　A．施工企业　　　　　　B．建设单位
　　C．使用单位　　　　　　D．建设单位和施工企业协商确定

7.4.3 建设工程保修的责任认定

《建设工程质量管理条例》规定，建设工程在保修范围和保修期限内发生质量问题的，施工单位应当履行保修义务，并对造成的损失承担赔偿责任。因使用不当或者第三方造成的质量缺陷，以及不可抗力造成的质量缺陷，不属于法律规定的保修范围。

7.4.3.1 保修义务的责任落实与损失赔偿责任的承担

《最高人民法院关于审理建设工程施工合同纠纷案件适用法律问题的解释》规定，因保修人未及时履行保修义务，导致建筑物毁损或者造成人身损害、财产损失的，保修人应当承担赔偿责任。保修人与建筑物所有人或者发包人对建筑物毁损均有过错的，各自承担相应的责任。

建设工程保修的质量问题是指在保修范围和保修期限内的质量问题。保修费用由质量缺陷的责任方来承担，具体规则如下：

① 施工单位未按照国家有关标准规范和设计要求施工所造成的质量缺陷，由施工单位负责返修并承担经济责任。

② 由于设计问题造成的质量缺陷，先由施工单位负责维修，其经济责任按有关规定通过建设单位向设计单位索赔。

③ 因建筑材料、构配件和设备质量不合格引起的质量缺陷，先由施工单位负责维修，其经济责任属于施工单位采购的或经其验收同意的，由施工单位承担经济责任；属于建设单位采购的，由建设单位承担经济责任。

④ 因建设单位（含监理单位）错误管理而造成的质量缺陷，先由施工单位负责维修，其经济责任由建设单位承担；如属监理单位责任，则由建设单位向监理单位索赔。

⑤ 因使用单位使用不当造成的损坏问题，先由施工单位负责维修，其经济责任由使用单位自行负责。

⑥ 因地震、台风、洪水等自然灾害或其他不可抗拒原因造成的损坏问题，先由施工单位负责维修，建设参与各方再根据国家具体政策分担经济责任。

 随堂小练

下列情形中，属于保修范围的有（　　）。
A. 将住宅屋顶改为菜地，致使屋面渗漏　　B. 因预埋件松动造成设备损坏
C. 因地震造成主体结构倾斜　　D. 因他人纵火烧毁装修工程

7.4.3.2 建设工程质量保证金

《建设工程质量保证金管理暂行办法》规定，建设工程质量保证金（以下简称保证金）是指发包人与承包人在建设工程承包合同中约定，从应付的工程款中预留，用以保证承包人在缺陷责任期内对建设工程出现的缺陷进行维修的资金。

（1）缺陷责任期的确定

所谓缺陷，是指建设工程质量不符合工程建设强制性标准、设计文件，以及承包合同的约定。缺陷责任期一般为1年，最长不超过2年，由发、承包双方在合同中约定。

缺陷责任期从工程通过竣工验收之日起计。由于承包人原因导致工程无法按规定期限进行

竣工验收的，缺陷责任期从实际通过竣工验收之日起计。由于发包人原因导致工程无法按规定期限进行竣工验收的，在承包人提交竣工验收报告 90 天后，工程自动进入缺陷责任期。

缺陷责任期内，由承包人原因造成的缺陷，承包人应负责维修，并承担鉴定及维修费用。如承包人不维修也不承担费用，发包人可按合同约定扣除保证金，由承包人承担违约责任。承包人维修并承担相应费用后，不免除对工程的一般损失赔偿责任。由他人原因造成的缺陷，发包人负责组织维修，承包人不承担费用，且发包人不得从保证金中扣除费用。

（2）预留保证金的比例

发包人应按照合同约定方式预留保证金，保证金总预留比例不得高于工程价款结算总额的 3%。合同约定由承包人以银行保函替代预留保证金的，保函金额不得高于工程价款结算总额的 3%。

（3）质量保证金的返还

缺陷责任期内，承包人认真履行合同约定的责任，到期后，承包人向发包人申请返还保证金。发包人在接到承包人返还保证金申请后，应于 14 天内会同承包人按照合同约定的内容进行核实。如无异议，发包人应当按照约定将保证金返还给承包人，逾期支付的，从逾期之日起，按照同期银行贷款利率计付利息，并承担违约责任。发包人在接到承包人返还保证金申请后 14 天内不予答复，经催告后 14 天内仍不予答复，视同认可承包人的返还保证金申请。

发包人和承包人对保证金预留、返还以及工程维修质量、费用有争议，按承包合同约定的争议和纠纷解决程序处理。

 思考题

1. 推荐性国家标准和强制性国家标准命名有何区别？请举例说明。
2. 建设工程五方责任主体项目负责人质量终身责任是指什么？
3. 什么是见证取样？对哪些部分见证取样？
4. 简述建筑工程质量返修以及保修的区别。
5. 建筑工程竣工应当具备什么条件才可以验收？
6. 阐述缺陷责任期和质量保修期的区别。

 实战题

某工厂在同一厂区建设第二个大型厂房时，为了节省投资，决定不做勘察，便将两年前的大型厂房勘察成果提供给设计院作为设计依据，让其设计新厂房。设计院不同意，但是，在该工厂的一再坚持下最终设计院妥协，答应使用旧的勘察成果。厂房建成后使用一年多就发现其北墙墙体多处开裂。该工厂一纸诉状将施工单位告上法庭，请求判定施工单位承担工程质量责任。

问题：

（1）本案中的质量责任应当如何划分？

（2）工程中设计方是否有过错？违反了什么规定？

第 8 章
建设工程施工现场管理规定

 导言

工程建设项目具有周期长、规模大、施工人员以及现场施工环境复杂多变的特点，并且在建设项目的过程中容易造成环境污染和资源浪费。因此，在"碳中和""碳达峰"❶以及"十四五"规划目标❷下，工程建设相关人员，必须增强法律意识和法治观念，在施工中运用绿色思想，推行绿色施工，对现场文明施工进行管理以及对施工现场环境污染进行防治，努力实现环境效益、社会效益以及经济效益三者的完美统一，推动建筑业可持续发展，为建设节约型、环境友好型社会做出应有的贡献。

 引例

2018 年 7 月，由某公司组织施工的建设工地在清理电梯井内水平防护网上建筑垃圾时发生一起高处坠落事故，造成 1 人死亡，直接经济损失 109.5 万元。

据有关部门核查，造成此事故的直接原因是：①该公司在浇筑电梯井剪力墙混凝土时泵压泵管控制不当，导致部分混凝土漏浆到电梯井道水平防护网上堆积严重，再加上人的体重以及前面电锤凿击的振动，搭设的水平支撑钢管使用时间又过长，下雨和养护混凝土的水经常洒落到钢管上，造成钢管锈蚀变形，致使水平防护处于脆弱平衡状态，形成了重大生产安全事故隐患；②作业人员安全意识淡薄，不遵守安全操作规程，不系安全带就直接进入电梯井水平防护网上使用风镐破除混凝土等建筑垃圾，致使水平防护超载而失稳倾塌引发高处坠落事故。

间接原因是：①某公司未切实落实企业安全生产主体责任，相关安全管理制度不落实，违反《安全生产法》和《建设工程安全生产管理条例》规定，未健全和落实安全生产责任制和项目安全生产规章制度，对项目经理履职情况管理不严、督促不力，项目部对施工现场管理不严，未及时发现和制止工人在未采取安全防护措施的情况下在非操作平台上进行高处作业的违法行为；②施工现场安全生产、文明施工管理混乱，违反《建筑施工高处作业安全技术规范》；③生产经营单位的安全生产管理机构以及安全生产管理人员违反《安全生产法》规定，未及时检查本单位的安全生产工作，消除生产安全事故隐患。

结合上述案例，谈谈对现场施工管理、文明施工、标准工地建设的认识。

---

❶ **推荐阅读：** 习近平. 在第七十五届联合国大会一般性辩论上的讲话 [J]. 中华人民共和国国务院公报, 2020（28）: 5-7.
❷ **推荐阅读：** 国务院印发《"十四五"数字经济发展规划》[J]. 新理财, 2022（Z1）: 8-11.

学习目标

通过本章的学习,明确绿色施工是实现建筑业可持续发展的必然要求,是确保实现人类社会可持续发展的重要举措。掌握基本施工现场文明施工管理的规定,了解关于施工现场污染认定及其防治的知识。根据国家的法律法规和相关的标准规范,明确绿色施工、文明施工以及环境保护的重要性,并对"双碳"目标下的工程建设发展新方向进行展望,为实现经济、社会和环境效益相统一,建设可持续发展社会贡献力量。

掌握:绿色建筑的概念及绿色建筑评价标准;绿色施工管理的要点以及现场卫生防疫管理;施工现场文明施工管理规定;施工现场环境污染防治;"双碳"目标下的工程建设发展方向。

8.1 绿色建筑及绿色施工管理规定

绿色建筑是建筑业"十四五"规划的重点发展方向,全面发展绿色建筑是实现"碳达峰""碳中和"目标的重要一环。因而,国家以及相关部门制定发布了《绿色施工导则》、《建筑工程绿色施工评价标准》(GB/T 50640—2010)以及《建筑工程绿色施工规范》(GB/T 50905—2014),运用法律手段,保证科学、合理地指导和实施绿色施工,规范了建筑工程绿色施工的标准。

8.1.1 绿色建筑评价标准

为贯彻落实资源节约标准的要求,相关单位总结了近年来我国绿色建筑方面的实践经验和研究成果,并借鉴国际先进经验制定了一套多目标、多层次、系统化的绿色建筑综合评价标准。

8.1.1.1 绿色建筑的概念

根据国家标准《绿色建筑评价标准》(GB/T 50378—2019)所给的定义,绿色建筑是指在全寿命期内,节约资源、保护环境、减少污染,为人们提供健康、适用、高效的使用空间,最大限度地实现人与自然和谐共生的高质量建筑。绿色建筑应当包括以下三个内涵。

全球绿色建筑经典案例

(1) 节约环保

节约环保就是要求人们在构建和使用建筑物的全过程中,最大限度节约资源(节能、节地、节水、节材)、保护环境、呵护生态和减少污染,将人类构建和使用建筑物时所造成的对地球资源与环境的负荷和影响降到最低限度和生态的再造能力范围之内。

(2) 健康舒适

创造健康和舒适的生活与工作环境是人们构建和使用建筑物的基本要求之一。

(3) 自然和谐

自然和谐就是要求人们在构建和使用建筑物的全过程中,亲近、关爱与呵护人与建筑物所处的自然生态环境,将认识世界、适应世界、关爱世界和改造世界与自然统一起来,做到人、建筑与自然和谐共生。只有这样,才能兼顾与协调经济效益、社会效益和环境效益;才能实现国民经济、人类社会和生态环境又好又快地可持续发展。

绿色施工是指工程建设过程中，在保证质量、安全等基本要求的前提下，通过科学管理和技术进步，最大限度地节约资源，减少对环境负面影响，实现节能、节材、节水、节地和环境保护（"四节一环保"）的建筑工程施工活动。

8.1.1.2 绿色建筑的评价标准

绿色建筑评价应以单栋建筑或建筑群为评价对象。评价对象应落实并深化上位法定规划及相关专项规划提出的绿色发展要求；涉及系统性、整体性的指标，应基于建筑所属工程项目的总体进行评价。

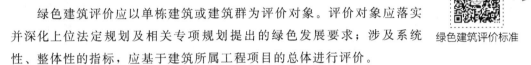

绿色建筑评价标准

绿色建筑评价应在建设工程竣工后进行。

在建筑工程施工图设计完成后，可进行预评价。

申请评价方应进行建筑全寿命期技术和经济分析。选用适宜技术、设备和材料，对规划、设计、施工、运行阶段进行全过程控制，并应在评价时提交相应分析、测试报告和相关文件。申请评价方应对提交资料的真实性和完整性负责。

（1）绿色建筑评价

绿色建筑评价应遵循因地制宜的原则，结合建筑所在地域的气候、环境、资源、经济和文化等特点，对建筑全寿命期内的安全耐久、健康舒适、生活便利、资源节约、环境宜居 5 类指标等性能进行综合评价。上述 5 类指标均包括控制项和评分项；评价指标体系还统一设置加分项。控制项的评定结果应为达标或不达标；评分项和加分项的评定结果应为分值。绿色建筑评价的分值设定应符合表 8-1 的规定。

表 8-1 绿色建筑评价分值

项目	控制项基础分值	评价指标评分项满分值					提高与创新加分项满分值
		安全耐久	健康舒适	生活便利	资源节约	环境宜居	
预评价分值	400	100	100	70	200	100	100
评价分值	400	100	100	100	200	100	100

绿色建筑评价的总得分应按下式进行计算：

$$Q=(Q_0+Q_1+Q_2+Q_3+Q_4+Q_5+Q_A)/10$$

式中　Q——总得分；

Q_0——控制项基础分值，当满足所有控制项的要求时取 400 分；

$Q_1\sim Q_5$——评价指标体系 5 类指标（安全耐久、健康舒适、生活便利、资源节约、环境宜居）评分项得分；

Q_A——提高与创新加分项得分。

（2）绿色建筑等级划分

绿色建筑划分为基本级、一星级、二星级、三星级 4 个等级。当满足全部控制项要求时，绿色建筑等级应为基本级。

绿色建筑等级应按下列规定确定：

① 一星级、二星级、三星级 3 个等级的绿色建筑均应满足相关标准全部控制项的要求，

且每类指标的评分项得分不应小于其评分项满分值的30%。

② 一星级、二星级、三星级3个等级的绿色建筑均应进行全装修。全装修工程质量、选用材料及产品质量应符合国家现行有关标准的规定。

③ 当总得分分别达到60分、70分、85分且应满足"一星级、二星级、三星级绿色建筑的技术要求"时，绿色建筑等级分别为一星级、二星级、三星级。

随堂小练

1. 我国绿色建筑设计标识分为一星、二星、三星和（　　）。
   A. 基本级　　　　B. 四星　　　　C. 五星　　　　D. 六星
2. 绿色建筑的"绿色"应该贯穿于建筑物（　　）过程。
   A. 全寿命周期　　B. 原料的开采　　C. 拆除　　　　D. 建设

8.1.2　绿色施工管理要点

绿色施工管理的目的在于促进人类社会生活与环境和谐有序发展。实施绿色施工，应根据国家的法律法规和相关的标准规范，努力实现环境效益、社会效益以及经济效益三者的完美统一。在施工过程中贯彻绿色施工的思想，推动建筑业可持续发展，为建设节约型、环境友好型社会做出应有的贡献。

8.1.2.1　绿色施工的组织与管理

现阶段大部分工程建设项目存在周期长、规模大、施工人员以及现场施工环境复杂多变的特点。为了更好地践行可持续发展思想，实施绿色施工，需要众多单位之间充分协调与配合。

（1）建设单位职责

在编制工程概算和招标文件时，应明确绿色施工的要求，并提供包括场地、环境、工期、资金等方面的条件保障。

应向施工单位提供建设工程绿色施工的设计文件、产品要求等相关资料，保证资料的真实性和完整性；应建立工程项目绿色施工的协调机制。

（2）设计单位职责

应按国家现行有关标准和建设单位的要求进行工程的绿色设计；应协助、支持、配合施工单位做好建筑工程绿色施工的有关设计工作。

（3）监理单位职责

应对建筑工程绿色施工承担监理责任；应审查绿色施工组织设计、绿色施工方案或绿色施工专项方案，并在实施过程中做好监督检查工作。

（4）施工单位职责

施工单位是建筑工程绿色施工的实施主体，应保障绿色施工的全面实施。

实行总承包管理的建设工程，总承包单位应对绿色施工负总责；总承包单位应对专业承包单位的绿色施工实施管理，专业承包单位应对工程承包范围内的绿色施工负责。

施工单位应建立以项目经理为第一责任人的绿色施工管理体系，制定绿色施工管理制度，负责绿色施工的组织实施，进行绿色施工教育培训，定期开展自检、联检和评价工作。

绿色施工组织设计、绿色施工方案或绿色施工专项方案编制前，应进行绿色施工影响因素分析，并据此制定实施对策和绿色施工评价方案等。

8.1.2.2 环境保护技术要点

美丽中国基本建成是基本实现社会主义现代化的重要标志之一，也是"十四五"乃至更长时期谋划生态文明建设和生态环境保护的远景目标。❶ 施工现场环境保护，是建设美丽中国战略的重要一环。施工现场环境作为企业对外的"窗口"，直接关系到企业和城市的文明形象。因此，对施工现场的环境进行保护刻不容缓。

① 施工现场必须建立环境保护、环境卫生管理和检查制度，并应做好检查记录。对施工现场作业人员的教育培训、考核应包括环境保护、环境卫生等有关法律、法规的内容。

② 在城市市区范围内从事建筑工程施工项目必须在工程开工 15 日以前向工程所在地县级以上地方人民政府环境保护管理部门申报登记。

③ 施工期间应遵照《建筑施工场界环境噪声排放标准》（GB 12523—2011）制定降噪措施。确需夜间施工的，应办理夜间施工许可证明，并公告附近社区居民。

④ 尽量避免或减少施工过程中的光污染。夜间室外照明灯应加设灯罩，透光方向集中在施工范围。电焊作业采取遮挡措施，避免电焊弧光外泄。

⑤ 施工现场污水排放要与所在地县级以上人民政府市政管理部门签署污水排放许可协议，申领《临时排水许可证》。雨水排入市政雨水管网，污水经沉淀处理后二次使用或排入市政污水管网。施工现场泥浆、污水未经处理不得直接排入城市排水设施和河流、湖泊、池塘。

⑥ 施工现场存放化学品等有毒材料、油料，必须对库房进行防渗漏处理，储存和使用都要采取措施，防止渗漏污染土壤水体。施工现场设置的食堂，用餐人数在 100 人以上的应设置简易有效的隔油池，加强管理，专人负责定期掏油。

⑦ 施工现场产生的固体废弃物应在所在地县级以上地方人民政府环卫部门申报登记，分类存放。建筑垃圾和生活垃圾应与所在地垃圾消纳中心签署环保协议，及时清运处置。有毒有害废弃物应运送到专门的有毒有害废弃物中心消纳。

⑧ 施工现场的主要道路必须进行硬化处理，土方应集中堆放。裸露的场地和集中堆放的土方应采取覆盖、固化或绿化等措施。施工现场土方作业应采取防止扬尘措施。

⑨ 拆除建筑物、构筑物时，应采用隔离、洒水等措施，并应在规定期限内将废弃物清理完毕。建筑物内施工垃圾的清运，必须采用相应的容器或管道运输，严禁凌空抛掷。

⑩ 施工现场使用的水泥和其他易飞扬的细颗粒建筑材料应密闭存放或采取覆盖等措施。混凝土搅拌场所应采取封闭、降尘措施。

⑪ 除有符合规定的装置外，施工现场内严禁焚烧各类废弃物。禁止将有毒有害废弃物作土方回填。

⑫ 在居民和单位密集区域进行爆破、打桩等施工作业前，项目经理部除按规定报告申请批准外，还应将作业计划、影响范围、程度及有关措施等情况向有关的居民和单位通报说明，取得协作和配合；对施工机械的噪声与振动扰民，应有相应的措施予以控制。

---

❶ **推荐阅读**：黄娟. 建设生态文明 打造美丽中国 [J]. 人民论坛，2018（06）：58-59.

⑬ 经过施工现场的地下管线应当由发包人在施工前通知承包人标出位置，加以保护。

⑭ 施工时发现文物、古迹、爆炸物、电缆等，应当停止施工，保护好现场，及时向有关部门报告，按照有关规定处理后方可继续施工。

⑮ 施工中需要停水、停电、封路而影响环境时，必须经有关部门批准，事先告示，并设有标志。

8.1.2.3 节材与材料资源利用技术要点

建筑业不仅消耗大量的自然资源和能源，而且在拆除、装修、改造、新建中还产生大量的建筑垃圾。因此，建筑节材是发展"节能、节水、节材、节地和环保"型建筑的重要一环，是材料资源合理利用的重要手段，是建筑业可持续发展的必然道路，也是落实党中央、国务院发展循环经济、建设节约型社会战略决策的具体措施。

① 审核节材与材料资源利用的相关内容，降低材料损耗率；合理安排材料的采购、进场时间和批次，减少库存；应就地取材，装卸方法得当，防止损坏和遗撒；避免和减少二次搬运。

② 推广使用商品混凝土和预拌砂浆、高强钢筋和高性能混凝土，减少资源消耗。推广钢筋专业化加工和配送。优化钢结构制作和安装方案，装饰贴面类材料在施工前，应进行总体排版策划，减少资源损耗，采用非木质的新材料或人造板材代替木质板材。

③ 门窗、屋面、外墙等围护结构选用耐候性及耐久性良好的材料。施工确保密封性、防水性和保温隔热性，并减少材料浪费。

④ 应选用耐用、维护与拆卸方便的周转材料和机具。模板应以节约自然资源为原则，推广采用外墙保温板替代混凝土施工模板的技术。

⑤ 现场办公和生活用房采用周转式活动房。现场围挡应最大限度地利用已有旧墙，或采用装配式可重复使用围挡封闭，力争工地临建房、临时围挡材料的可重复使用率达到70%。

8.1.2.4 节水与水资源利用的技术要点

水资源短缺和水环境污染，不仅会困扰国计民生，而且会成为制约社会经济可持续发展的重要因素。节约用水已成为我国的基本国策。建筑节水对于建设节水型社会具有重要的作用，因此，企业必须积极地采取节水措施。

① 施工中采用先进的节水施工工艺。

② 现场搅拌用水、养护用水应采取有效的节水措施，严禁无措施浇水养护混凝土。现场机具、设备、车辆冲洗用水必须设置循环用水装置。

③ 项目临时用水应使用节水型产品，对生活用水与工程用水确定用水定额指标，并分别计量管理。

④ 现场机具、设备、车辆冲洗、喷洒路面、绿化浇灌等用水优先采用非传统水源，尽量不使用市政自来水；力争施工中非传统水源和循环水的再利用量大于30%。

⑤ 保护地下水环境。采用隔水性能好的边坡支护技术。在缺水地区或地下水位持续下降的地区，基坑降水尽可能少地抽取地下水；当基坑开挖抽水量大于50万立方米时，应进行地下水回灌，并避免地下水被污染。

8.1.2.5 节能与能源利用的技术要点

如何降低建筑业的能耗量，实现"碳达峰""碳中和"目标，成为建筑企业关注的热点话题。

① 制定合理施工能耗指标，提高施工能源利用率。根据施工场地当地气候和自然资源条件，充分利用太阳能、地热等可再生能源。

② 优先使用国家、行业推荐的节能、高效、环保的施工设备和机具。合理安排工序，提高各种机械的使用率和满载率。降低各种设备的单位耗能。优先考虑耗用电能的或其他能耗较少的施工工艺。

③ 临时设施宜采用节能材料，墙体、屋面使用隔热性能好的材料，减少夏天空调、冬天取暖设备的使用时间及耗能量。

④ 临时用电优先选用节能电线和节能灯具。照明设计以满足最低照度为原则，照度不应超过最低照度的20%。合理配置采暖设备、空调、风扇数量，规定使用时间，实行分段分时使用，节约用电。

⑤ 施工现场分别设定生产、生活、办公和施工设备的用电控制指标，定期进行计量、核算、对比分析，并有预防与纠正措施。

8.1.2.6 节地与施工用地保护的技术要点

在建设过程中要贯彻"建筑节地"理念，合理确定建设工程用地规模。

① 临时设施的占地面积应按用地指标所需的最低面积设计。要求平面布置合理、紧凑，在满足环境、职业健康与安全及文明施工要求的前提下尽可能减少废弃地和死角。临时设施占地面积有效利用率大于90%。

② 应对深基坑施工方案进行优化，减少土方开挖和回填量，最大限度地减少对土地的扰动，保护周边自然生态环境。

③ 红线外临时占地应尽量使用荒地、废地，少占用农田和耕地。利用和保护施工用地范围内原有的绿色植被。

④ 施工总平面布置应做到科学、合理，充分利用原有建筑物、构筑物、道路、管线为施工服务。

⑤ 施工现场道路按照永久道路和临时道路相结合的原则布置。施工现场内形成环形通路，减少道路占用土地。

8.1.2.7 发展绿色施工的新技术、新设备、新材料与新工艺

社会对环境保护和能源节约的话题广泛关注，尤其在建筑工程施工中对周边环境造成的影响是大家可直观感受到的。因此，在建筑行业中推行可持续发展战略，在建筑的全寿命周期内进行全面策划，做好绿色建筑设计、实行绿色施工示范工程引领、做好运维管理和监测等。按照目前的绿色施工标准，在施工中积极采用新技术、新设备、新工艺以及通过创新做法和信息化管理手段可以达到更好的效果。

① 施工方案应建立推广、限制、淘汰公布制度和管理办法。发展适合绿色施工的资源利用与环境保护技术，对落后的施工方案进行限制或淘汰，鼓励绿色施工技术的发展，推动绿色施工技术的创新。

② 大力发展现场监测技术、低噪声的施工技术、现场环境参数检测技术、自密实混凝土施工技术、清水混凝土施工技术、建筑固体废弃物再生产品在墙体材料中的应用技术、新型模板及脚手架技术等的研究与应用。

③ 加强信息技术应用，如绿色施工的虚拟现实技术，三维建筑模型的工程量自动统计，绿色施工组织设计数据库建立与应用系统，数字化工地，基于电子商务的建筑工程材料、设备与物流管理系统等。通过应用信息技术，进行精密规划、设计、精心建造和优化集成，实现与提高绿色施工的各项指标。

8.1.3 施工现场卫生及防疫管理

建筑工地的人员流动量大，人员情况复杂。施工企业应加强现场的卫生与防疫工作，改善作业人员的工作环境与生活条件，预防施工过程中作业人员各类疾病的发生，保障作业人员的身体健康和生命安全。

施工现场及防疫管理具体要求

8.2 施工现场文明施工管理规定

建筑工程施工现场是企业对外的"窗口"，直接关系到企业和城市的文明与形象。施工现场应当实现科学管理，安全生产，文明有序施工。

8.2.1 现场文明施工的内容和要求

文明施工是指保持施工场地整洁、卫生，施工组织科学，施工程序合理的一种施工活动。一个工地的文明施工水平是该工地乃至所在企业各项管理工作水平的综合体现。由于文明施工涵盖内容比较广泛，不仅要着重做好现场的场容管理工作，而且还要相应做好现场材料、设备、安全、技术、保卫、消防和生活卫生等方面的管理工作。

(1) 现场文明施工管理的主要内容
① 抓好项目文化建设；
② 规范场容，保持作业环境整洁卫生；
③ 创造文明有序安全生产的条件；
④ 减少对居民和环境的不利影响。

(2) 现场文明施工管理的基本要求
① 建筑工程施工现场应当做到围挡、大门、标牌标准化；材料码放整齐化（按照平面布置图确定的位置集中码放）；安全设施规范化；生活设施整洁化；职工行为文明化；工作生活秩序化。
② 建筑工程施工要做到工完场清、施工不扰民、现场不扬尘、运输无遗撒、垃圾不乱弃，努力营造良好的施工作业环境。

8.2.2 现场文明施工的控制要点

施工现场是人流、物流、信息流的汇聚地，是施工管理的重点和难点，也是施工企业管理的核心内容。加强施工现场管理对于促进文明施工管理有着必要性、重要性及紧迫性，推动施工现场文明施工，是施工企业管理的客观要求和重要内容。

① 施工现场出入口应标有企业名称或企业标识，主要出入口明显处应设置工程概况牌，

大门内应设置施工现场总平面图和安全生产、消防保卫、环境保护、文明施工和管理人员名单及监督电话牌等制度牌。

② 施工现场必须实施封闭管理，现场出入口应设门卫室，场地四周必须采用封闭围挡，围挡要坚固、整洁、美观，并沿场地四周连续设置。一般路段的围挡高度不得低于1.8m，市区主要路段的围挡高度不得低于2.5m。

③ 施工现场的场容管理应建立在施工平面图设计的合理安排和物料器具定位管理标准化的基础上，项目经理部应根据施工条件，按照施工总平面图、施工方案和施工进度计划的要求，进行所负责区域的施工平面图的规划、设计、布置、使用和管理。

④ 施工现场的主要机械设备、脚手架、密目式安全网、围挡、模具、施工临时道路、各种管线、施工材料制品堆场及仓库、土方及建筑垃圾堆放区、变配电间、消火栓、警卫室，以及办公、生产和临时设施等的布置，均应符合施工平面图的要求。

⑤ 施工现场的施工区域应与办公区、生活区划分清晰，并应采取相应的隔离防护措施。施工现场的临时用房应选址合理，并应符合安全、消防要求和国家有关规定。在建工程内严禁住人。

⑥ 施工现场应设置办公室、宿舍、食堂、厕所、淋浴间、开水房、文体活动室、密闭式垃圾站（或容器）及盥洗设施等临时设施，临时设施所用建筑材料应符合环保、消防要求。

⑦ 施工现场应设置畅通的排水沟渠系统，保持场地道路的干燥坚实，泥浆和污水未经处理不得直接排放。施工场地应硬化处理，有条件时，可对施工现场进行绿化布置。

⑧ 施工现场应建立现场防火制度和火灾应急响应机制，落实防火措施，配备防火器材。明火作业应严格执行动火审批手续和动火监护制度。高层建筑要设置专用的消防水源和消防立管，每层留设消防水源接口。

⑨ 施工现场应设宣传栏、报刊栏，悬挂安全标语和安全警示标志牌，加强安全文明施工宣传。

⑩ 施工现场应加强治安综合治理和社区服务工作，建立现场治安保卫制度，落实好治安防范措施，避免失盗事件和扰民事件的发生。

8.2.3 职业病的防范

建筑行业作为国民经济发展的支柱性产业，在保持社会稳定上发挥重要作用。但与建筑工程相关的职业一直属于高危职业，受到工作环境、施工人员等多方面因素的影响，容易出现职业病。

8.2.3.1 建筑工程施工主要职业危害种类

一个施工现场往往同时存在多种职业病危害因素，不同施工过程存在不同的职业病危害因素。建筑施工工程类型多，建筑施工地点复杂，作业方式多样，施工工程和施工地点多样化，因此建筑行业职业病危害防护难度大，可能造成危害的因素有：①粉尘危害；②噪声危害；③高温危害；④振动危害；⑤密闭空间危害；⑥化学毒物危害；⑦其他因素危害。

8.2.3.2 建筑工程施工易发的职业病类型

建筑施工行业点多面广，存在的职业病危害因素种类多且复杂，几乎涵盖所有类型的职业病危害因素。根据对房建施工、基础设施项目施工等多领域现场调查研究，归纳出现有的施工现场存在的职业病类型。

① 肺尘埃沉着病。例如：碎石设备作业、爆破作业；水泥搬运、投料、拌合；手工电弧焊、气焊作业。

② 锰及其化合物中毒。例如：手工电弧焊作业。

③ 氮氧化物中毒。例如：手工电弧焊、电渣焊、气割、气焊作业。

④ 一氧化碳中毒。例如：手工电弧焊、电渣焊、气割、气焊作业。

⑤ 苯中毒。例如：油漆作业、防腐作业。

⑥ 甲苯中毒。例如：油漆作业、防水作业、防腐作业。

⑦ 二甲苯中毒。例如：油漆作业、防水作业、防腐作业。

⑧ 中暑。例如：高温作业。

⑨ 手臂振动病。例如：操作混凝土振动棒、风镐作业。

⑩ 接触性皮炎。例如：混凝土搅拌机械作业、油漆作业、防腐作业。

⑪ 电光性皮炎。例如：手工电弧焊、电渣焊、气割作业。

⑫ 电光性眼炎。例如：手工电弧焊、电渣焊、气割作业。

⑬ 噪声致聋。例如：木工圆锯、平刨操作，无齿锯切割作业，卷扬机操作，混凝土振捣作业。

⑭ 苯致白血病。例如：油漆作业、防腐作业。

8.2.3.3 职业病的预防

为了预防、控制和消除职业病危害，防治职业病，保护劳动者健康，根据《中华人民共和国职业病防治法》的规定，职业病防治工作坚持预防为主、防治结合的方针。实行分类管理、综合治理；建立、健全职业病防治责任制，加强对职业病防治的管理。

（1）工作场所的职业卫生防护与管理要求

① 危害因素的强度或者浓度符合国家职业卫生标准；

② 有与职业病危害防护相适应的设施；

③ 生产布局合理，符合有害与无害作业分开的原则；

④ 有配套的更衣间、洗浴间、孕妇休息间等卫生设施；

⑤ 设备、工具、用具等设施符合保护劳动者生理、心理健康的要求；

⑥ 法律、行政法规和国务院卫生行政部门关于保护劳动者健康的其他要求。

（2）生产过程中的职业卫生防护与管理要求

① 要建立健全职业病防治管理措施。

② 要采取有效的职业病防护设施。为劳动者提供个人使用的职业病防护用具、用品等。防护用具、用品等必须符合防治职业病的要求，不符合要求的，不得使用。

③ 应优先采用有利于防治职业病和保护劳动者健康的新技术、新工艺、新材料、新设备。不得使用国家明令禁止使用的可能产生职业病危害的设备或材料。

④ 应书面告知劳动者工作场所或工作岗位所产生或者可能产生的职业病危害因素、危害后果和应采取的职业病防护措施。

⑤ 应对劳动者进行上岗前的职业卫生培训和在岗期间的定期职业卫生培训。

⑥ 对从事接触职业病危害作业的劳动者，应当组织上岗前、在岗期间和离岗时的职业健

⑦ 不得安排未经上岗前职业健康检查的劳动者从事接触职业病危害的作业；不得安排有职业禁忌的劳动者从事其所禁忌的作业。

⑧ 不得安排未成年工从事接触职业病危害的作业；不得安排孕期、哺乳期的女职工从事对本人和胎儿、婴儿有危害的作业。

⑨ 用于预防和治理职业病危害、工作场所卫生检测、健康监护和职业卫生培训等的费用，应按照国家有关规定，在生产成本中据实列支、专款专用。

（3）劳动者享有的职业卫生保护权利

① 有获得职业卫生教育、培训的权利；

② 有获得职业健康检查、职业病诊疗、康复等职业病防治服务的权利；

③ 有了解工作场所产生或者可能产生的职业病危害因素、危害后果和应当采取的职业病防护措施的权利；

④ 有要求用人单位提供符合防治职业病要求的职业病防护设施和个人使用的职业病防护用具、用品，改善工作条件的权利；

⑤ 对违反职业病防治法律、法规以及危害生命健康的行为有提出批评、检举和控告的权利；

⑥ 有拒绝违章指挥和拒绝强令进行没有职业病防护措施作业的权利；

⑦ 参与用人单位职业卫生工作的民主管理，对职业病防治工作有提出意见和建议的权利。

 案例

试分析以下几个职业病案例的原因以及预防措施。

（1）陕西某村至2016年，被查出的100多个肺尘埃沉着病人中，已有30多人去世。起因是20世纪90年代后，部分村民自发前往矿区务工，长期接触粉尘却没有采取有效防护措施。医疗专家组在普查和义诊中发现，当地农民对于肺尘埃沉着病的危害及防治知识一无所知，得了病后认为"无法治疗"，很多患者只是苦熬，失去了最佳治疗时机。

（2）老魏是某大型装配式构件生产公司制造部的员工，从事铆焊已11年，其工作场所是大车间。近年来，老魏时常感觉耳膜痛，与同事、朋友日常交谈力不从心，听力明显下降。2021年7月，老魏前往疾控部门进行职业健康体检，专家调取了其近5年的体检资料，发现他的听力测试结果异常，但他没按医生建议定期复查，最终被诊断为职业性重度噪声聋。

（3）天津市某砖瓦厂的一名职工郝某在工作中中暑，造成神经器官受损，语言表达能力降低，生活自理能力下降；福建省仓山区某建筑工地一名40多岁的外来工阿明（化名）因在高温下露天作业导致重度中暑。

8.3 施工现场污染认定及其防治

随着城市化进程的推进，经济的迅速发展，建筑施工过程中的材料浪费、能源消耗、环境污染等问题日益严重。运用法律手段对施工现场污染进行管理，有利于保护和改善环境，防治污染和其他公害,为保障公众健康,推进生态文明建设,促进经济社会可持续发展贡献力量。

8.3.1 施工现场噪声污染及其防治

环境噪声,是指在工业生产、建筑施工、交通运输和社会生活中所产生的干扰周围生活环境的声音。环境噪声污染,则是指产生的环境噪声超过国家规定的环境噪声排放标准,并干扰他人正常生活、工作和学习的现象。

在工程建设领域,环境噪声污染的防治主要包括两个方面:一是施工现场环境噪声污染的防治;二是建设项目环境噪声污染的防治。前者主要是解决建设工程施工过程中产生的施工噪声污染问题,后者则是解决建设项目建成后使用过程中可能产生的环境噪声污染问题。

(1) 施工现场环境噪声污染的防治

施工噪声,是指在建设工程施工过程中产生的干扰周围生活环境的声音。施工噪声污染问题不仅影响周围居民的正常生活,而且损害城市的环境形象。因此,应当依法加强施工现场噪声管理,采取有效措施防治施工噪声污染。

① 排放建筑施工噪声应当符合建筑施工场界环境噪声排放标准。《中华人民共和国环境噪声污染防治法》(以下简称《环境噪声污染防治法》)是为了防治噪声污染,保障公众健康,保护和改善生活环境,维护社会和谐,推进生态文明建设,促进经济社会可持续发展而制定的法律。

《环境噪声污染防治法》规定的建筑施工噪声,是指在建筑施工过程中产生的干扰周围生活环境的声音。

所谓噪声排放,是指噪声源向周围生活环境辐射噪声。建筑施工场界,是指由有关主管部门批准的建筑施工场地边界或建筑施工过程中实际使用的施工场地边界。

《建筑施工场界环境噪声排放标准》规定,建筑施工过程中场界环境噪声不得超过规定的排放限值。建筑施工场界环境噪声排放限值,昼间70dB,夜间55dB。夜间噪声最大声级超过限值的幅度不得高于15dB。"昼间"是指6:00至22:00之间的时段;"夜间"是指22:00至次日6:00之间的时段。县级以上人民政府为环境噪声污染防治的需要(如考虑时差、作息习惯差异等)而对昼间、夜间的划分另有规定的,应按其规定执行。

② 使用机械设备可能产生环境噪声污染须申报的规定。《环境噪声污染防治法》规定,在城市市区范围内,建筑施工过程中使用机械设备,可能产生环境噪声污染的,施工单位必须在工程开工十五日以前向工程所在地县级以上地方人民政府生态环境主管部门申报该工程的项目名称、施工场所和期限、可能产生的环境噪声值以及所采取的环境噪声污染防治措施的情况。

③ 在噪声敏感区产生环境噪声污染施工作业的规定。在噪声敏感建筑物集中区域施工作业,建设单位应当按照国家规定,设置噪声自动监测系统,与监督管理部门联网,保存原始监测记录,对监测数据的真实性和准确性负责,应当优先使用低噪声施工工艺和设备。

在噪声敏感建筑物集中区域,禁止夜间进行产生噪声的建筑施工作业,但抢修、抢险施工作业,因生产工艺要求或者其他特殊需要必须连续施工作业的除外。

因特殊需要必须连续施工作业的,应当取得地方人民政府住房和城乡建设、生态环境主管部门或者地方人民政府指定的部门的证明,并在施工现场显著位置公示或者以其他方式公告附近居民。

所谓噪声敏感建筑物集中区域,是指医疗区、文教科研区和以机关或者居民住宅为主的区域。所谓噪声敏感建筑物，是指医院、学校、机关、科研单位、住宅等需要保持安静的建筑物。

④ 政府监管部门的现场检查。《环境噪声污染防治法》规定，县级以上人民政府生态环境主管部门和其他环境噪声污染防治工作的监督管理部门、机构，有权依据各自的职责对管辖范围内排放环境噪声的单位进行现场检查。被检查的单位必须如实反映情况，并提供必要的资料。检查部门、机构应当为被检查的单位保守技术秘密和业务秘密。检查人员进行现场检查，应当出示证件。

（2）建设项目环境噪声污染的防治

城市道桥、铁路（包括轻轨）、工业厂房等，其建成后的使用可能会对周围环境产生噪声污染。因此，建设单位必须在建设前期就规定环境噪声污染的防治措施，并在建设过程中同步建设环境噪声污染防治设施。

《环境噪声污染防治法》规定，新建、改建、扩建的建设项目，必须遵守国家有关建设项目环境保护管理的规定。

建设项目可能产生环境噪声污染的，建设单位必须提出环境影响报告书，规定环境噪声污染的防治措施，并按照国家规定的程序报生态环境主管部门批准。环境影响报告书中，应当有该建设项目所在地单位和居民的意见。

建设项目的环境噪声污染防治设施必须与主体工程同时设计、同时施工、同时投产使用。建设项目在投入生产或者使用之前，其环境噪声污染防治设施必须按照国家规定的标准和程序进行验收；达不到国家规定要求的，该建设项目不得投入生产或者使用。

（3）交通运输噪声污染的防治

建设工程施工有着大量的运输任务，还会产生交通运输噪声。所谓交通运输噪声，是指机动车、铁路机车车辆、城市轨道交通车辆、机动船舶、航空器等交通运输工具在运行时产生的干扰周围生活环境的声音。

《环境噪声污染防治法》规定，新建、改建、扩建经过噪声敏感建筑物集中区域的高速公路、城市高架、铁路和城市轨道交通线路等的，建设单位应当在可能造成噪声污染的重点路段设置声屏障或者采取其他减少振动、降低噪声的措施，符合有关交通基础设施工程技术规范以及标准要求。建设单位违反前款规定的，由县级以上人民政府指定的部门责令制定、实施治理方案。

（4）对产生环境噪声污染企业事业单位的规定

《环境噪声污染防治法》规定，产生环境噪声污染的企业事业单位，必须保持防治环境噪声污染的设施的正常使用；拆除或者闲置环境噪声污染防治设施的，必须事先报经所在地的县级以上地方人民政府生态环境主管部门批准。

产生环境噪声污染的单位，应当采取措施进行治理，并按照国家规定缴纳超标准排污费。征收的超标准排污费必须用于污染的防治，不得挪作他用。

对于在噪声敏感建筑物集中区域内造成严重环境噪声污染的企业事业单位，限期治理。被限期治理的单位必须按期完成治理任务。

8.3.2 施工现场大气污染及其防治

按照国际标准化组织（ISO）的定义，大气污染通常是指由于人类活动或自然过程引起某些物质进入大气中，呈现出足够的浓度，达到足够的时间，并因此危害了人体的舒适、健康和福利或环境污染的现象。如果不对大气污染物的排放总量加以控制和防治，将会破坏生态系统和人类生存条件。

在工程建设领域，对于大气污染的防治，包括建设项目和施工现场两大方面。

（1）施工现场大气污染的防治

《中华人民共和国大气污染防治法》（以下简称《大气污染防治法》）规定，企业事业单位和其他生产经营者应当采取有效措施，防止、减少大气污染，对所造成的损害依法承担责任。公民应当增强大气环境保护意识，采取低碳、节俭的生活方式，自觉履行大气环境保护义务。

① 严格落实企业事业单位大气污染管控责任。企业事业单位和其他生产经营者建设对大气环境有影响的项目，应当依法进行环境影响评价，公开环境影响评价文件；向大气排放污染物的，应当符合大气污染物排放标准，遵守重点大气污染物排放总量控制要求。

企业事业单位和其他生产经营者向大气排放污染物的，应当依照法律法规和国务院生态环境主管部门的规定设置大气污染物排放口。禁止通过偷排、篡改或者伪造监测数据、以逃避现场检查为目的的临时停产、非紧急情况下开启应急排放通道、不正常运行大气污染防治设施等逃避监管的方式排放大气污染物。

施工单位应当在施工工地设置硬质围挡，并采取覆盖、分段作业、择时施工、洒水抑尘、冲洗地面和车辆等有效防尘降尘措施。

② 积极采取施工工地防尘降尘措施。建筑土方、工程渣土、建筑垃圾应当及时清运；在场地内堆存的，应当采用密闭式防尘网遮盖。工程渣土、建筑垃圾应当进行资源化处理。

运输煤炭、垃圾、渣土、砂石、土方、灰浆等散装、流体物料的车辆应当采取密闭或者其他措施防止物料遗撒造成扬尘污染，并按照规定路线行驶。装卸物料应当采取密闭或者喷淋等方式防治扬尘污染。

政府应当加强道路、广场、停车场和其他公共场所的清扫保洁管理，推行清洁动力机械化清扫等低尘作业方式，防治扬尘污染。市政河道以及河道沿线、公共用地的裸露地面以及其他城镇裸露地面，有关部门应当按照规划组织实施绿化或者透水铺装。

储存煤炭、煤矸石、煤渣、煤灰、水泥、石灰、石膏、砂土等易产生扬尘的物料应当密闭；不能密闭的，应当设置不低于堆放物高度的严密围挡，并采取有效覆盖措施防治扬尘污染。码头、矿山、填埋场和消纳场应当实施分区作业，并采取有效措施防治扬尘污染。

住房和城乡建设部办公厅《关于进一步加强施工工地和道路扬尘管控工作的通知》（建办质〔2019〕23号）表明，要加强对施工工地的巡查抽查，督促建设单位和施工单位积极采取有效防尘降尘措施，提高文明施工和绿色施工水平。

建设单位的责任。建设单位应当将防治扬尘污染的费用列入工程造价，并在施工承包合同中明确施工单位扬尘污染防治责任。暂时不能开工的建设用地，建设单位应当对裸露地面进行覆盖；超过三个月的，应当进行绿化、铺装或者遮盖。

施工单位的责任。施工单位应当制定具体的施工扬尘污染防治实施方案。施工单位应当在施工工地公示扬尘污染防治措施、负责人、扬尘监督管理主管部门等信息。施工单位应当采取有效防尘降尘措施，减少施工作业过程扬尘污染，并做好扬尘污染防治工作。

监管部门的责任。根据当地人民政府确定的职责，地方各级住房和城乡建设主管部门及有关部门要严格施工扬尘监管，加强对施工工地的监督检查，发现建设单位和施工单位的违法违规行为，依照规定责令改正并处以罚款；拒不改正的，责令停工整治。根据当地人民政府重污染天气应急预案的要求，采取停止工地土石方作业和建筑物拆除施工的应急措施。

城市范围内主要路段的施工工地应设置高度不小于2.5m的封闭围挡，一般路段的施工工地应设置高度不小于1.8m的封闭围挡。施工工地的封闭围挡应坚固、稳定、整洁、美观。

施工现场的建筑材料、构件、料具应按总平面布局进行码放。在规定区域内的施工现场应使用预拌混凝土及预拌砂浆；采用现场搅拌混凝土或砂浆的场所应采取封闭、降尘、降噪措施；水泥和其他易飞扬的细颗粒建筑材料应密闭存放或采取覆盖等措施。

施工现场土方作业应采取防止扬尘措施，主要道路应定期清扫、洒水。拆除建筑物或构筑物时，应采用隔离、洒水等降噪、降尘措施，并应及时清理废弃物。施工进行切割等作业时，应采取有效防扬尘措施；灰土和无机料应采用预拌进场，碾压过程中应洒水降尘。

施工现场的主要道路及材料加工区地面应进行硬化处理，道路应畅通，路面应平整坚实。裸露的场地和堆放的土方应采取覆盖、固化或绿化等措施。施工现场出入口应设置车辆冲洗设施，并对驶出车辆进行清洗。

土方和建筑垃圾的运输应采用封闭式运输车辆或采取覆盖措施。建筑物内施工垃圾的清运应采用器具或管道运输，严禁随意抛掷。施工现场严禁焚烧各类废弃物。

鼓励施工工地安装在线监测和视频监控设备，并与当地有关主管部门联网。当环境空气质量指数达到中度及以上污染时，施工现场应增加洒水频次，加强覆盖措施，减少易造成大气污染的施工作业。

（2）建设项目大气污染的防治

《大气污染防治法》规定，新建、扩建、改建向大气排放污染物的项目，必须遵守国家有关建设项目环境保护管理的规定。

建设项目的环境影响报告书，必须对建设项目可能产生的大气污染和对生态环境的影响作出评价，规定防治措施，并按照规定的程序报生态环境主管部门审查批准。

建设项目投入生产或者使用之前，其大气污染防治设施必须经过生态环境主管部门验收，达不到国家有关建设项目环境保护管理规定的要求的建设项目，不得投入生产或者使用。

（3）对向大气排放污染物单位的监管

《大气污染防治法》规定，地方各级人民政府应当加强对建设施工和运输的管理，保持道路清洁，控制料堆和渣土堆放，扩大绿地、水面、湿地和地面铺装面积，防治扬尘污染。

从事房屋建筑、市政基础设施建设、河道整治以及建筑物拆除等施工单位，应当向负责监督管理扬尘污染防治的主管部门备案。企业事业单位和其他生产经营者在生产经营活动中产生恶臭气体的，应当科学选址，设置合理的防护距离，并安装净化装置或者采取其他措施，防止排放恶臭气体。

企业事业单位和其他生产经营者违反法律法规规定排放大气污染物，造成或者可能造成严重大气污染，或者有关证据可能灭失或者被隐匿的，县级以上人民政府生态环境主管部门和其他负有大气环境保护监督管理职责的部门，可以对有关设施、设备、物品采取查封、扣押等行政强制措施。

8.3.3 施工现场水污染及其防治

水污染，是指水体因某种物质的介入，而导致其化学、物理、生物或者放射性等方面特性的改变，从而影响水的有效利用，危害人体健康或者破坏生态环境，造成水质恶化的现象。水污染防治包括江河、湖泊、运河、渠道、水库等地表水体以及地下水体的污染防治。

《中华人民共和国水污染防治法》（以下简称《水污染防治法》）规定，水污染防治应当坚持预防为主、防治结合、综合治理的原则，优先保护饮用水水源，严格控制工业污染、城镇生活污染，防治农业面源污染，积极推进生态治理工程建设，预防、控制和减少水环境污染和生态破坏。

《水污染防治法》规定，排放水污染物，不得超过国家或者地方规定的水污染物排放标准和重点水污染物排放总量控制指标。

新建、改建、扩建直接或者间接向水体排放污染物的建设项目和其他水上设施，应当依法进行环境影响评价。

建设单位在江河、湖泊新建、改建、扩建排污口的，应当取得水行政主管部门或者流域管理机构同意；涉及通航、渔业水域的，环境保护主管部门在审批环境影响评价文件时，应当征求交通、渔业主管部门的意见。

建设项目的水污染防治设施，应当与主体工程同时设计、同时施工、同时投入使用。水污染防治设施应当符合经批准或者备案的环境影响评价文件的要求。

禁止向水体排放油类、酸液、碱液或者剧毒废液。禁止在水体清洗装储过油类或者有毒污染物的车辆和容器。禁止向水体排放、倾倒放射性固体废物或者含有高放射性和中放射性物质的废水。向水体排放含低放射性物质的废水，应当符合国家有关放射性污染防治的规定和标准。

禁止向水体排放、倾倒工业废渣、城镇垃圾和其他废弃物。禁止将含有汞、镉、砷、铬、铅、氧化物、黄磷等的可溶性剧毒废渣向水体排放、倾倒或者直接埋入地下。存放可溶性剧毒废渣的场所，应当采取防水、防渗漏、防流失的措施。禁止在江河、湖泊、运河、渠道、水库最高水位线以下的滩地和岸坡堆放、存贮固体废弃物和其他污染物。

禁止利用渗井、渗坑、裂隙、溶洞、私设暗管，篡改、伪造监测数据，或者不正常运行水污染防治设施等逃避监管的方式排放水污染物。禁止利用无防渗漏措施的沟渠、坑塘等输送或者存贮含有毒污染物的废水、含病原体的污水和其他废弃物。

在饮用水水源保护区内，禁止设置排污口。禁止在饮用水水源一级保护区内新建、改建、扩建与供水设施和保护水源无关的建设项目；已建成的与供水设施和保护水源无关的建设项目，由县级以上人民政府责令拆除或者关闭。

《城镇排水与污水处理条例》规定，城镇排水主管部门应当会同有关部门，按照国家有关规定划定城镇排水与污水处理设施保护范围，并向社会公布。在保护范围内，有关单位从事爆破、钻探、打桩、顶进、挖掘、取土等可能影响城镇排水与污水处理设施安全的活动的，应当与设施维护运营单位等共同制定设施保护方案，并采取相应的安全防护措施。

建设工程开工前，建设单位应当查明工程建设范围内地下城镇排水与污水处理设施的相关情况。城镇排水主管部门及其他相关部门和单位应当及时提供相关资料。建设工程施工范围内有排水管网等城镇排水与污水处理设施的，建设单位应当与施工单位、设施维护运营单位共同制定设施保护方案，并采取相应的安全保护措施。因工程建设需要拆除、改动城镇排水与污水处理设施的，建设单位应当制定拆除、改动方案，报城镇排水主管部门审核，并承担重建、改建和采取临时措施的费用。

《水污染防治法》规定，企业事业单位发生事故或者其他突发性事件，造成或者可能造成水污染事故的，应当立即启动本单位的应急方案，采取隔离等应急措施，防止水污染物进入水体，并向事故发生地的县级以上地方人民政府或者环境保护主管部门报告。环境保护主管部门接到报告后，应当及时向本级人民政府报告，并抄送有关部门。

8.3.4 施工现场固体废弃物污染及其防治

固体废物，是指在生产、生活和其他活动中产生的丧失原有利用价值或者虽未丧失利用价值但被抛弃或者放弃的固态、半固态和置于容器中的气态的物品、物质以及法律、行政法规规定纳入固体废物管理的物品、物质。不能排入水体的液态废物和不能排入大气的置于容器中的气态物质，由于多具有较大的危害性，一般归入固体废物管理体系。

固体废物污染环境，是指固体废物在产生、收集、贮存、运输、利用、处置的过程中产生的危害环境的现象。

《中华人民共和国固体废物污染环境防治法》（以下简称《固体废物污染环境防治法》）规定，国家推行绿色发展方式，促进清洁生产和循环经济发展。国家倡导简约适度、绿色低碳的生活方式，引导公众积极参与固体废物污染环境防治。

固体废物又分为一般固体废物和危险废物。所谓危险废物，是指列入国家危险废物名录或者根据国家规定的危险废物鉴别标准和鉴别方法认定的具有危险特性的固体废物。

(1) 一般固体废物污染环境的防治

《固体废物污染环境防治法》规定，固体废物污染环境防治坚持减量化、资源化和无害化的原则。任何单位和个人都应当采取措施，减少固体废物的产生量，促进固体废物的综合利用，降低固体废物的危害性。

建设产生、贮存、利用、处置固体废物的项目，应当依法进行环境影响评价，并遵守国家有关建设项目环境保护管理的规定。

建设项目的环境影响评价文件确定需要配套建设的固体废物污染环境防治设施，应当与主体工程同时设计、同时施工、同时投入使用。建设项目的初步设计，应当按照环境保护设计规范的要求，将固体废物污染环境防治内容纳入环境影响评价文件，落实防治固体废物污染环境和破坏生态的措施以及固体废物污染环境防治设施投资概算。

建设单位应当依照有关法律法规的规定，对配套建设的固体废物污染环境防治设施进行验收，编制验收报告，并向社会公开。

收集、储存、运输、利用、处置固体废物的单位和其他生产经营者，应当加强对相关设施、设备和场所的管理和维护，保证其正常运行和使用。产生、收集、储存、运输、利用、处置固体废物的单位和其他生产经营者，应当采取防扬散、防流失、防渗漏或者其他防止污染环境的措施，不得擅自倾倒、堆放、丢弃、遗撒固体废物。禁止任何单位或者个人向江河、湖泊、运河、渠道、水库及其最高水位线以下的滩地和岸坡以及法律法规规定的其他地点倾倒、堆放、储存固体废物。

《城市建筑垃圾管理规定》进一步规定，施工单位应当及时清运工程施工过程中产生的建筑垃圾，并按照城市人民政府市容环境卫生主管部门的规定处置，防止污染环境。

任何单位和个人不得随意倾倒、抛撒或者堆放建筑垃圾。任何单位和个人不得在街道两侧和公共场地堆放物料。因建设等特殊需要，确需临时占用街道两侧和公共场地堆放物料的，应当征得城市人民政府市容环境卫生主管部门同意后，按照有关规定办理审批手续。

（2）危险废物污染环境防治的特别规定

对危险废物的容器和包装物以及收集、贮存、运输、利用、处置危险废物的设施、场所，应当按照规定设置危险废物识别标志。从事收集、贮存、利用、处置危险废物经营活动的单位，应当按照国家有关规定申请取得许可证。

禁止无许可证或者未按照许可证规定从事危险废物收集、储存、利用、处置的经营活动。禁止将危险废物提供或者委托给无许可证的单位或者其他生产经营者从事收集、储存、利用、处置活动。

运输危险废物，应当采取防止污染环境的措施，并遵守国家有关危险货物运输管理的规定。禁止将危险废物与旅客在同一运输工具上载运。

收集、储存、运输、利用、处置危险废物的场所、设施、设备和容器、包装物及其他物品转作他用时，应当按照国家有关规定经过消除污染处理，方可使用。

产生、收集、储存、运输、利用、处置危险废物的单位，应当依法制定意外事故的防范措施和应急预案，并向所在地生态环境主管部门和其他负有固体废物污染环境防治监督管理职责的部门备案。生态环境主管部门和其他负有固体废物污染环境防治监督管理职责的部门应当进行检查。

因发生事故或者其他突发性事件，造成危险废物严重污染环境的单位，应当立即采取有效措施消除或者减轻对环境的污染危害，及时通报可能受到污染危害的单位和居民，并向所在地生态环境主管部门和有关部门报告，接受调查处理。

（3）施工现场固体废物的减量化和回收再利用

施工现场的固体废物主要是建筑垃圾和生活垃圾。建筑垃圾，是指建设单位、施工单位新建、改建、扩建和拆除各类建筑物、构筑物、管网等，以及居民装饰装修房屋过程中产生的弃土、弃料和其他固体废物。生活垃圾，是指在日常生活中或者为日常生活提供服务的活动中产生的固体废物，以及法律、行政法规规定视为生活垃圾的固体废物。

《住房和城乡建设部关于推进建筑垃圾减量化的指导意见》（建质〔2020〕46号）规定，施工单位应建立建筑垃圾分类收集与存放管理制度，实行分类收集、分类存放、分类处置。鼓励以末端处置为导向对建筑垃圾进行细化分类。严禁将危险废物和生活垃圾混入建筑垃圾。

施工单位应实时统计并监控建筑垃圾产生量，及时采取针对性措施降低建筑垃圾排放量。鼓励采用现场泥沙分离、泥浆脱水预处理等工艺，减少工程渣土和工程泥浆排放。

施工单位应充分利用混凝土、钢筋、模板、珍珠岩保温材料等余料，在满足质量要求的前提下，根据实际需求加工制作成各类工程材料，实行循环利用。施工现场不具备就地利用条件的，应按规定及时转运到建筑垃圾处置场所进行资源化处置和再利用。

 案例

1. 某房屋建筑工程施工总承包二级企业，通过招标投标方式承建了城区某A住宅楼工程，并指定王某为项目经理（王某为该企业注册二级建造师），该工程为框架剪力墙结构，地上24层，地下1层，总建筑面积16780m²。该工程采取施工总承包方式，合同约定工期20个月。

事件1：在施工期间，为了节约成本，项目经理安排将现场污水直接排入邻近的河流。

事件2：在浇筑楼板混凝土过程中，进行24h连续浇筑作业，引起了附近居民的投诉。

问题：

（1）事件1、2中发生了哪些环境污染形式？工程施工中可能造成环境污染的形式还有哪些？

（2）按照噪声来源划分，事件2中的噪声属于哪种类型？在施工过程中应如何预防此类投诉事件的发生？

2. 某市的一立交桥下，在路两侧堆起了近3m高的木板、水泥块、砖头等建筑垃圾，附近居民每天回家都得穿过这个巨型的垃圾堆。市环卫处派人清理过10多次，仍不断发现有新的建筑垃圾，无奈之下建议环保执法部门派人查处。经市环保局执法人员调查，这些建筑垃圾均是由附近一在建的某小区工地运出，该工地的施工单位未办理渣土消纳许可证，常在半夜用车偷偷将建筑垃圾运到桥下。

问题：

该施工单位倾倒垃圾的行为违反了何项法律？该施工单位的行为应受到何种行政处罚？

8.4 碳达峰、碳中和目标下的工程建设[1][2]

8.4.1 装配式超低能耗建筑发展相关政策

以习近平新时代中国特色社会主义思想为指导，大力开展绿色建筑行动，以绿色、循环、低碳理念指导城乡建设，积极推进建筑业新旧动能转换，有利于提高资源能源使用效率，缓解资源能源供需紧张矛盾；有利于降低社会总能耗，减少污染物排放，确保完成节能减排任务；有利于促进建筑产业优化升级，培育节能环保、新能源等战略性新兴产业；有利于提高建筑舒适性、健康性，改善群众生产生活条件。

① 对绿色建筑、装配式建筑、被动式超低能耗建筑项目进行政策扶持。执行绿色建筑标准并获得二星级以上评价标识的项目、装配式建筑项目、被动式超低能耗建筑项目，按国家、省和市的有关规定，享受相应优惠奖励政策。

a. 绿色建筑。一是对三星级绿色建筑项目可参照重点工程报建流程，纳入行政审批绿色通道。二是对执行绿色建筑二星级以上标准并获得评价标识的项目（工业厂房及政府投资项目除外）给予相应奖励。

b. 装配式建筑。一是项目可参照重点工程报建流程，纳入行政审批绿色通道。二是对单体装配率达到50%以上（含50%）的装配式建筑示范项目（工业厂房及政府投资项目除外）给予相应奖励。三是对两年内未发生工资拖欠问题的装配式建筑项目建设单位，可减半征收农民工工资保证金。四是购买采用装配式建筑技术建设的商品住宅，申请公积金贷款的，在资金计划发放时给予优先考虑。五是装配式建筑单体装配率达到50%以上的项目，免缴建筑废弃物处置费。六是符合新型墙体材料目录的部品部件建筑产业化生产企业，可按规定享受增值税即征即退优惠

---

[1] 推荐阅读：朱黎阳. 大力发展循环经济　助力实现碳达峰碳中和目标——解读《关于完整准确全面贯彻新发展理念做好碳达峰碳中和工作的意见》[J]. 表面工程与再制造，2022，22（01）：11-14.

[2] 推荐阅读："建筑领域碳达峰和碳中和实现路径研究"项目阶段性研讨会在京召开[J]. 建设科技，2021（11）：6.

政策。七是装配式建筑项目,预制部品(工厂化预制生产的柱、梁、墙、板、屋盖、整体卫生间、整体厨房等建筑构配件、部件)采购合同金额可计入工程建设总投资。

c. 被动式超低能耗建筑。一是项目可参照重点工程报建流程,纳入行政审批绿色通道。二是优先保障被动式超低能耗建筑项目用地。三是被动式超低能耗建筑在计算、统计建筑面积时,因节能技术要求,保温层厚度超出现行节能设计标准规定值以外的部分,不计入容积率核算。四是支持金融机构对购买被动式建筑的消费者,在购房贷款利率等方面给予适当优惠。五是使用住房公积金贷款的,优先安排公积金贷款额度。六是被动式超低能耗建筑在评优评奖时优先考虑,相关参建单位在市场主体信用考核中给予加分奖励。七是利用新旧动能转换基金优先支持被动式超低能耗建筑配套产业链企业。

② 强化用地保障。在建设用地安排上,要优先保障二星级以上绿色建筑项目、装配式建筑项目、被动式超低能耗建筑项目用地,优先安排年度用地指标。支持发展装配式建筑产业,支持按绿色建筑标准要求设计施工,支持实行装配式建筑和施工装修一体化的工程项目。在土地供应时,应将绿色建筑等级、装配式建筑占新建建筑面积的比例、单体装配率及被动式超低能耗建筑的相关指标要求等,列入建设项目规划设计条件通知书和土地出让须知中,纳入供地方案,作为土地招拍挂前置条件,并落实到土地使用合同中。

③ 推广工程总承包模式。装配式建筑项目原则上采用工程总承包模式,把项目设计、采购、施工全部委托给工程总承包商负责组织实施,培育发展一批具有工程管理、开发、设计、施工、生产、采购能力的工程总承包企业。健全与装配式建筑总承包相适应的发包承包、施工许可、分包管理、工程造价、质量安全监管、竣工验收等相关制度。完善招标投标制度,装配式建筑、被动式超低能耗建筑可按照技术复杂类工程项目进行招标投标。对只有少数企业能够承建的项目,按规定可采用邀请招标;对需采用不可替代的专利或专有技术建造的,按照规定可不进行招标。

④ 政府鼓励和支持绿色建筑、装配式建筑、被动式超低能耗建筑技术的研究、开发、示范、推广和宣传,促进相关技术进步与创新。对在工作中做出显著成绩的单位和个人,由市政府按照有关规定给予表彰。

8.4.2 全寿命周期视角下建筑多能协调发展相关政策

从全社会能源消耗来看,我国建筑业建造活动消耗的能源约占全社会全年能耗16%,而建筑运行活动的能耗则约占20%,两者所占总量高达36%。而从建筑全生命周期角度来看,以混凝土建筑为例,其建造、运行与拆卸阶段的碳排放量分为别约为7.1%、92.83%与0.07%。其中,运行阶段因按使用期计算总量最大;建造阶段比重虽小,但却集中在建设期内,绝对排量亦相当可观,可达年均运行排量的4倍之多。因此,减少建筑活动的能源资源消耗,关键在于统筹建造阶段与运行阶段,从全寿命周期视角下通过实现建筑多能协调发展全面推进建筑行业低碳化发展。

(1) 建筑全生命周期概念

建筑全生命周期是指从材料与构件生产、规划与设计、建造与运输、运行与维护直到拆除与处理(废弃、再循环和再利用等)的全循环过程。

建筑工程项目具有技术含量高、施工周期长、风险高、涉及单位众多等特点,因此建筑全生命周期的划分就显得十分重要。一般我们将建筑全生命周期划分为五个阶段,即规划阶段、设计阶段、施工阶段、运维阶段与拆除阶段。

(2) 建筑新能源利用技术

建筑可利用的能源形式除了化石能源、电能外，还包括可再生能源，主要为浅层地热能及太阳能。浅层岩土体、地下水或地表水中的热能资源都属于浅层地热能，其中地表水主要包括河流、湖泊、海水、中水及达到国家排放标准的废水、污水等。现在工程应用的热泵空调系统，就是采用热泵技术从浅层地热中提取能量。太阳能利用主要是指光电利用和光热利用，这已经成为有效利用可再生能源的节能新技术，在我国也得到了迅速发展。

① 地埋管地源热泵技术。地埋管地源热泵是以土壤为热源，以水或者以水为主要成分的防冻剂作为循环液，流经地下埋管实现与土壤换热的地源热泵系统。地埋管地源热泵在我国应用广泛，且运行效果较好，能很好地满足用户的需求，但初期投资较高以及冬夏季土壤热平衡等问题在一定程度上限制了发展。

② 地表水源热泵技术。地表水源热泵是以水中储存的太阳能为冷热源，可利用的水体包括河水、湖水、地下水和海水等。地表水源热泵作为一种清洁的可再生能源技术，不仅具有十分明显的节能优势，而且运行费用远远低于其他系统。随着技术的不断发展，无论从设备投资、工程施工以及运行管理都日益科学和完善，这样不仅有利于地表水源热泵技术的推广，而且也会增大其带来的经济和环境效益。当前，地表水源热泵以其运行稳定、高效节能、环境效益显著等诸多优点，在建筑能源系统的设计与运用中获得了广阔的发展前景，也促进了节能减排和可再生能源利用的发展。如我国雄安新区地热资源丰富，地下水利用已深入地下3000m，使地热发电、供暖和供应生活热水有机地结合起来，将推动雄安新区的绿色生态化发展。

③ 热源塔热泵技术。热源塔热泵是通过塔体与空气进行热量交换，从空气中吸收的低品位热能，再通过水源热泵将其提升为高品位热能，用于生活热水及空调制冷、供暖。夏季，热源塔的作用类似于开式冷却塔，通过直接蒸发冷却来降低循环水的温度。循环冷却水吸收冷凝器中制冷剂冷凝时放出的热量，从冷凝器送至热源塔，通过喷淋器均匀喷洒，在填料表面形成水膜，与温度相对较低的空气进行热质交换而使温度降低，然后经管道回流至冷凝器内进行下一个循环，如此不断往复。冬季，热源塔用来获取室外低品位热源。低温防冻溶液吸收蒸发器中制冷剂的冷量，然后从蒸发器输送至热源塔内，通过喷淋器均匀喷洒，在填料表面形成液膜，与温度较高的湿空气进行热质交换而使温度升高，再经管道回送至机组的蒸发器，如此循环。

④ 太阳能利用技术。太阳能在可再生能源中有举足轻重的地位，风能、海洋能、水能、生物质能等可再生能源都源于太阳能。目前，以太阳能热水系统为代表的太阳能热利用技术发展迅速，技术应用程度高。我国丰富的太阳能资源为其大规模的开发利用提供了光明的前景。同时光伏发电是国家新能源发展的重要组成部分，国家政策从"十一五"期间到"十四五"期间越来越明确，"十一五"期间要求积极发展太阳能等新能源，"十四五"期间明确主张集中式和分布式能源并举的发展模式，大力提升光伏发电规模。这意味着，国家对于光伏发电的规划越来越清晰，政策规划将更加有的放矢，更好地推动行业发展。

(3) 多能互补协调发展

所谓多能互补，简单来说就是多种能源之间相互补充和梯级利用，其中至少含有一种可再生能源，能源类型相互补充，从而提升能源系统的综合利用效率，缓解能源供需矛盾，构成丰富的清洁、低碳供能结构体系。2016年12月,国家能源局发布《能源发展"十三五"规划》,明确了多能互补集成优化示范工程的建设任务,并将相关国家级示范项目纳入规划。

为了加快推进多能互补集成优化示范工程建设,提高能源系统效率,增加有效供给,满足合理需求,国家发展改革委、国家能源局发布《关于推进多能互补集成优化示范工程建设的实施意见》,明确提出建成多项国家级终端一体化集成供能示范工程及国家级风光水火储多能互补示范工程。多能源互补系统借助系统集成和过程革新,寻求将多种能源综合互补、高效利用的有效途径与方法,将成为建筑能源领域可持续发展的优先选项。

8.4.3 基于BIM的精益施工智能建造发展相关政策

BIM的灵魂是信息,其结果是模型,重点是协作,工具是软件。建筑数据模型中的信息随着建筑全生命期各阶段的展开,逐步被累积。考虑到这些信息横跨建筑全生命期各个阶段,由大量的技术或管理人员使用不同的应用软件产生并共享,有必要制定和应用与BIM技术相关的标准。相关的技术或管理人员在应用相关的软件时要遵循这些标准,高效地进行信息管理和信息共享。

BIM标准对建筑企业的信息化实施具有积极的促进作用,尤其是涉及企业中的业务管理与数据管理的软件,均依赖标准化所提供的基础数据、业务模型,从而促进建筑业管理由粗放型转向精细化管理。

(1) 我国BIM的标准体系

我国BIM通用标准体系主要涵盖三大部分内容。

① BIM标准框架。包括3方面:分类编码、数据交换、信息交付。

② BIM基础标准。BIM标准体系主要利用3个基础标准:建筑信息组织标准(用于分类编码标准和过程标准的编制)、BIM信息交付手册标准(用于过程标准的编制)以及数据模型表示标准(用于数据模型标准的编制)。

③ BIM标准分类。按照标准框架,并在基础标准上形成3大类标准:分类编码标准、数据模型标准、过程交付标准。

(2) 国家标准制定项目

现阶段国家制定的BIM项目标准可分为如下三个层次:

① 第一层为最高标准。《建筑信息模型应用统一标准》对建筑工程建筑信息模型在工程项目全寿命期的各个阶段建立、共享和应用进行统一规定,包括模型的数据要求、模型的交换及共享要求、模型的应用要求、项目或企业具体实施的其他要求等,其他标准应遵循统一标准的要求和原则。

② 第二层为基础数据标准。《建筑信息模型分类和编码标准》规定模型信息应该如何分类,对建筑信息标准化以满足数据互用的要求,以及建筑信息模型存储的要求。一方面,在计算机中保存非数值信息(例如材料类型),往往需要将其代码化,因此涉及信息分类;另一方面,为了有序地管理大量建筑信息,也需要遵循一定的信息分类。

③ 第三层为执行标准。《建筑工程设计信息模型制图标准》规定了在建筑工程规划、设计过程中,基于建筑信息模型的数据建立、传递和读取,特别是各专业之间的协同,工程各参与方的协作,以及质量管理体系的管控、交付等过程;规定了总体模型在项目全生命周期各阶段应用的信息精度和深度的要求,规定各专业子模型的划分、包含的构件分类和内容,以及相应的

造价、计划、性能等其他业务信息的要求。

 思考题

1. 简述绿色建筑的概念以及绿色建筑的等级划分。
2. 简述建筑工程易发生的职业病类型及原因。
3. 简述噪声敏感建筑物的概念，并举例说明。

 实战题

1. 某建筑地下 2 层，地上 18 层，框架结构。地下建筑面积 4000m²，地上建筑面积 21000m²。某施工单位中标后，由赵某（项目经理）组织施工，施工至 5 层时，公司安全部叶某带队对项目进行了定期安全检查。检查过程依据标准进行，项目安全总监也全程参加，检查结果见表 8-2。

表 8-2 检查结果

工程名称	建筑面积	结构类型	总计得分	检查项目内容及分值								
				安全管理	文明施工	脚手架	基坑工程	模板支架	高处作业	施工用电	外用电梯	塔吊	施工机具
某办公楼	（A）	框架结构	检查前总分（B）	10	15	10	10	10	10	10	10	10	5
			检查后得分（C）	8	12	8	7	8	8	9	—	8	4
评语：该项目安全检查中得分为（D）分，评定等级为 E												
检查单位	公司安全部		负责人	叶某		受检单位	某办公楼项目部			项目负责人	赵某	

公司安全部在年初的安全检查规划中按照相关要求明确了对项目安全检查的主要形式，包括定期安全检查、开工复工安全检查、季节性安全检查等。工程竣工后，根据合同要求，相关部门对该工程进行绿色建筑评价，评价指标中"生活便利"分值低，施工单位将评分项"出行无障碍"等 4 项指标进行了逐一分析以便得到改善，评价分值见表 8-3。

表 8-3 评价分值

项目	控制项基础分值（Q_0）	安全耐久（Q_1）	健康舒适（Q_2）	生活便利（Q_3）	资源节约（Q_4）	环境宜居（Q_5）	提高和创新加分（Q_A）
评分值	400	90	80	75	80	80	120

问题：列式计算该工程绿色建筑总得分 Q。该建筑属于哪个等级？还有哪些等级？生活便利评分还有哪些指标？

2. 某市生态环境主管部门在 23 时接到居民投诉，称某项目工地有夜间施工噪声扰民情况。执法人员立刻赶赴施工现场，并在施工场界进行了噪声测量。经现场勘查：施工噪声源主要是推土机、挖掘机、打桩机等设备的施工作业噪声，施工场界噪声经测试为 67.5dB。通过调查，执法人员核实了此次夜间施工作业不属于抢修、抢险作业，也不属于因生产工艺要求必须进行的连续作业，并无有关主管部门出具的相关证明。

问题：（1）本案中，施工单位的夜间施工作业行为是否合法？说明理由。

(2) 对本案中施工单位的夜间施工作业行为应如何处理？

3. 某市环保局接到居民投诉，城区三环路一处建筑工地正进行施工，尘土飞扬，还传来阵阵刺鼻味道，严重影响了当地居民生活。市环保局随即对该工地进行检查，发现该工地堆放的大量砂石、灰土等物料及建筑垃圾，由于冬期施工天气干燥，经风一吹尘土飞扬，而且该地交通繁忙，车辆经过也激起大量扬尘。同时，屋面防水工程使用的沥青，在熬制过程中未采取任何防护措施，大量刺激（刺鼻）性气体直接挥发到空气中，对周围小区居民生活造成了严重影响。市环保局要求该施工单位进行限期整改。但是，该施工单位未采取任何整改措施，依然照常进行施工作业。

问题：(1) 施工单位违反了《大气污染防治法》的哪些规定？

(2) 市环保局应当对其做如何处罚？

4. 某市突降大雨，生态环境局执法人员巡查发现市区某路段有大面积的积水，便及时上报该局。不久，市政部门派人来疏通管道，从管道中清出大量的泥沙、水泥块，还发现井口内有一个非市政部门设置的排水口，其方向紧靠某工地一侧。经执法人员调查确认，该工地的排水管道是工地施工打桩时铺设，工地内没有任何污水处理设施，其施工废水直接排放到工地外。工地的排污口通向该路段一侧的雨水井。

问题：(1) 本案中，施工单位向道路雨水井排放施工废水的行为是否构成水污染违法行为？

(2) 施工单位向道路雨水井排放施工废水的行为应受到何种处罚？

5. 某工地的3车建筑垃圾被倾倒在某市大街的道路两侧，污染面积210m^2，被该市有关执法人员当场查获。经查，该工地已依法办理渣土消纳许可证，施工单位与某运输公司签订了建筑垃圾运输合同，约定由该运输公司按照渣土消纳许可证的要求，负责该工地的建筑垃圾渣土清运处置，在垃圾渣土清运过程中出现的问题由运输公司全权负责。但是，该运输公司没有取得从事建筑垃圾运输的核准证件。

问题：(1) 如何确定该建筑垃圾污染事件的责任主体？

(2) 运输公司与施工单位分别应受到何种处罚？

第 9 章
建设工程纠纷处理制度

导言

现阶段,我国因建设工程项目中各方的利益关系所引发的工程纠纷屡见不鲜。如何处理工程建设中出现的纠纷俨然已经成为建设工程必不可少的部分,并且也成为我国企业参加国际工程项目时亟待处理的问题。这些纠纷涉及各方的利益,正确地处理纠纷才能节约社会资源,提高效率,从而使得建设工程有条不紊地进行。

学法、懂法、守法是每个公民的义务。学习建设法规、掌握建设法规、遵守建设法规是工程建设行业及其相关领域的工作者应当具备的法律素质。作为未来的工程建设工作者,学习和掌握必要的工程建设法律法规,既是将来工作的需要,也是时代的要求。

 引例

某日 7 岁儿童甲和 5 岁儿童乙钻入某围挡破损的正在施工的工地玩耍,该工地看管人员没有及时发现也无其他人员进行制止。两人在工地钢筋堆放区域嬉闹过程中甲把乙推倒导致乙头部撞在堆放的钢筋上引发乙颅脑严重受伤。乙父母要求甲父母和施工单位对此事故进行赔偿,但甲父母以自己孩子年龄小,是乙父母没尽到监护责任和施工单位管理不善导致,拒绝赔偿。施工单位以甲、乙监护人未尽到监护职责为由拒绝赔偿,并要求甲、乙父母对此事故导致的工期延误给予补偿。因此,甲、乙两家和该施工单位产生了法律赔偿纠纷。

乙父母由于不懂法律,为提升案件胜诉把握,故委托律师丙"全权代理"此案件,并给律师丙写了"全权代理"委托书。请问:

(1)在这起事故中,谁是原告?

(2)该施工单位是否需要承担相关法律责任?

(3)"全权代理"委托书是否代表丙拥有了该诉讼当中的全部权利?为什么?

学习目标

本章从建设工程纠纷的类别入手，阐述了不同类别纠纷的解决途径，对民事诉讼制度进行了详细讲解。讲述了民事诉讼的审判程序和执行程序。仲裁是解决民商事纠纷的重要方式之一，而行政复议和行政诉讼解决的则是行政争议。除此之外，本章以 FIDIC 合同下的 DAB 解决方式为例，讲述了国际工程的工程纠纷处理方式。

掌握：建设工程纠纷处理的相关知识；民事诉讼与仲裁制度；行政复议与行政诉讼制度；国际工程纠纷处理。

9.1 建设工程纠纷处理概述

所谓法律纠纷，是指自然人、法人、其他组织之间因人身、财产或其他法律关系所发生的对抗冲突或争议，主要包括民事纠纷、行政纠纷、刑事纠纷。

民事纠纷是平等主体间的有关人身、财产权的纠纷；行政纠纷是行政机关之间或者是行政机关与公民、法人或其他组织之间由于行政行为而产生的纠纷；刑事纠纷是因犯罪而产生的纠纷。本章主要涉及民事纠纷和行政纠纷。

9.1.1 建设工程纠纷的主要种类

建设工程纠纷主要分为建设工程民事纠纷和建设工程行政纠纷。发包人和承包人就建设工程合同争议，是建设工程最常见的民事纠纷，而行政机关的工作配合易引发行政纠纷，当建设工程发生纠纷后，可以通过和解调解等方式化解，和解调解不成的，可以通过法律诉讼等方式来维权。

（1）建设工程民事纠纷

建设工程民事纠纷，是在建设工程活动中平等主体之间发生的以民事权利义务为内容的争议。民事纠纷作为法律纠纷的一种，一般来说，是由于违反了民事法律规范而引起的。民事纠纷可分为两大类：一类是财产关系的民事纠纷，如合同纠纷、损害赔偿纠纷等；另一类是人身关系的民事纠纷，如名誉权纠纷、继承权纠纷等。

民事纠纷的特点有三：民事纠纷主体之间的法律地位平等；民事纠纷的内容是对民事权利义务的争议；民事纠纷的可处分性。民事纠纷的可处分性主要是针对有关财产关系的民事纠纷，而有关人身关系的民事纠纷多具有不可处分性。在建设工程领域，较为普遍和重要的民事纠纷主要是合同纠纷、侵权纠纷。

（2）建设工程行政纠纷

建设工程行政纠纷，是在建设工程活动中行政机关之间或行政机关同公民、法人和其他组织之间由于行政行为而引起的纠纷，包括行政争议和行政案件。在行政法律关系中，行政机关对公民、法人和其他组织行使管理职权，应当依法行政；公民、法人和其他组织也应当依法约束自己的行为，做到自觉守法。在建设工程领域，易引发行政纠纷的具体行政行为主要有行政许可、行政处罚、行政强制和行政裁决。

9.1.2 民事纠纷的法律解决途径

民事纠纷的法律解决途径主要有四种：和解、调解、仲裁、诉讼。

（1）和解

和解是民事纠纷的当事人在自愿互谅的基础上，就已经发生的争议进行协商、妥协与让步并达成协议，自行解决争议的一种方式。通常它不仅从形式上消除当事人之间的对抗，还从心理上消除对抗。和解可以在民事纠纷的任何阶段进行，无论是否已经进入诉讼或仲裁程序。例如，诉讼当事人之间为处理和结束诉讼而达成了解决争议问题的妥协或协议，其结果是撤回起诉或中止诉讼而无须判决。和解也可与仲裁、诉讼程序相结合：当事人达成和解协议的，已提请仲裁的，可以请求仲裁庭根据和解协议作出裁决书或调解书；已提起诉讼的，可以请求法庭在和解协议基础上制作调解书，或者由当事人双方达成和解协议，由法院记录在卷。需要注意的是，和解达成的协议不具有强制执行力，在性质上仍属于当事人之间的约定。如果一方当事人不按照和解协议执行，另一方当事人不可以请求法院强制执行，但可要求对方就不执行该和解协议承担违约责任。

（2）调解

调解是指中立的第三方应纠纷当事人的请求，以法律、法规和政策或合同约定以及社会公德为依据，对纠纷双方进行疏导、劝说，促使他们相互谅解，进行协商，自愿达成协议，解决纠纷的活动。在我国，调解的主要方式是人民调解、行政调解、仲裁调解、司法调解、行业调解以及专业机构调解。

（3）仲裁

仲裁是当事人根据在纠纷发生前或纠纷发生后达成的协议，自愿将纠纷提交第三方（仲裁机构）作出裁决，并按照该裁决执行相关决定以解决纠纷的方式。仲裁机构和法院不同。法院行使国家所赋予的审判权，向法院起诉不需要双方当事人在诉讼前达成协议，只要一方当事人向有审判管辖权的法院起诉，经法院受理后，另一方必须应诉。

仲裁机构通常是民间团体的性质，其受理案件的管辖权来自双方协议，没有协议就无权受理仲裁。但是，有效的仲裁协议可以排除法院的管辖权；纠纷发生后，一方当事人提起仲裁的，另一方应当通过仲裁程序解决纠纷。

根据我国《中华人民共和国仲裁法》（以下简称《仲裁法》）的规定："平等主体的公民、法人和其他组织之间发生的合同纠纷和其他财产权益纠纷，可以仲裁。

下列纠纷不能仲裁：（一）婚姻、收养、监护、扶养、继承纠纷；（二）依法应当由行政机关处理的行政争议。"

（4）诉讼

民事诉讼是指人民法院在当事人和其他诉讼参与人的参加下，以审理、裁判、执行等方式解决民事纠纷的活动，以及由此产生的各种诉讼关系的总和。诉讼参与人包括原告、被告、第三人、证人、鉴定人、勘验人等。

在我国，平等主体当事人之间发生经济纠纷适用《民事诉讼法》。该法为调整和规范法院及诉讼参与人的各种民事诉讼活动的基本法律。民事诉讼基本特征是公权性、程序性和强制性。

除上述4种民事纠纷解决方式外，由于建设工程活动及其纠纷的专业性、复杂性，我国在建设工程法律实践中还在探索其他解决纠纷的新方式,如争议评审机制。

9.1.3 行政纠纷的法律解决途径

行政纠纷的法律解决途径主要有两种,即行政复议和行政诉讼。

除法律、法规规定必须先申请行政复议的以外,行政纠纷当事人可以自主选择申请行政复议还是提起行政诉讼。行政纠纷当事人对行政复议决定不服的,除法律规定行政复议决定为最终裁决的以外,可以依照《行政诉讼法》的规定向人民法院提起行政诉讼。

9.2 民事诉讼和仲裁制度

诉讼和仲裁作为两种最主要的纠纷解决方式,各有特色,各有所长。诉讼和仲裁的性质和特征是定位仲裁与诉讼关系的基石,分析仲裁与诉讼各自的特点,审视仲裁与诉讼的关系,优势互补,协调配合,对合理控制和处理民商事纠纷具有重要意义。

9.2.1 民事诉讼制度

民事诉讼中有四项基本制度:合议制度、回避制度、公开审判制度和两审终审制度。合议制度是指由三人以上审判人员组成审判集体对案件进行审理,合议制度是相对于独任制度而言的,独任制度是指由一名审判员独立地对案件进行审理;回避制度是指审判人员及其他有关人员,遇有法律规定的情况,不参加案件审理的制度;公开审判制度是指法院审理案件,宣告判决一律公开进行的制度;两审终审制度是指一个民事案件经过两级法院审理即告示终结的制度。

9.2.1.1 民事诉讼的管辖

民事诉讼中的管辖是指各级法院之间和同级法院之间受理第一审民事案件的分工和权限。

《民事诉讼法》规定的民事案件的管辖,包括级别管辖、地域管辖、移送管辖和指定管辖。人民法院受理案件后,被告有权针对人民法院对案件是否有管辖权提出管辖权异议,这是当事人的一项诉讼权利。

(1)级别管辖

级别管辖,是指按照一定的标准,划分上下级法院之间受理第一审民事案件的分工和权限。我国法院有四级,分别是:基层人民法院、中级人民法院、高级人民法院和最高人民法院,每一级均受理一审民事案件。

我国《民事诉讼法》主要根据案件的性质、复杂程度和案件影响来确定级别管辖。在实践中,争议标的金额的大小,往往是确定级别管辖的重要依据,但各地人民法院确定的级别管辖争议标的数额标准不尽相同。

(2)地域管辖

地域管辖是指按照各法院的辖区和民事案件的隶属关系,划分同级法院受理第一审民事案件的分工和权限。地域管辖实际上是以法院与当事人、诉讼标的以及法律事实之间的隶属关系和关联关系来确定的,主要包括如下几种情况:

① 一般地域管辖。一般地域管辖，是以当事人与法院的隶属关系来确定诉讼管辖，通常实行"原告就被告"原则，即以被告住所地作为确定管辖的标准。

《民事诉讼法》规定："对公民提起的民事诉讼，由被告住所地人民法院管辖；被告住所地与经常居住地不一致的，由经常居住地人民法院管辖。"其中，公民的住所地是指该公民的户籍所在地。经常居住地是指公民离开住所至起诉时已连续居住满1年的地方，但公民住院就医的地方除外。

《民事诉讼法》规定："对法人或者其他组织提起的民事诉讼，由被告住所地人民法院管辖。"被告住所地是指法人或者其他组织的主要办事机构所在地；主要办事机构所在地不能确定的，其注册地或者登记地为住所地。

《民事诉讼法》规定："同一诉讼的几个被告住所地、经常居住地在两个以上人民法院辖区的，各该人民法院都有管辖权。"

② 协议管辖。《民事诉讼法》规定了协议管辖制度。所谓协议管辖，是指合同当事人在纠纷发生前后，在法律允许的范围内，以书面形式约定案件的管辖法院。协议管辖适用于合同纠纷或者其他财产权益纠纷，其他财产权益纠纷包括因物权、知识产权中的财产关系而产生的民事纠纷。

《民事诉讼法》规定："合同或者其他财产权益纠纷的当事人可以书面协议选择被告住所地、合同履行地、合同签订地、原告住所地、标的物所在地等与争议有实际联系的地点的人民法院管辖，但不得违反本法对级别管辖和专属管辖的规定。"

合同当事人可以通过书面协议从被告住所地、合同履行地、原告住所地、合同签订地、标的物所在地法院中选择确定一家管辖法院，并只能在约定的法院起诉。但协议管辖不得对抗级别管辖和专属管辖，适用财产、合同纠纷。

(3) 移送管辖

移送管辖就其实质而言，是对案件的移送，而不是对案件管辖权的移送。它是对管辖发生错误所采用的一种纠正措施。移送管辖通常发生在同级人民法院之间，但也不排除在上、下级人民法院之间适用。

《民事诉讼法》规定："人民法院发现受理的案件不属于本法院管辖的，应当移送给有管辖权的人民法院，受移送的人民法院应当受理。受移送的人民法院认为受移送的案件依照规定不属于本院管辖的，应当报请上级人民法院指定管辖，不得再自行移送。"

据此规定，移送管辖的适用应当具备以下条件：人民法院已经受理案件。若尚未受理的案件，经审查不归本法院管辖的，不存在移送管辖问题，应告知当事人向有管辖权的人民法院起诉；受理案件的人民法院对该案无管辖权。依法享有管辖权的人民法院才有权行使审判权，因此无管辖权的人民法院无权审理案件；接受移送案件的人民法院依法享有管辖权。这是对移送案件法院的要求，即不得随意移送，只能向有管辖权的人民法院移送。

(4) 指定管辖

指定管辖，是指裁定管辖的一种。上级法院以裁定的方式将某一案件交由某一下级法院受理。目的在于防止和解决因管辖不明而发生的争议。产生指定管辖的情况有：管辖区域的界限不明或行政区划发生变动，由于事实或法律原因，使原管辖权法院不能受理，或审理某一特定案件将发生重大障碍；对管辖权的法律规定产生不同理解。有管辖权的人民法院由于特殊原因不能行使管辖权的，由上级人民法院指定管辖。管辖权发生争议，由双方协议解决，协商解决不成时，报其共同上级人民法院指定管辖。上级法院的指定管辖，下级法院必须执行。上级法院可以指定下级法院审判管辖不明的案件，也可指定其将案件移送其他法院审判。

《民事诉讼法》规定："有管辖权的人民法院由于特殊原因，不能行使管辖权的，由上级人民法院指定管辖。人民法院之间因管辖权发生争议，由争议双方协商解决；协商解决不了的，报请它们的共同上级人民法院指定管辖。"

据此规定，在下列两种情况下适用指定管辖。

① 有管辖权的人民法院由于特殊原因，不能行使管辖权。所谓特殊原因，包括事实上和法律上的原因。事实上的原因，如有管辖权的人民法院遇到了不可抗力的事由，即地震、水灾等无法行使管辖权；法律上的原因，如受诉法院的审判人员，因当事人申请回避或者审判人员自行回避，无法组成合议庭对案件进行审理。出现上述情况之一的，应由上级人民法院在其辖区内，指定其他适宜的人民法院管辖。

② 因管辖权发生争议，经双方协商未能解决争议。所谓争议，包括相互推诿或者相互争夺。通常是因为法院之间辖区界限不明，或者对法律的规定理解不一致，也有因地方保护主义为其局部经济利益争先立案。不论属于哪种原因引起的争议，应由双方协商解决，协商不成时应报请它们的共同上级人民法院指定管辖。发生管辖权争议的两个人民法院因协商不成报请它们的共同上级人民法院指定管辖时，如双方为同属一个地、市辖区的基层人民法院，由该地、市的中级人民法院及时指定管辖；同属一个省、自治区、直辖市的两个人民法院，由该省、自治区、直辖市的高级人民法院及时指定管辖；如双方为跨省、自治区、直辖市的人民法院，高级人民法院协商不成的，由最高人民法院及时指定管辖。报请上级人民法院指定管辖时，应当逐级进行。上级人民法院依照《民事诉讼法》规定指定管辖时，应书面通知报送的人民法院和被指定的人民法院。报送的人民法院接到通知后，应及时告知当事人。

随堂小练

当事人对法院管辖权有异议的，应当在（　　）提出。
A. 第一次开庭时　　　　　　　　　　B. 提交答辩状期间
C. 被告收到起诉状副本之日起 15 日内　D. 法庭辩论终结前
E. 第一审判决作出前

案例

背景：

2017 年 3 月 18 日，花某某以某轻纺公司的名义与某钢结构公司签订建设工程施工合同一份，由某钢结构公司在 A 市经济开发区为某轻纺公司承建厂房。双方对相应的权利义务进行约定的同时，一致同意如发生纠纷，由原告所在地的人民法院管辖。

2018 年 1 月 25 日，某钢结构公司向其住所地的人民法院提起诉讼，要求花某某支付工程款 2000 万元。花某某于答辩期内提出管辖区异议，其称：虽然双方在合同中约定发生纠纷由原告所在地法院管辖，但根据《民事诉讼法》司法解释，建设工程施工合同纠纷按照不动产纠纷确定管辖，有关质量、追索工程款等纠纷属于房地产方面的纠纷，应当适用不动产所在地人民法院专属管辖的原则，当事人不得约定管辖，已约定管辖的，约定无效。本案应当由建设工程所在地的 A 市人民法院管辖。人民法院驳回被告花某某对案件管辖权提出的异议。

问题：

法院为何驳回被告花某某对案件管辖权提出的异议？

9.2.1.2 民事诉讼当事人和代理人的规定

（1）民事诉讼当事人的相关规定

民事诉讼中的当事人，是指以自己的名义请求法院行使审判权来解决民事权利义务纠纷或者保护民事权益的公民、法人或其他组织及其相对人。狭义的民事诉讼当事人包括原告和被告。广义的民事诉讼当事人包括原告、被告、共同诉讼人和第三人。

① 原告和被告。原告，是指维护自己的权益或自己所管理的他人权益，以自己名义起诉，从而引起民事诉讼程序的当事人。被告，是指原告诉称侵犯原告民事权益而由法院通知其应诉的当事人。

《民事诉讼法》规定："公民、法人和其他组织可以作为民事诉讼的当事人。法人由其法定代表人进行诉讼。其他组织由其主要负责人进行诉讼。"

公民、法人和其他组织虽然都可以成为民事诉讼中的原告或被告，但在实践中，情况还是比较复杂的，需要进一步结合《最高人民法院关于适用〈中华人民共和国民事诉讼法〉若干问题的意见》及相关规定进行正确认定。

② 共同诉讼人。共同诉讼人，是指当事人一方或双方为 2 人以上（含 2 人），诉讼标的是共同的，或者诉讼标的是同一种类、人民法院认为可以合并审理并经当事人同意，一同在人民法院进行诉讼的人。

③ 第三人。第三人是指对他人争议的诉讼标的有独立的请求权，或者虽无独立的请求权，但案件的处理结果与其有法律上的利害关系，因而参加到原告、被告已经开始的诉讼中进行诉讼的人。

（2）诉讼代理人的含义

诉讼代理人，是指根据法律规定或当事人的委托，代理当事人进行民事诉讼活动的人。因代理权取得方式的不同可分为法定诉讼代理人和委托诉讼代理人。在建设工程领域，最常见的是委托诉讼代理人。

委托他人代为诉讼的，须向人民法院提交由委托人签名或盖章的授权委托书。授权委托书必须记明委托事项和权限。

《民事诉讼法》规定："诉讼代理人代为承认、放弃、变更诉讼请求，进行和解，提起反诉或者上诉，必须有委托人的特别授权。"针对实践中经常出现的授权委托书仅写"全权代理"而无具体授权的情形，最高人民法院还特别规定，在这种情况下不能认定为诉讼代理人已获得特别授权，即诉讼代理人无权代为承认、放弃、变更诉讼请求，进行和解、提起反诉或者上诉。

9.2.1.3 民事诉讼证据的种类、保全和应用

证据，是指在诉讼中能够证明案件真实情况的各种资料。当事人要证明自己提出的主张，需要向法院提供相应的证据资料。掌握证据的种类才能正确收集证据；掌握证据的保全才能保证对自己有利的证据不会轻易丢失；掌握证据的应用才能真正发挥证据的作用。

（1）证据的种类

根据《民事诉讼法》的规定，根据表现形式的不同，民事证据有以下 8 种，分别是：当事人的陈述、证人证言、书证、物证、视听资料、电子数据、鉴定意见、勘验笔录。

① 书证和物证。书证，是指以所载文字、符号、图案等方式所表达的思想内容来证明案件事实的书面材料或者其他物品。书证在民事诉讼和仲裁中普遍存在，大量运用，具有非常重要的作用。书证一般表现为各种书面形式文件或纸面文字材料（但非纸类材料亦可成为书证载体），如合同文件、各种信函、会议纪要、电报、传真、电子邮件、图纸、图表等。

物证，则是指能够证明案件事实的物品及其痕迹，凡是以其存在的外形、重量、规格、损坏程度等物体的内部或者外部特征来证明待证事实的一部分或者全部的物品及痕迹，均属于物

证范畴。例如，在工程实践中，在对建筑材料、设备以及工程质量进行鉴定的过程中所涉及的各种证据，往往表现为物证这种形式。

② 视听资料。视听资料，是指利用录音、录像等技术手段反映的声音、图像以及电子计算机储存的数据证明案件事实的证据。在实践中，常见的视听资料包括录像带、录音带、胶卷、电话录音、雷达扫描资料以及储存于软盘、硬盘或光盘中的电脑数据等。

视听资料虽然具有易于保存、生动逼真等优点，但另一方面，视听资料也有容易通过技术手段被篡改的缺点。因此，《最高人民法院关于民事诉讼证据的若干规定》中规定，存有疑点的视听资料，不能单独作为认定案件事实的依据。

③ 证人证言和当事人陈述。

a. 证人证言。证人，是指了解案件情况并向法院、仲裁机构或当事人提供证词的人。证人就案件情况所作的陈述即为证人证言。

《民事诉讼法》规定："经人民法院通知，证人应当出庭作证。有下列情形之一的，经人民法院许可，可以通过书面证言、视听传输技术或者视听资料等方式作证：（一）因健康原因不能出庭的；（二）因路途遥远，交通不便不能出庭的；（三）因自然灾害等不可抗力不能出庭的；（四）其他有正当理由不能出庭的。不能正确表达意思的人，不能作证。"

b. 当事人陈述。当事人陈述，是指当事人在诉讼或仲裁中，就本案的事实向法院或仲裁机构所作的陈述。《民事诉讼法》规定："人民法院根据当事人的主张和案件审理情况，确定当事人应当提供的证据及其期限。当事人在该期限内提供证据确有困难的，可以向人民法院申请延长期限，人民法院根据当事人的申请适当延长。当事人逾期提供证据的，人民法院应当责令其说明理由；拒不说明理由或者理由不成立的，人民法院根据不同情形可以不予采纳该证据，或者采纳该证据但予以训诫、罚款。"

④ 鉴定意见和勘验笔录。

a. 鉴定意见。在对建设工程领域诸如工程质量、造价等方面的纠纷进行处理的过程中，针对有关的专业问题，由法院或仲裁机构委托具有相应资格的专业鉴定机构进行鉴定，并出具相应鉴定意见，是法院或仲裁机构据以查明案件事实、进行裁判的重要手段之一。因此，鉴定意见作为我国民事证据的一种，在建设工程纠纷的处理过程中，具有特殊的重要性。

当事人申请鉴定，应当注意在举证期限内提出。根据《最高人民法院关于民事诉讼证据的若干规定》："对需要鉴定的待证事实负有举证责任的当事人，在人民法院指定期间无正当理由不提出鉴定申请或者不预交鉴定费用，或者拒不提供相关材料，致使待证事实无法查明的，应当承担举证不能的法律后果。"

b. 勘验笔录。勘验笔录，是指人民法院为了查明案件的事实，指派勘验人员对与案件争议有关的现场、物品或物体进行查验、拍照、测量，并将查验的情况与结果制成的笔录。《民事诉讼法》规定，当事人或者当事人的成年家属应当到场，拒不到场的，不影响勘验的进行。勘验笔录应由勘验人、当事人和被邀参加人签名或者盖章。

⑤ 电子数据。所谓"电子数据"，是指与案件事实有关的电子邮件等以电子形式存在的证据。它是基于电子技术生成的，以数字化形式存在于磁盘等载体中，可与载体分离，并可多次复制到其他载体的信息。电子数据的形成需要借助于电子技术或者电子设备。电子数据作为证据使用时，往往以其派生物形式存在，如经打印机输出的计算机截图纸质打印件，经声像设备输出的影像、声音。

电子数据具有技术含量高、脆弱（易被伪造和篡改）、复合性、间接性等特点，常见的电子数据有电子邮件（E-mail）、电子聊天记录（E-chat）、电子数据交换（EDI）、电子资金划拨（EFT）、电子公告牌记录（BBS）和电子签章（E-signature）。此外，可电子编辑的移动通信通话记录、短信也属于电子数据。《民事诉讼法》在传统 7 类证据基础上将电子数据作为新增的证据种类并沿用至今。

（2）证据的保全

解决纠纷的过程就是证明的过程。在诉讼或仲裁中，哪些事实需要证据证明，哪些不需证明；这些事实由谁证明；靠什么证明；怎么证明；证明到什么程度，这五个问题构成证据应用的全部内容，即证明对象、举证责任、证据收集、证明过程、证明标准。证据保全是重要的证据固定措施。

（3）举证时限

所谓举证时限，是指法律规定或法院、仲裁机构指定的当事人能够有效举证的期限。举证时限是一种限制当事人诉讼行为的制度，其主要目的在于促使当事人积极举证，提高诉讼效率，防止当事人违背诚实信用原则，在证据上搞"突然袭击"或拖延诉讼。

《最高人民法院关于民事诉讼证据的若干规定》中规定："人民法院应当在送达案件受理通知书和应诉通知书的同时向当事人送达举证通知书。举证通知书应当载明举证责任的分配原则与要求、可以向人民法院申请调查取证的情形、人民法院根据案件情况指定的举证期限以及逾期提供证据的法律后果。"

当事人应当在举证期限内向法院提交证据材料，当事人在举证期限内不提交的，视为放弃举证权利。对于当事人逾期提交的证据材料，法院审理时不组织质证，但对方当事人同意质证的除外。当事人增加、变更诉讼请求或者提起反诉的，也应当在举证期限届满前提出。当事人在举证期限内提交证据材料确有困难的，应在举证期限内申请延期举证，经法院批准，可以适当延长举证期限。

（4）质证

质证，是指当事人在法庭的主持下，围绕证据的真实性、合法性、关联性，针对证据证明力有无以及证明力大小，进行质疑、说明与辩驳的过程。《最高人民法院关于民事诉讼证据的若干规定》中规定：最高人民法院《关于民事诉讼证据的若干规定》第四十七条第一款作出了相应的规定，即"证据应当在法庭上出示，由当事人质证。未经质证的证据，不能作为认定案件事实的依据。"

① 书证、物证、视听资料的质证。《最高人民法院关于民事诉讼证据的若干规定》中规定，对书证、物证、视听资料进行质证时，当事人应当出示证据的原件或者原物。但有下列情况之一的除外：a. 出示原件或者原物确有困难并经人民法院准许出示复制件或者复制品的；b. 原件或者原物已不存在，但有证据证明复制件、复制品与原件或原物一致的。

② 证人、鉴定人和勘验人的质证。《最高人民法院关于民事诉讼证据的若干规定》中规定："不能正确表达意志的人不能作为证人。待证事实与其年龄、智力状况或者精神健康状况相适应的无民事行为能力人和限制民事行为能力人，可以作为证人。"

鉴定人应当出庭接受当事人质询。鉴定人确因特殊原因无法出庭的，经法院准许，可以书面答复当事人的质询。经法庭许可，当事人可以向证人、鉴定人、勘验人发问。

9.2.1.4 民事诉讼时效的规定

（1）诉讼时效的概念

诉讼时效，是指权利人在法定的时效期间内，未行使其权利的，依据法律规定有条件消灭其胜诉权的制度。

《民法典》规定，诉讼时效期间届满的，义务人可以提出不履行义务的抗辩。诉讼时效期间届满后，义务人同意履行的，不得以诉讼时效期间届满为由抗辩；义务人已经自愿履行的，不得请求返还。人民法院不得主动适用诉讼时效的规定。

（2）诉讼时效的时限

《民法典》规定，向人民法院请求保护民事权利的诉讼时效期间为三年。法律另有规定的除外。

（3）诉讼时效期间的起算

诉讼时效期间自权利人知道或者应当知道权利受到损害以及义务人之日起计算。法律另有规定的，依照其规定。但是，自权利受到损害之日起超过二十年的，人民法院不予保护，有特殊情况的，人民法院可以根据权利人的申请决定延长。

当事人约定同一债务分期履行的，诉讼时效期间自最后一期履行期限届满之日起计算。无民事行为能力人或者限制民事行为能力人对其法定代理人的请求权的诉讼时效期间，自该法定代理终止之日起计算。未成年人遭受性侵害的损害赔偿请求权的诉讼时效期间，自受害人年满十八周岁之日起计算。

（4）诉讼时效的中止和中断

① 诉讼时效的中止。诉讼时效中止，是因为法定事由的存在使诉讼时效停止进行，待法定事由消除后继续进行的制度。

《民法典》第一百九十四条规定："在诉讼时效期间的最后六个月内，因下列障碍，不能行使请求权的，诉讼时效中止：（一）不可抗力；（二）无民事行为能力人或者限制民事行为能力人没有法定代理人，或者法定代理人死亡、丧失民事行为能力、丧失代理权；（三）继承开始后未确定继承人或者遗产管理人；（四）权利人被义务人或者其他人控制；（五）其他导致权利人不能行使请求权的障碍。

自中止时效的原因消除之日起满六个月，诉讼时效期间届满。"

② 诉讼时效的中断。诉讼时效中断，是指诉讼时效进行过程中，出现了权利人积极行使权利或义务人主动履行义务的法定事由，从而使已经经过的诉讼时效期间归于消灭，重新计算期间的制度。

《民法典》第一百九十五条规定："有下列情形之一的，诉讼时效中断，从中断、有关程序终结时起，诉讼时效期间重新计算：（一）权利人向义务人提出履行请求；（二）义务人同意履行义务；（三）权利人提起诉讼或者申请仲裁；（四）与提起诉讼或者申请仲裁具有同等效力的其他情形。"

 随堂小练

1. 甲公司向乙银行贷款 1000 万元，约定 2015 年 12 月 2 日一次性还本付息。甲公司以自己的一栋房屋作抵押。甲到期没有清偿债务，乙银行每个月都向其催收，均无效果，最后一次催收的时间是 2017 年 3 月 6 日。乙银行在（　　）前行使抵押权，才能得到法院的保护。

A. 2017 年 12 月 2 日　　　B. 2019 年 12 月 2 日
C. 2019 年 3 月 6 日　　　D. 2021 年 3 月 6 日

2. 诉讼时效因当事人一方提出要求而中断，下列（　　）不能产生诉讼时效中断的效力。

A. 对方当事人在当事人主张权利的文书上签字、盖章的
B. 当事人一方以发送信件或数据电文方式主张权利，该信件或数据电文应当到达对方当事人的
C. 当事人一方为金融机构，依照法律规定或当事人约定从对方当事人账户中扣收欠款本息的
D. 当事人一方下落不明，对方当事人在下落不明当事人一方所住地的县（市）级有影响的媒体上刊登具有主张权利内容的公告的

9.2.1.5 民事诉讼的审判程序

审判程序是人民法院审理案件适用的程序，可分为第一审程序、第二审程序和审判监督程序。

（1）第一审程序

第一审程序包括普通程序和简易程序。普通程序是《民事诉讼法》规定的民事诉讼当事人

进行第一审民事诉讼和人民法院审理第一审民事案件所通常适用的诉讼程序。适用普通程序审理的案件，根据《民事诉讼法》的规定："应当在立案之日起六个月内审结。有特殊情况需要延长的，经本院院长批准，可以延长六个月；还需要延长的，报请上级人民法院批准。"

① 起诉和受理。

a. 起诉。《民事诉讼法》规定，起诉必须符合下列条件："（一）原告是与本案有直接利害关系的公民、法人和其他组织；（二）有明确的被告；（三）有具体的诉讼请求和事实、理由；（四）属于人民法院受理民事诉讼的范围和受诉人民法院管辖。"

起诉方式应当以书面起诉为主，口头起诉为例外。工程实践中，基本都采用书面起诉方式。《民事诉讼法》规定："起诉应当向人民法院递交起诉状，并按照被告人数提出副本。"

起诉状应当记明下列事项：（一）原告的姓名、性别、年龄、民族、职业、工作单位、住所、联系方式，法人或者其他组织的名称、住所和法定代表人或者主要负责人的姓名、职务、联系方式；（二）被告的姓名、性别、工作单位、住所等信息，法人或者其他组织的名称、住所等信息；（三）诉讼请求和所根据的事实与理由；（四）证据和证据来源，证人姓名和住所。

b. 受理。《民事诉讼法》规定："符合起诉条件的，应当在七日内立案，并通知当事人；不符合起诉条件的，应当在七日内作出裁定书，不予受理；原告对裁定不服的，可以提起上诉。"

《民事诉讼法》规定："人民法院应当在立案之日起五日内将起诉状副本发送被告，被告应当在收到之日起十五日内提出答辩状。被告提出答辩状的，人民法院应当在收到答辩状之日起五日内将答辩状副本发送原告。被告不提出答辩状的，不影响人民法院审理。"

人民法院对决定受理的案件，应当在受理案件通知书和应诉通知书中向当事人告知有关的权利和义务，或者口头告知。普通程序的审判组织应当采用合议制。合议庭组成人员确定后，应当在 3 日内告知当事人。

② 开庭审理。

a. 法庭调查。法庭调查，是在法庭上出示与案件有关的全部证据，对案件事实进行全面调查并由当事人进行质证的程序。法庭调查按照下列程序进行：当事人陈述；告知证人的权利义务，证人作证，宣读未到庭的证人证言；出示书证、物证和视听资料；宣读鉴定结论；宣读勘验笔录。

b. 法庭辩论。法庭辩论，是当事人及其诉讼代理人在法庭上行使辩论权，针对有争议的事实和法律问题进行辩论的程序。法庭辩论的目的，是通过当事人及其诉讼代理人的辩论，对有争议的问题逐一进行审查和核实，借此查明案件的真实情况和正确适用法律。

③ 法庭笔录。书记员应当将法庭审理的全部活动记入笔录，由审判人员和书记员签名。

法庭笔录应当当庭宣读，也可以告知当事人和其他诉讼参与人当庭或者在 5 日内阅读。当事人和其他诉讼参与人认为对自己的陈述记录有遗漏或者差错的，有权申请补正。如果不予补正，应当将申请记录在案。法庭笔录由当事人和其他诉讼参与人签名或者盖章。

④ 宣判。法庭辩论终结，应当依法作出判决。根据《民事诉讼法》的规定："判决前能够调解的，还可以进行调解。调解书经双方当事人签收后，即具有法律效力。调解不成的，法院应当及时判决。"

原告经传票传唤，无正当理由拒不到庭的，或者未经法庭许可中途退庭的，可以按撤诉处理；被告反诉的，可以缺席判决。被告经传票传唤，无正当理由拒不到庭的，或者未经法庭许可中途退庭的,可以缺席判决。法院一律公开宣告判决,同时必须告知当事人上诉权利、上诉期限和上诉法院。最高人民法院的判决、裁定,以及超过上诉期没有上诉的判决、裁定,是发生法律效力的判决、裁定。

(2) 第二审程序

第二审程序(又称上诉程序或终审程序),是指由于民事诉讼当事人不服地方各级人民法院尚未生效的第一审判决或裁定,在法定上诉期间内,向上一级人民法院提起上诉而引起的诉讼程序。由于我国实行两审终审制,上诉案件经二审法院审理后作出的判决、裁定为终审的判决、裁定,诉讼程序即告终结。

① 上诉期间。当事人不服地方人民法院第一审判决的,有权在判决书送达之日起十五日内向上一级人民法院提起上诉。当事人不服地方人民法院第一审裁定的,有权在裁定书送达之日起十日内向上一级人民法院提起上诉。

② 上诉状。当事人提起上诉,应当递交上诉状。上诉状的内容,应当包括当事人的姓名,法人的名称及其法定代表人的姓名或者其他组织的名称及其主要负责人的姓名;原审人民法院名称、案件的编号和案由;上诉的请求和理由。上诉状应当通过原审法院提出,并按照对方当事人的人数提出副本。

③ 第二审法院对上诉案件的处理。当事人直接向第二审人民法院上诉的,第二审人民法院应当在五日内将上诉状移交原审人民法院。原审人民法院收到上诉状、答辩状,应当在五日内连同全部案卷和证据,报送第二审人民法院。

第二审人民法院对上诉案件,经过审理,按照下列情形,分别处理:原判决、裁定认定事实清楚,适用法律正确的,判决驳回上诉,维持原判决、裁定;原判决、裁定认定事实错误或者适用法律错误的,依法改判、撤销或者变更;原判决认定基本事实不清的,裁定撤销原判决,发回原审人民法院重审,或者查清事实后改判;原判决遗漏当事人或者违法缺席判决等严重违反法定程序的,裁定撤销原判决,发回原审人民法院重审。

第二审法院作出的具有给付内容的判决,具有强制执行力。如果有履行义务的当事人拒不履行,对方当事人有权向法院申请强制执行。对于发回原审法院重审的案件,原审法院仍将按照第一审程序进行审理。因此,当事人对重审案件的判决、裁定,仍然可以上诉。

(3) 审判监督程序

审判监督程序即再审程序,是指由有审判监督权的法定机关和人员提起,或由当事人申请,由人民法院对发生法律效力的判决、裁定、调解书再次审理的程序。

9.2.1.6 民事诉讼的执行程序

审判程序与执行程序是并列的独立程序。审判程序是产生裁判书的过程,执行程序是实现裁判书内容的过程。

(1) 执行程序的概念

执行程序,是指人民法院的执行机构依照法定的程序,对发生法律效力并具有给付内容的法律文书,以国家强制力为后盾,依法采取强制措施,迫使具有给付义务的当事人履行其给付义务的行为。

(2) 执行根据

执行根据是当事人申请执行,人民法院移交执行以及人民法院采取强制措施的依据。执行根据是执行程序发生的基础,没有执行根据,当事人不能向人民法院申请执行,人民法院也不得采取强制措施。

执行根据主要有:人民法院制作的发生法律效力的民事判决书、裁定书以及生效的调解书等;人民法院作出的具有财产给付内容的发生法律效力的刑事判决书、裁定书;仲裁机构制作的依法由人民法院执行的生效仲裁裁决书、仲裁调解书;公证机关依法作出的赋予强制执行效力的公证债权文书;人民法院作出的先予执行的裁定、执行回转的裁定以及承认并协助执行外国判决、裁定或裁决的裁定;我国行政机关作出的法律明确规定由人民法院执行的行政决定。

(3) 执行案件的管辖

发生法律效力的民事判决、裁定,以及刑事判决、裁定中的财产部分,由第一审人民法院或者与第一审人民法院同级的被执行的财产所在地人民法院执行。《最高人民法院关于适用〈中华人民共和国民事诉讼法〉执行程序若干问题的解释》中规定:"申请执行人向被执行的财产所在地人民法院申请执行的,应当提供该人民法院辖区有可供执行财产的证明材料。人民法院受理执行申请后,当事人对管辖权有异议的,应当自收到执行通知书之日起十日内提出。"

(4) 执行程序

① 当事人申请执行。人民法院作出的判决、裁定等法律文书,当事人必须履行。如果无故不履行,另一方当事人可向有管辖权的人民法院申请强制执行。申请强制执行应提交申请强制执行书,并附作为执行根据的法律文书。申请强制执行,还须遵守申请执行期限。申请执行的期间为两年。申请执行时效的中止、中断,适用法律有关诉讼时效中止、中断的规定。这里的期间,从法律文书规定履行期间的最后1日起计算;法律文书规定分期履行的,从规定的每次履行期间的最后1日起计算;法律文书未规定履行期间的,从法律文书生效之日起计算。

② 直接移交执行。对于具有执行内容的生效裁判文书,由审判该案的审判人员将案件直接交付执行人员,随即开始执行程序。提交执行的案件有三类:具有给付或者履行内容的生效民事判决、裁定(包括先予执行的抚恤金、医疗费用等);具有财产执行内容的刑事判决书、裁定书;审判人员认为涉及国家、集体或公民重大利益的案件。

③ 向上一级人民法院申请执行。人民法院自收到申请执行书之日起超过6个月未执行的,申请执行人可以向上一级人民法院申请执行。上一级人民法院经审查,可以责令原人民法院在一定期限内执行,也可以决定由本院执行或者指令其他人民法院执行。

(5) 执行措施

执行措施是指人民法院依照法定程序强制执行生效法律文书的方法和手段。在执行中,执行措施和执行程序是合为一体的。执行员接到申请执行书或者移交执行书,应当向被执行人发出执行通知,责令其在指定的期间履行,逾期不履行的,强制执行。被执行人不履行法律文书确定的义务,并有可能隐匿、转移财产的,执行员可以立即采取强制执行措施。

执行措施主要有:查封、扣押、冻结、划拨、变价被执行人的存款、债券、股票、基金份额等财产;扣留、提取被执行人的收入;查封、扣押、拍卖、变卖被执行人的财产;对被执行人及其住所或财产隐匿地进行搜查;强制被执行人和有关单位、公民交付法律文书指定的财物或票证;强制被执行人迁出房屋或退出土地;强制被执行人履行法律文书指定的行为;办理财产权证照转移手续;强制被执行人支付迟延履行期间的加倍债务利息或迟延履行金;依申请执行人申请,通知对被执行人负有到期债务的第三人向申请执行人履行债务。

(6) 执行中止和终结

① 执行中止。执行中止是指在执行过程中,因发生特殊情况,需要暂时停止执行程序。有下列情况之一的,人民法院应裁定中止执行:申请人表示可以延期执行的;案外人对执行标的提出确有理由异议的;作为一方当事人的公民死亡,需要等待继承人继承权利或承担义务的;作为一方当事人的法人或其他组织终止,尚未确定权利义务承受人的;人民法院认为应当中止执行的其他情形,如被执行人确无财产可供执行等。中止的情形消失后,恢复执行。

② 执行终结。在执行过程中,由于出现某些特殊情况,执行工作无法继续进行或没有必要继续进行的,结束执行程序。有下列情况之一的,人民法院应当裁定终结执行:申请人撤销申请的;据以执行的法律文书被撤销的;作为被执行人的公民死亡,无遗产可供执行,又无义务承担人的;追索赡养费、扶养费、抚育费案件的权利人死亡的;作为被执行人的公民因生活困难无力偿还借款,无收入来源,又丧失劳动能力的;人民法院认为应当终结执行的其他情形。

9.2.2 仲裁制度

仲裁是解决民商事纠纷的重要方式之一。仲裁制度是指民(商)事争议的双方当事人达成协议,自愿将争议提交选定的第三者根据一定程序规则和公正原则作出裁决,并有义务履行裁决的一种法律制度。

仲裁有三项基本制度:协议仲裁制度、或裁或审制度和一裁终局制度。

(1) 仲裁协议的规定

① 仲裁协议的形式。仲裁协议是指当事人自愿将已经发生或者可能发生的争议通过仲裁解决的书面协议。

《仲裁法》规定:"仲裁协议包括合同中订立的仲裁条款和以其他书面方式在纠纷发生前或者纠纷发生后达成的请求仲裁的协议。"据此,仲裁协议应当采用书面形式,口头方式达成的仲裁意思表示无效。仲裁协议既可以表现为合同中的仲裁条款,也可以表现为独立于合同而存在的仲裁协议书。在实践中,合同中的仲裁条款是最常见的仲裁协议形式。

《关于适用〈中华人民共和国仲裁法〉若干问题的解释》规定:"仲裁法第十六条规定的'其他书面形式'的仲裁协议,包括以合同书、信件和数据电文(包括电报、电传、传真、电子数据交换和电子邮件)等形式达成的请求仲裁的协议。"此外,《中华人民共和国电子签名法》还规定,能够有形地表现所载内容,并可以随时调取查用的数据电文,视为符合法律、法规要求的书面形式。

② 仲裁协议的内容。仲裁协议应当具有下列内容:请求仲裁的意思表示;仲裁事项;选定的仲裁委员会。这三项内容必须同时具备,仲裁协议才能有效。

请求仲裁的意思表示,是指条款中应该有"仲裁"两字,表明当事人的仲裁意愿。该意愿应当是确定的,而不是模棱两可的。有的当事人在合同中约定发生争议可以提交仲裁,也可以提交诉讼，根据这种约定就无法判定当事人有明确的仲裁意愿。因此，《关于适用〈中华人民共和国仲裁法〉若干问题的解释》规定，此类仲裁协议无效。

仲裁事项，可以是当事人之间合同履行过程中的或与合同有关的一切争议，也可以是合同中某一特定问题的争议；既可以是事实问题的争议，也可以是法律问题的争议，其范围取决于当事人的约定。

③ 仲裁协议的效力。

a. 对当事人的法律效力。仲裁协议一经有效成立，即对当事人产生法律约束力。发生纠纷后，当事人只能向仲裁协议中所约定的仲裁机构申请仲裁，而不能就该纠纷向法院提起诉讼。

b. 对法院的约束力。有效的仲裁协议排除法院的司法管辖权。《仲裁法》规定："当事人达成仲裁协议，一方向人民法院起诉未声明有仲裁协议，人民法院受理后，另一方在首次开庭前提交仲裁协议的，人民法院应当驳回起诉，但仲裁协议无效的除外；另一方在首次开庭前未对人民法院受理该案提出异议的，视为放弃仲裁协议，人民法院应当继续审理。"

c. 对仲裁机构的法律效力。仲裁协议是仲裁委员会受理仲裁案件的基础，是仲裁庭审理和裁决案件的依据。没有有效的仲裁协议，仲裁委员会就不能获得仲裁案件的管辖权。同时，仲裁委员会只能对当事人在仲裁协议中约定的争议事项进行仲裁，对超出仲裁协议约定范围的其他争议无权仲裁。

d. 仲裁协议的独立性。仲裁协议独立存在，合同的变更、解除、终止或者无效，以及合同成立后未生效、被撤销等，均不影响仲裁协议的效力。当事人在订立合同时就争议解决达成仲裁协议的，合同未成立也不影响仲裁协议的效力。

e. 仲裁协议效力的确认。当事人对仲裁协议效力有异议的，应当在仲裁庭首次开庭前提出。当事人既可以请求仲裁委员会作出决定，也可以请求人民法院裁定。一方请求仲裁委员会作出决定，另一方请求人民法院作出裁定的，由人民法院裁定。当事人向人民法院申请确认仲裁协议效力的案件，由仲裁协议约定的仲裁机构所在地的中级人民法院管辖；仲裁协议约定的仲裁机构不明确的，由仲裁协议签订地或者被申请人住所地的中级人民法院管辖。

（2）仲裁的申请与受理

① 申请仲裁的条件。当事人申请仲裁，应当符合下列条件：有仲裁协议；有具体的仲裁请求和事实、理由；属于仲裁委员会的受理范围。

② 仲裁申请的方式。当事人申请仲裁，应当向仲裁委员会递交仲裁协议、仲裁申请书及副本。其中，仲裁申请书应当载明下列事项：当事人的姓名、性别、年龄、职业、工作单位和住所，法人或者其他组织的名称、住所和法定代表人或者主要负责人的姓名、职务；仲裁请求和所依据的事实、理由；证据和证据来源、证人姓名和住所。

对于申请仲裁的具体文件内容，各仲裁机构在《仲裁法》规定的范围内，会有不同的要求和审查标准，一般可以登录其网站进行查询。

③ 审查和受理。仲裁委员会收到仲裁申请书之日起 5 日内，认为符合受理条件的应当受理，并通知当事人；认为不符合受理条件的，应当书面通知当事人不予受理，并说明理由。

仲裁委员会受理仲裁申请后，应当在仲裁规则规定的期限内将仲裁规则和仲裁员名册送达申请人，并将仲裁申请书副本和仲裁规则、仲裁员名册送达被申请人。被申请人收到仲裁申请书副本后，应当在仲裁规则规定的期限内向仲裁委员会提交答辩书。仲裁委员会收到答辩书后,应当在仲裁规则规定的期限内将答辩书副本送达申请人。被申请人未提交答辩书的,不影响仲裁程序的进行。被申请人有权提出反请求。

④ 财产保全和证据保全。为保证仲裁程序顺利进行、仲裁案件公正审理以及仲裁裁决有效执行,当事人有权申请财产保全和证据保全。当事人提起财产保全及/或证据保全的申请,可以在仲裁程序开始前,也可以在仲裁程序进行中。

当事人要求采取财产保全及/或证据保全措施的,应向仲裁委员会提出书面申请,由仲裁委员会将当事人的申请转交被申请人住所地或其财产所在地及/或证据所在地有管辖权的人民法院作出裁定;当事人也可以直接向有管辖权的人民法院提出保全申请。

申请人在人民法院采取保全措施后30日内不依法申请仲裁的,人民法院应当解除保全。

(3) 仲裁的开庭和裁决

① 仲裁庭的组成。仲裁庭的组成形式包括合议仲裁庭和独任仲裁庭两种,即仲裁庭可以由三名仲裁员或者一名仲裁员组成。

a. 合议仲裁庭。根据当事人约定由三名仲裁员组成仲裁庭的,应当各自选定或者各自委托仲裁委员会主任指定一名仲裁员,第三名仲裁员由当事人共同选定或者共同委托仲裁委员会主任指定。第三名仲裁员是首席仲裁员。

b. 独任仲裁庭。根据当事人约定由一名仲裁员成立仲裁庭的,应当由当事人共同选定或者共同委托仲裁委员会主任指定仲裁员。当事人没有在仲裁规则规定的期限内约定仲裁庭的组成方式或者选定仲裁员的,由仲裁委员会主任指定。

仲裁员有下列情形之一的,必须回避,当事人也有权提出回避申请:是本案当事人或者当事人、代理人的近亲属;与本案有利害关系;与本案当事人、代理人有其他关系,可能影响公正仲裁的;私自会见当事人、代理人,或者接受当事人、代理人的请客送礼的。

当事人提出回避申请,应当说明理由,在首次开庭前提出。回避事由在首次开庭后知道的,可以在最后一次开庭结束前提出。

② 开庭和审理。仲裁审理的方式分为开庭审理和书面审理两种。仲裁应当开庭审理作出裁决,这是仲裁审理的主要方式。但是,当事人协议不开庭的,仲裁庭可以根据仲裁申请书、答辩书以及其他材料作出裁决,即书面审理方式。

为了保护当事人的商业秘密和商业信誉,仲裁不公开进行,当事人协议公开的,可以公开进行,但涉及国家秘密的除外。

当事人应当对自己的主张提供证据。仲裁庭认为有必要收集的证据,可以自行收集。证据应当在开庭时出示,当事人可以质证。当事人在仲裁过程中有权进行辩论。

仲裁庭可以作出缺席裁决。申请人无正当理由开庭时不到庭的,或在开庭审理时未经仲裁庭许可中途退庭的,视为撤回仲裁申请;如果被申请人提出了反请求,不影响仲裁庭就反进行审理,并作出裁决。被申请人无正当理由开庭时不到庭的,或在开庭审理时未经仲裁庭许可中途退庭的,仲裁庭可以进行缺席审理,并作出裁决;如果被申请人提出了反请求,视为撤回反请求。

③ 仲裁中的和解与调解。当事人申请仲裁后,可以自行和解。达成和解协议的,可以请求仲裁庭根据和解协议作出裁决书,也可以撤回仲裁申请。当事人达成和解协议,撤回仲裁申请后反悔的,仍可以根据仲裁协议申请仲裁。

仲裁庭在作出裁决前,可以先行调解。当事人自愿调解的,仲裁庭应当调解。调解不成的,应当及时作出裁决。调解达成协议的,仲裁庭应当制作调解书或者根据协议的结果制作裁决书。调解书与裁决书具有同等法律效力。调解书经双方当事人签收后,即发生法律效力。在调解书签收前当事人反悔的,仲裁庭应当及时作出裁决。

④ 仲裁裁决。仲裁裁决是由仲裁庭作出的具有强制执行效力的法律文书。独任仲裁庭审理的案件由独任仲裁员作出仲裁裁决,合议仲裁庭审理的案件由三名仲裁员集体作出仲裁裁决。裁决应当按照多数仲裁员的意见作出,少数仲裁员的不同意见可以记入笔录或者附在裁决书后,但该少数意见不是裁决书的组成部分。

裁决书的效力:裁决书一裁终局,当事人不得就已经裁决的事项再申请仲裁,也不得就此提起诉讼;仲裁裁决具有强制执行力,一方当事人不履行的,对方当事人可以到法院申请强制执行;仲裁裁决在所有《承认和执行外国仲裁裁决公约》缔约国(或地区)可以得到承认和执行。

(4) 仲裁裁决的执行

① 仲裁裁决的强制执行力。仲裁裁决作出后,当事人应当履行裁决。一方当事人不履行的,另一方当事人可以依照我国《民事诉讼法》的规定,向人民法院申请执行。受申请的人民法院应当执行。根据我国最高人民法院的相关司法解释,当事人申请执行仲裁裁决案件,由被执行人所在地或者被执行财产所在地的中级人民法院管辖。

申请仲裁裁决强制执行必须在法律规定的期限内提出。《民事诉讼法》第二百三十九条规定:"申请执行的期间为二年。申请执行时效的中止、中断,适用法律有关诉讼时效中止、中断的规定。"

申请仲裁裁决强制执行的期限,自仲裁裁决书规定履行期限或仲裁机构的仲裁规则规定履行期间的最后1日起计算。仲裁裁决书规定分期履行的,依规定的每次履行期间的最后1日起计算。仲裁裁决书未规定履行期间的,从仲裁裁决书生效之日起计算。

② 仲裁裁决的不予执行和撤销。根据《仲裁法》《民事诉讼法》的规定,被申请人提出证据证明裁决有下列情形之一的,经人民法院组成合议庭审查核实,裁定不予执行:当事人在合同中没有仲裁条款或者事后没有达成书面仲裁协议的;裁决的事项不属于仲裁协议的范围或者仲裁机构无权仲裁的;仲裁庭的组成或者仲裁的程序违反法定程序的;裁决所依据的证据是伪造的;对方当事人向仲裁机构隐瞒了足以影响公正裁决的证据的;仲裁员在仲裁该案时有贪污受贿、徇私舞弊、枉法裁决行为的。此外,人民法院认定执行该裁决违背社会公共利益的,裁定不予执行。

仲裁裁决被法院依法裁定不予执行的,当事人可以根据双方重新达成的仲裁协议申请仲裁,也可以向法院提起诉讼。

当事人提出证据证明裁决有上述情形之一的,可以向仲裁委员会所在地的中级人民法院申请撤销裁决。此外,人民法院认定该裁决违背社会公共利益的,应当裁定撤销。当事人申请撤销裁决的,应当在收到裁决书之日起六个月内提出。

仲裁裁决被人民法院依法撤销后,当事人之间的纠纷并未解决。根据《仲裁法》的规定:"当事人约定争议可以向仲裁机构申请仲裁也可以向人民法院起诉的,仲裁协议无效。"

 随堂小练

甲、乙、丙三人组成仲裁庭,甲为首席仲裁员,甲认为应该支持申请人的主张,乙、丙认为不应支持申请人的主张,关于仲裁裁决的说法,正确的是(   )。

A. 应按乙、丙的意见做出仲裁裁决
B. 应该按甲的意见做出仲裁书
C. 甲、乙、丙各自的意见全部列出交由仲裁委员会做出决定
D. 按照甲的意见做出仲裁裁决，裁决书如实记载乙、丙意见

9.3 建设工程行政纠纷处理制度

与建设工程密切相关且容易引发争议的具体行政行为是行政许可和行政强制。除此之外，行政许可与行政强制作为两种行政纠纷管理制度应用极为广泛，且与建设工程密切相关。行政复议和行政诉讼是处理和解决行政争议的有效方式，但二者又有着明显区别。

9.3.1 行政许可及行政强制

行政许可是指行政机关根据公民、法人或者其他组织的申请，经依法审查，准予其从事特定活动的行为。行政强制，包括行政强制措施和行政强制执行。

9.3.1.1 行政许可及其法定程序

行政许可只能由行政机关作出，且只能依申请而发生，不能主动作出，其往往赋予申请人一定权利而产生收益，但是一般也附加一定的条件或义务。行政许可应遵循法定程序，并以正规的文书等形式作出批准或认可。

（1）可以设定行政许可的事项

《中华人民共和国行政许可法》（简称《行政许可法》）规定，下列事项可以设定行政许可："（一）直接涉及国家安全、公共安全、经济宏观调控、生态环境保护以及直接关系人身健康、生命财产安全等特定活动，需要按照法定条件予以批准的事项；（二）有限自然资源开发利用、公共资源配置以及直接关系公共利益的特定行业的市场准入等，需要赋予特定权利的事项；（三）提供公众服务并且直接关系公共利益的职业、行业，需要确定具备特殊信誉、特殊条件或者特殊技能等资格、资质的事项；（四）直接关系公共安全、人身健康、生命财产安全的重要设备、设施、产品、物品，需要按照技术标准、技术规范，通过检验、检测、检疫等方式进行审定的事项；（五）企业或者其他组织的设立等，需要确定主体资格的事项；（六）法律、行政法规规定可以设定行政许可的其他事项。"

以上所列事项，通过下列方式能够予以规范的，可以不设行政许可：公民、法人或者其他组织能够自主决定的；市场竞争机制能够有效调节的；行业组织或者中介机构能够自律管理的；行政机关采用事后监督等其他行政管理方式能够解决的。

（2）行政许可的实施程序

法定的行政许可实施程序是规范行政许可行为，防止权力滥用，保证行政权力正确实施的重要环节。行政许可实施的一般程序包括申请与受理、审查与决定、期限、听证、变更与延续。

① 申请与受理。《行政许可法》规定，公民、法人或者其他组织从事特定活动，依法需要取得行政许可的，应当向行政机关提出申请。申请书需要采用格式文本的，行政机关应当向申

请人提供行政许可申请书格式文本。申请书格式文本中不得包含与申请行政许可事项没有直接关系的内容。申请人可以委托代理人提出行政许可申请。但是，依法应当由申请人到行政机关办公场所提出行政许可申请的除外。行政许可申请可以通过信函、电报、电传、传真、电子数据交换和电子邮件等方式提出。

行政机关对申请人提出的行政许可申请，应当根据下列情况分别作出处理：申请事项依法不需要取得行政许可的，应当即时告知申请人不受理；申请事项依法不属于本行政机关职权范围的，应当即时作出不予受理的决定，并告知申请人向有关行政机关申请；申请材料存在可以当场更正的错误的，应当允许申请人当场更正；申请材料不齐全或者不符合法定形式的，应当当场或者在5日内一次告知申请人需要补正的全部内容，逾期不告知的，自收到申请材料之日起即为受理；申请事项属于本行政机关职权范围，申请材料齐全、符合法定形式，或者申请人按照本行政机关的要求提交全部补正申请材料的，应当受理行政许可申请。行政机关受理或者不予受理行政许可申请，应当出具加盖本行政机关专用印章和注明日期的书面凭证。

② 审查与决定。依法应当先经下级行政机关审查后报上级行政机关决定的行政许可，下级行政机关应当在法定期限内将初步审查意见和全部申请材料直接报送上级行政机关。上级行政机关不得要求申请人重复提供申请材料。行政机关对行政许可申请进行审查时，发现行政许可事项直接关系他人重大利益的，应当告知该利害关系人。申请人、利害关系人有权进行陈述和申辩。行政机关应当听取申请人、利害关系人的意见。

申请人的申请符合法定条件、标准的，行政机关应当依法作出准予行政许可的书面决定。行政机关依法作出不予行政许可的书面决定的，应当说明理由，并告知申请人享有依法申请行政复议或者提起行政诉讼的权利。行政机关作出的准予行政许可决定，应当予以公开，公众有权查阅。法律、行政法规设定的行政许可，其适用范围没有地域限制的，申请人取得的行政许可在全国范围内有效。

③ 期限。申请人提交的申请材料齐全、符合法定形式，行政机关能够当场作出决定的，应当当场作出书面的行政许可决定。除可以当场作出行政许可决定的外，行政机关应当自受理行政许可申请之日起20日内作出行政许可决定。20日内不能作出决定的，经本行政机关负责人批准，可以延长10日，并应当将延长期限的理由告知申请人。但是，法律、法规另有规定的，依照其规定。

依照《行政许可法》第二十六条的规定："行政许可需要行政机关内设的多个机构办理的，该行政机关应当确定一个机构统一受理行政许可申请，统一送达行政许可决定。"行政许可依法由地方人民政府两个以上部门分别实施的，本级人民政府可以确定一个部门受理行政许可申请并转告有关部门分别提出意见后统一办理，或者组织有关部门联合办理、集中办理。

④ 听证。法律、法规、规章规定实施行政许可应当听证的事项，或者行政机关认为需要听证的其他涉及公共利益的重大行政许可事项，行政机关应当向社会公告，并举行听证。

行政许可直接涉及申请人与他人之间重大利益关系的，行政机关在作出行政许可决定前，应当告知申请人、利害关系人享有要求听证的权利；申请人、利害关系人在被告知听证权利之日起5日内提出听证申请的，行政机关应当在20日内组织听证。申请人、利害关系人不承担行政机关组织听证的费用。

⑤ 变更与延续。被许可人要求变更行政许可事项的，应当向作出行政许可决定的行政机关提出申请；符合法定条件、标准的，行政机关应当依法办理变更手续。

被许可人需要延续依法取得的行政许可的有效期的，应当在该行政许可有效期届满 30 日前向作出行政许可决定的行政机关提出申请。但是，法律、法规、规章另有规定的，依照其规定。行政机关应当根据被许可人的申请，在该行政许可有效期届满前作出是否准予延续的决定；逾期未作决定的，视为准予延续。

 随堂小练

以下属于行政纠纷的是（　　）。
A. 施工单位为文化局建设家属院被拖欠工程款
B. 税务局扩建办公楼挤占了某居民小区出行通道
C. 投标人不服招标行政监督部门对其投诉作出不予受理的决定
D. 建设单位不服建设行政主管部门对工程合同争议进行的调解

9.3.1.2 行政强制及其法定程序

行政强制措施，是指行政机关在行政管理过程中，为制止违法行为、防止证据损毁、避免危害发生、控制危险扩大等情形，依法对公民的人身自由实施暂时性限制，或者对公民、法人或者其他组织的财物实施暂时性控制的行为。行政强制执行，是指行政机关或者行政机关申请人民法院，对不履行行政决定的公民、法人或者其他组织，依法强制履行义务的行为。

（1）行政强制措施的种类和行政强制执行的方式

行政强制措施的种类：限制公民人身自由；查封场所、设施或者财物；扣押财物；冻结存款、汇款；其他行政强制措施。

行政强制执行的方式：加处罚款或者滞纳金；划拨存款、汇款；拍卖或者依法处理查封、扣押的场所、设施或者财物；排除妨碍、恢复原状；代履行；其他强制执行方式。

（2）行政强制的设定

行政强制措施由法律设定。尚未制定法律，且属于国务院行政管理职权事项的，行政法规可以设定除限制公民人身自由、冻结存款汇款和应当由法律规定的行政强制措施以外的其他行政强制措施。尚未制定法律、行政法规，且属于地方性事务的，地方性法规可以设定查封场所、设施或者财物，以及扣押财物的行政强制措施。法律、法规以外的其他规范性文件不得设定行政强制措施。

（3）行政强制的法定程序

① 行政强制措施实施的一般程序。行政强制措施由法律、法规规定的行政机关在法定职权范围内实施。行政强制措施权不得委托。

行政机关实施行政强制措施应当遵守下列规定：实施前须向行政机关负责人报告并经批准；由两名以上行政执法人员实施；出示执法身份证件；通知当事人到场；当场告知当事人采取行政强制措施的理由、依据以及当事人依法享有的权利、救济途径；听取当事人的陈述和申辩；制作现场笔录；现场笔录由当事人和行政执法人员签名或者盖章，当事人拒绝的，在笔录中予以注明；当事人不到场的，邀请见证人到场，由见证人和行政执法人员在现场笔录上签名或者盖章；法律、法规规定的其他程序。

② 行政强制执行的一般程序。行政强制执行由法律设定。法律没有规定行政机关强制执行的，作出行政决定的行政机关应当申请人民法院强制执行。

a. 具有行政强制执行权的行政机关实施行政强制执行。行政机关依法作出行政决定后，当事人在行政机关决定的期限内不履行义务的，具有行政强制执行权的行政机关依照《中华人民共和国行政强制法》（简称《行政强制法》）规定强制执行。

行政机关作出强制执行决定前，应当事先催告当事人履行义务。催告应当以书面形式作出，并载明下列事项：履行义务的期限；履行义务的方式；涉及金钱给付的，应当有明确的金额和给付方式；当事人依法享有的陈述权和申辩权。当事人收到催告书后有权进行陈述和申辩。行政机关应当充分听取当事人的意见，对当事人提出的事实、理由和证据，应当进行记录、复核。当事人提出的事实、理由或者证据成立的，行政机关应当采纳。

b. 没有行政强制执行权的行政机关申请人民法院强制执行。当事人在法定期限内不申请行政复议或者提起行政诉讼，又不履行行政决定的，没有行政强制执行权的行政机关可以自期限届满之日起三个月内，依照《行政强制法》规定申请人民法院强制执行。

行政机关申请人民法院强制执行前，应当催告当事人履行义务。催告书送达 10 日后当事人仍未履行义务的，行政机关可以向所在地有管辖权的人民法院申请强制执行；执行对象是不动产的，向不动产所在地有管辖权的人民法院申请强制执行。

人民法院发现有下列情形之一的，在作出裁定前可以听取被执行人和行政机关的意见：明显缺乏事实根据的；明显缺乏法律法规依据的；其他明显违法并损害被执行人合法权益的。

因情况紧急，为保障公共安全，行政机关可以申请人民法院立即执行。强制执行的费用由被执行人承担。人民法院以划拨、拍卖方式强制执行的，可以在划拨、拍卖后将强制执行的费用扣除。

9.3.2 行政复议及其相关规定

行政复议是行政机关实施的被动行政行为，它兼具行政监督、行政救济和行政司法行为的特征和属性。它对于监督和维护行政主体依法行使行政职权，保护相对人的合法权益等均具有重要的意义和作用。

（1）行政复议的适用

① 行政复议的含义。行政复议，是指公民、法人或者其他组织认为行政主体的具体行政行为违法或不当从而侵犯其合法权益，依法向法定的行政机关提出复查申请，行政复议机关依法对该具体行政行为进行合法性、适当性审查，并作出行政复议决定的行政行为。

② 行政复议的范围。行政复议的目的，是为了防止和纠正违法的或者不当的具体行政行为，保护公民、法人和其他组织的合法权益，保障和监督行政机关依法行使职权。因此，只要是公民、法人或者其他组织认为行政机关的具体行政行为侵犯其合法权益，就有权向行政机关提出行政复议申请。

《中华人民共和国行政复议法》（简称《行政复议法》）规定了 11 项可申请行政复议的具体行政行为，结合建设工程实践，其中 7 项尤为重要：①对行政机关作出的警告、罚款、没收违法所得、没收非法财物、责令停产停业、暂扣或者吊销许可证、暂扣或者吊销执照、行政拘留等行政处罚决定不服的；②对行政机关作出的限制人身自由或者查封、扣押、冻结财产等行政强制措施决定不服的；③对行政机关作出的有关许可证、执照、资质证、资格证等证书变更、中止、撤销的决定不服的；④认为行政机关侵犯合法的经营自主权的；⑤认为行政机关违法集资、征收财物、摊派费用或者违法要求履行其他义务的；⑥认为符合法定条件，申请行政机关颁发许可证、执照、资质证、资格证等证书，或者申请行政机关审批、登记有关事项，行政机关没有依法办理的；⑦认为行政机关的其他具体行政行为侵犯其合法权益的。

(2) 行政复议的程序

① 行政复议的申请。公民、法人或者其他组织认为具体行政行为侵犯其合法权益的，可以自知道该具体行政行为之日起 60 日内提出行政复议申请；但法律规定的申请期限超过 60 日的除外。因不可抗力或者其他正当理由耽误法定申请期限的，申请期限自障碍消除之日起继续计算。

依法申请行政复议的公民、法人或者其他组织是申请人。作出具体行政行为的行政机关是被申请人。申请人可以委托代理人代为参加行政复议。申请人申请行政复议，可以书面申请，也可以口头申请。

对于行政复议，应当按照《行政复议法》的规定向有权受理的行政机关申请，如"对县级以上地方各级人民政府工作部门的具体行政行为不服的，由申请人选择，可以向该部门的本级人民政府申请行政复议，也可以向上一级主管部门申请行政复议"。

② 行政复议的受理。行政复议机关收到行政复议申请后，应当在 5 日内进行审查，依法决定是否受理，并书面告知申请人；对符合行政复议申请条件，但不属于本机关受理范围的，应当告知申请人向有关行政复议机关提出。

在行政复议期间，行政机关不停止执行该具体行政行为，但有下列情形之一的，可以停止执行：被申请人认为需要停止执行的；行政复议机关认为需要停止执行的；申请人申请停止执行，行政复议机关认为其要求合理，决定停止执行的；法律规定停止执行的。

③ 行政复议的决定。行政复议原则上采取书面审查的办法，但申请人提出要求或者行政复议机关负责法制工作的机构认为有必要时，可以向有关组织和人员调查情况，听取申请人、被申请人和第三人的意见。行政复议决定作出前，申请人要求撤回行政复议申请的，经说明理由，可以撤回；撤回行政复议申请的，行政复议终止。

行政复议机关应当在受理行政复议申请之日起 60 日内作出行政复议决定，主要类型有：对于具体行政行为认定事实清楚，证据确凿，适用依据正确，程序合法，内容适当的，决定维持。对于被申请人不履行法定职责的，决定其在一定期限内履行。对于具体行政行为有下列情形之一的，决定撤销、变更或者确认该具体行政行为违法：主要事实不清、证据不足的；适用依据错误的；违反法定程序的；超越或者滥用职权的；具体行政行为明显不当的。对于决定撤销或者确认该具体行政行为违法的，可以责令被申请人在一定期限内重新作出具体行政行为。

9.3.3 行政诉讼的相关规定

行政诉讼，是指人民法院应当事人的请求，通过审查具体行政行为合法性的方式，解决特定范围内行政争议的活动。行政诉讼和民事诉讼、刑事诉讼构成我国的基本诉讼制度。

(1) 行政诉讼的受案范围

行政诉讼受案范围是指哪些行政争议可以进入行政诉讼加以解决。该受案范围确定了行政机关行政行为受司法监督的限度，以及公民、法人或其他组织获得司法救济的范围。

《行政诉讼法》规定："法院受理公民、法人和其他组织对下列具体行政行为不服提起的诉讼：（一）对行政拘留、暂扣或者吊销许可证和执照、责令停产停业、没收违法所得、没收非法财物、罚款、警告等行政处罚不服的；（二）对限制人身自由或者对财产的查封、扣押、冻结等行政强制措施和行政强制执行不服的；（三）申请行政许可，行政机关拒绝或者在法定期限内不予答复，或者对行政机关作出的有关行政许可的其他决定不服的；（四）对行政机关作出的关于确认土地、矿藏、水流、森林、山岭、草原、荒地、滩涂、海域等自然资源的所有权或者使用权的决定不服的；（五）对征收、征用决定及其补偿决定不服的；（六）申请行政机关履行保护人身权、财产权等合法权益的法定职责，行政机关拒绝履行或者不予答复的；（七）认为行政机关侵犯其经营自主权或者农村土地承包经营权、农村土地经营权的；（八）认为行政机关滥用行政权力排除或者限制竞争的；（九）认为行政机关违法集资、摊派费用或者违法要求履行其他义务的；（十）认为行政机关没有依法支付抚恤金、最低生活保障待遇或者社会保险待遇的；（十一）认为行政机关不依法履行、未按照约定履行或者违法变更、解除政府特许经营协议、土地房屋征收补偿协议等协议的；（十二）认为行政机关侵犯其他人身权、财产权等合法权益的。"

（2）行政诉讼管辖

行政诉讼管辖指不同级别和地域的人民法院之间在受理第一审行政案件的权限分工。

① 级别管辖。基层人民法院管辖第一审行政案件。中级人民法院管辖下列第一审行政案件对国务院部门或者县级以上地方人民政府所作的行政行为提起诉讼的案件；海关处理的案件；本辖区内重大、复杂的案件；其他法律规定由中级人民法院管辖的案件。高级人民法院和最高人民法院只管辖本辖区范围内重大、复杂行政诉讼案件。

② 一般地域管辖。行政案件由最初作出具体行政行为的行政机关所在地人民法院管辖。经复议的案件，复议机关改变原具体行政行为的，也可以由复议机关所在地人民法院管辖。对限制人身自由的行政强制措施不服提起的诉讼，由被告所在地或者原告所在地人民法院管辖。因不动产提起的行政诉讼，由不动产所在地人民法院管辖。

两个以上人民法院都有管辖权的案件，原告可以选择其中一个人民法院提起诉讼。原告向两个以上有管辖权的人民法院提起诉讼的，由最先立案的人民法院管辖。

（3）行政诉讼的程序

① 行政诉讼的起诉和受理。提起诉讼应当符合下列条件：原告是行政行为的相对人以及其他与行政行为有利害关系的公民、法人或者其他组织；有明确的被告；有具体的诉讼请求和事实根据；属于人民法院受案范围和受诉人民法院管辖。

行政争议未经行政复议，由当事人直接向法院提起行政诉讼的，除法律另有规定的外，应当在知道作出行政行为之日起 6 个月内起诉。经过行政复议但对行政复议决定不服而依法提起行政诉讼的，应当在收到行政复议决定书之日起 15 日内起诉；若行政复议机关逾期不作复议决定的，除法律另有规定的外，申请人应当在行政复议期满日起 15 日内起诉。

人民法院接到起诉状，经审查，应当在 7 日内立案或者作出裁定不予受理。原告对裁定不服的，可以提起上诉。

② 行政诉讼的审理、判决和执行。

a. 审理。《行政诉讼法》规定，行政诉讼期间，除该法规定的情形外，不停止具体行政行为的执行。法院审理行政案件，不适用调解。除涉及国家秘密、个人隐私和法律另有规定的外，人民法院公开审理行政案件。

人民法院审理行政案件，以法律和行政法规、地方性法规为依据。地方性法规适用于本行政区域内发生的行政案件；审理民族自治地方的行政案件，以该民族自治地方的自治条例和单行条例为依据。

经人民法院两次合法传唤,原告无正当理由拒不到庭的,视为申请撤诉;被告无正当理由拒不到庭的,可以缺席判决。

b. 判决。法院对行政诉讼的一审判决有如下几种:

认为具体行政行为证据确凿,适用法律、法规正确,符合法定程序的,判决维持。认为具体行政行为有下列情形之一,判决撤销或者部分撤销,并可以判决被告重新作出具体行政行为:主要证据不足的;适用法律、法规错误的;违反法定程序的;超越职权的;滥用职权的。认为被告不履行或拖延履行法定职责,判决其在一定期限内履行。认定行政处罚显失公正(即同类型的行政处罚畸轻畸重,明显的不公正)的,可以判决变更。认为原告的诉讼请求依法不能成立,直接判决否定原告的诉讼请求。通过对被诉具体行政行为的审查,确认被诉具体行政行为合法或违法的判决。

c. 执行。当事人必须履行人民法院发生法律效力的判决、裁定。公民、法人或者其他组织拒绝履行判决、裁定的,行政机关可以向第一审人民法院申请强制执行,或者依法强制执行。

公民、法人或者其他组织对具体行政行为在法定期间不提起诉讼又不履行的,行政机关可以申请人民法院强制执行,或者依法强制执行。

(4) 行使行政职权时侵权的赔偿责任

公民、法人或者其他组织的合法权益受到行政机关或者行政机关工作人员作出的具体行政行为侵犯造成损害的,有权请求赔偿。公民、法人或者其他组织单独就损害赔偿提出请求,应当先由行政机关解决。对行政机关的处理不服,可以向人民法院提起诉讼。赔偿诉讼可以适用调解。

按照《中华人民共和国国家赔偿法》的规定,行政机关及其工作人员在行使行政职权时有下列侵犯人身权情形之一的,受害人有取得赔偿的权利:"违法拘留或者违法采取限制公民人身自由的行政强制措施的;非法拘禁或者以其他方法非法剥夺公民人身自由的;以殴打、虐待等行为或者唆使、放纵他人以殴打、虐待等行为造成公民身体伤害或者死亡的;违法使用武器、警械造成公民身体伤害或者死亡的;造成公民身体伤害或者死亡的其他违法行为。"

行政机关及其工作人员在行使行政职权时有下列侵犯财产权情形之一的,受害人有取得赔偿的权利:违法实施罚款、吊销许可证和执照、责令停产停业、没收财物等行政处罚的;违法对财产采取查封、扣押、冻结等行政强制措施的;违法征收、征用财产的;造成财产损害的其他违法行为。

但是,属于下列情形之一的,国家不承担赔偿责任:行政机关工作人员与行使职权无关的个人行为;因公民、法人和其他组织自己的行为致使损害发生的;法律规定的其他情形。

9.4 国际工程纠纷处理

国际工程投资大,影响因素多,风险大,技术标准要求严格,规范和规程庞杂等因素导致国际工程施工管理十分复杂,加之成本高昂,一般履约时间较长,涉及不同国家合同双方的经济利益以至公司的声誉,因而矛盾和争端是不可避免的。一套合理有效的工程争端解决方法对保证工程的顺利实施具有十分重要的作用。

9.4.1 国际工程争端裁决机制

公平的争端解决方式是国际工程合同中最为重要的条款之一。争端裁决委员会（Dispute-AdjudicationBoard，DAB）是在国际工程承包实践中，逐步发展起来的一种新的解决争端的方式。通常争端裁决委员由3名成员组成，双方各派出一名，再由两名成员指定第三方。调停解决是通过小型审理、中间调节、争端裁决委员会或争端评选委员会等形式的争端调解。

(1) DAB的特点

① 公正性。通常包括三个专业的人士，由缔约双方选择出来。一名由雇主推荐，经承包商同意；另一名由承包商推荐，经雇主同意；第三名由已选定的两名成员提名推荐，经雇主和承包商同意，并任命为主席。在选择委员时，委员会还规定了一些对于委员的限制，以保证选出的DAB小组是经验丰富，德高望重，公正和独立评审小组。

② 透明性。首先DAB工作小组的三名成员都是在公平公正的条件下委任的。其次，在协议的通用条件中，都有关于DAB的工作程序的规定，这一程序分四大部分：一是关于现场考察安排；二是向委员会提供项目相关文件；三是评判与听证程序；四是雇主和承包商对委员会的授权。这三个程序在很大一部分程序上也保证工作的透明性。

③ 效率性。DAB的效率性不仅体现在时间上，还体现在成本费用上。本质是一种非诉讼纠纷解决机制，所以相对于仲裁来讲，DAB程序简单，易于操作，为争端的解决节省了大量的时间。对于提请DAB解决争端，所需要的费用也仅仅限于DAB成员的报酬，相对于仲裁而言，可以节约大量的费用支出。

④ 科学性。由于组成DAB的成员都是相关领域的专家，所以，可以很科学地分析争端的来龙去脉，用科学的眼光去看待问题，用科学的手段去解决问题，避免了在争端解决上的盲目性。DAB成员属于优中选优，在整体素质上要高于工程师，所以，更具有科学性。而且DAB是针对某一个具体的工程建设项目而成立的，其成员可以经常深入到项目之中，掌握第一手材料，这些材料的掌握都为其做出科学的决定奠定了基础。

(2) DAB委员选聘

DAB的委员一般是三个人，对于小型工程而言也可以是一个人。对于三个人的DAB，由业主和承包方在投标函附录规定的时间内各提名一名委员并经对方批准，然后由合同双方与这二位委员共同商定第三名成员作为DAB的主席。如果委员由于死亡、伤残、辞职或聘任到期，可由双方协商同意另外聘任一位委员。如果是一人，双方共同确定。如果组成DAB有困难，例如一方的提名对方不同意，或合同中任一方未能在投标函附录规定的日期内提出人选，则采用专用条件中指定的机构（如FIDIC）或官方提名任命DAB成员，该任命是最终的和具有决定性的。

(3) DAB委员的酬金与支付

委员的酬金由业主和承包商双方各支付一半。如果委员的酬金没有得到支付，他们可辞职或者停止其服务，直到支付完成为止。

(4) DAB工作内容和DAB方式解决争端的程序

① DAB工作内容。DAB的主要工作内容是协助解决可能诉诸仲裁的各项争端。每年DAB最少到现场3次，归纳起来应从事下列具体工作：审查工程项目施工进度；调查存在的

问题并使 DAB 最终介入；对已经发生的争端进行现场调查和听证；与工程项目各方协商，了解争端的原因与存在问题；确定 DAB 对争端的处理意见、编写报告，提交报告后可以离开现场。

② DAB 方式解决争端的程序。合同任一方都可将来源于项目实施的任何争端（包括不同意工程师的任何决定）直接提交给 DAB 委员，但同时将副本提交给对方和工程师。双方有义务按照 DAB 要求提供所需要的所有资料和其他便利条件。

DAB 在收到任一方提交材料后的 84 天内（或经 DAB 建议，在合同双方同意的时间内）根据合同协议应就争端事宜作出书面决定。如果合同任一方同意 DAB 的决定，但事后又不执行，则另一方可直接要求仲裁。

如果合同任一方对 DAB 决定不满意，可在收到决定后 28 天内将其不满通知对方（或在 DAB 收到合同任一方的通知后 84 天未能作出决定，合同任一方也可在此后 28 天将其不满通知对方），并可就争端要求仲裁。但在发出不满通知后，双方应努力友好解决，如未能在 56 天内友好解决争端则此后可开始仲裁。

9.4.2 国际工程仲裁

采用仲裁方式来解决施工争议对中国的业主和承包商来说还比较陌生。中国加入世界贸易组织后，随着中国建筑业逐步对外开放，仲裁程序在建筑业逐渐得到广泛应用。

（1）国际工程仲裁的含义

国际工程仲裁是解决国际争端方式之一。国际法上简称"仲裁"或"公断"。一般适用于解决两国间关于法律性质的争端，通常由当事国根据事先或事后签订的仲裁协定或某些条约中的仲裁条款，将争端交由双方选定的仲裁人所组成的仲裁法庭依照一定的程序审理，审理的结果（即裁决）为最后决定，双方均应服从。除上述为解决专案而组成的临时性仲裁法庭外，国际尚有常设仲裁法庭。

（2）国际工程仲裁提出的前提

国际仲裁的提出须遵循：任何诉诸仲裁以解决国家间争端的约定构成一项法律义务，必须诚实地予以履行；这种约定产生自当事双方之间的协议，得涉及现有的争端或用后发生的争端；约定必须载于一件书面文件内，不论该文件采取什么形式；本规范规则向争端当事国建议的程序不应属于强制的性质，除非有关各国以仲裁协定或以其他形式的约定同意采用这些程序；当事各方在仲裁法庭的一切程序上应处于平等地位。

（3）国际工程仲裁程序

① 仲裁员的指定。申请人之间或被申请人之间应当经过协商选定，如果协商不成，也可由仲裁委员会主任指定。

② 仲裁员的回避。在中国回避请求应在第一次开庭之前以书面形式提出。如果回避事由发生和得知是在第一次开庭审理之后，则可以在最后一次开庭终结之前提出。仲裁员与案件有个人利害关系的，应当自行向仲裁委员会披露并请求回避。当事人有正当理由怀疑仲裁员的公正性和独立性的，可向仲裁委员会提出回避申请。异议应及时提出，否则视为弃权。仲裁员是否回避由仲裁委员会主任决定。

③ 仲裁的审理。在中国贸易仲裁委员会，原则上应开庭、不公开审理，除非当事人同意

或申请书面审、不公开审理。庭外和解的，当事人可请求仲裁庭根据和解协议作出裁决书，也可申请撤销案件。仲裁中仲裁庭应根据当事人共同同意进行调解。调解后，仲裁庭原则上应根据和解协议作出裁决书，除非当事人另有约定。

④ 法律的适用。在国际仲裁中，一般允许当事人自主选择仲裁的程序规则，但有的国际常设仲裁机构要求在其机构仲裁的案件适用自己的仲裁规则。在实体法方面，一般由当事人选择确定，如当事人未选择，则适用仲裁人认为合适的冲突规范所确定的实体法或仲裁地的冲突规范所确定的实体法，或与案件有最密切联系的实体法。

⑤ 裁决。3名仲裁员的仲裁庭，裁决依全体仲裁员或多数仲裁员的意见作出，多数意见不能形成的，依首席仲裁员的意见作出裁决。作出裁决之日即为裁决发生效力之日。在国内的一般商业仲裁中，一般实行一裁终局，任何一方当事人不得再向法院起诉，也不得向其他任何机构请求变更仲裁裁决。如有特殊情况，一方可向法院申请撤销仲裁裁决。

⑥ 证据及财产保全。根据《仲裁法》第68条的规定："涉外仲裁的当事人申请证据保全的，涉外仲裁委员会应当将当事人的申请提交证据所在地的中级人民法院。"

(4) 涉外仲裁的特别规定

① 涉外仲裁的基本类型。涉外仲裁是指在民事关系的主体、客体和权利义务据以发生的法律事实诸因素中至少有一个外国因素的民事关系。《仲裁法》规定，涉外经济贸易、运输和海事中发生的纠纷的仲裁，适用关于涉外仲裁的特别规定。我国建筑业企业对外承接工程日益增多，建设工程纠纷中涉外案件的数量也不断增长，涉外仲裁将发挥更加重要的作用。

② 涉外仲裁机构。《仲裁法》规定："涉外仲裁委员会可以由中国国际商会组织设立。"

我国依据《仲裁法》设立的涉外仲裁机构是中国国际经济贸易仲裁委员会和中国海事仲裁委员会。目前，中国境内的涉外案件主要由中国国际经济贸易仲裁委员会受理。该仲裁委员会自2000年起也开始受理国内案件。

按照《仲裁法》的规定："仲裁委员会可以在直辖市和省、自治区人民政府所在地的市设立，也可以根据需要在其他设区的市设立，不按行政区划层层设立。"新组建的仲裁委员会的主要职责是受理国内仲裁案件；涉外仲裁案件的当事人自愿选择新组建的仲裁委员会仲裁的，新组建的仲裁委员会可以受理。

③ 涉外仲裁案件的证据、财产保全。《民事诉讼法》第二百七十二条："当事人申请采取保全的，中华人民共和国的涉外仲裁机构应当将当事人的申请，提交被申请人住所地或者财产所在地的中级人民法院裁定。"

根据我国《仲裁法》第28条和《民事诉讼法》第258条的规定："涉外仲裁当事人申请财产保全的，仲裁委员会应将当事人的申请提交被申请人住所地或其财产所在地的中级人民法院作出裁定。"

据此，与国内仲裁案件不同，涉外仲裁案件的财产、证据保全均是由有管辖权的中级人民法院裁定并执行。

④ 涉外仲裁案件裁决的执行。《仲裁法》规定，涉外仲裁委员会作出的发生法律效力的仲裁裁决，当事人请求执行的，如果被执行人或者其财产不在中华人民共和国领域内，应当由当事人直接向有管辖权的外国法院申请承认和执行。

《承认和执行外国仲裁裁决公约》规定："由于自然人或法人间的争执而引起的仲裁裁决，在一个国家的领土内作成，而在另一个国家请求承认和执行时，适用本公约。在一个国家请求承认和执行这个国家不认为是本国裁决的仲裁裁决时，也适用本公约。"我国1986年12月加入该公约。该公约目前已有150多个缔约国家和地区，外国执行中国的涉外裁决将依据该公约规定的条件办理。在执行程序上各国依其国内法律的规定，但对裁决的审查都限于该公约第5条规定的理由。

9.4.3 国际工程诉讼

诉讼作为解决国际法律纠纷的最终手段之一，在解决国际工程纠纷过程中也起到一定作用。但是不同于国际仲裁的是，诉讼在解决国际法律纠纷中的管辖权时，既可以依双方当事人的协议约定获得，也可以依法院所在地的司法主权按照最密切联系的原则获得。因此，在国际工程法律纠纷中，如双方当事人未约定仲裁或仲裁协议无效的情况下，将通过国际诉讼的方式来解决争议，但国际诉讼涉及的平行管辖、区域法律冲突等很多法律问题仍然存在，从主张权利的一方来说，极少选用诉讼方式。

(1) 国际诉讼的相关规定

① 国际诉讼的含义。国际民事诉讼，或称国际民事诉讼程序或涉外民事诉讼程序，是指具有涉外因素的民事诉讼。国际民事诉讼的当事人一方或双方是外国人、外国企业或其他组织，或者引起国际民事法律关系的产生、变更或者消灭的法律事实发生在国外，或者国际民事诉讼标的物在国外。

在民事诉讼中，介入了国际因素，或者从某一国家的角度来看，涉及了领域外的因素，就称之为国际民事诉讼。

② 涉外（或者国际）因素。在涉外民事诉讼中，涉及或者介入国际因素主要有两种情形：涉外民商事法律关系涉及域外因素而发生争议，需要适用国外法律解决该争议；诉讼程序介入了国际因素，需要适用国际民事诉讼程序解决该争议。具体来说，国际民事诉讼中的国际因素主要包括以下方面：诉讼主体为外国人；诉讼客体处在国外或者发生在国外；引用的证据来自国外；适用的实体法律为外国法律或者国际条约；民商事判决需要得到外国的承认与执行等。

③ 国际法院的含义。国际法院是具有特定管辖权限的民事法院（解决国家间争端和向经正式认可的联合国机构和专门机构提供咨询意见），没有附属机构。国际法院主要功能是对各国提交的法律争端根据《联合国宪章》规定以及有关条约及公约做出判决，或对联合国其他机构提出的法律问题提供咨询意见。国际法院是民事法院，只受理主权国家之间的争端，它没有刑事管辖权，不能审判个人，例如战犯。按照有关规定，只有当事国一致同意提交国际法院的法律争端，国际法院才能做出裁决。

(2) 国际诉讼的管辖

国际诉讼管辖权是指法院对某一涉外民事案的审判权限。确认涉外民事案件的管辖权是法院审理案件的前提，是行使国家主权的具体体现。为了更好地保护本国当事人的合法权益，各国都在设法扩大本国的管辖权。

(3) 国际工程诉讼的程序

① 起诉。当事国向法院提交案件的方式依管辖依据的不同而异。自愿管辖时，当事国双方协商后提交特别协议；也有经当事国一方将案件提交法院后，得到他方认可形成协议，称为"法院延期"。协定管辖和任择强制性管辖时，当事国一方以包括阐明管辖权依据的申请书方式提交案件，由法院通知争端对方。

② 书面程序和口头程序。法院确定管辖权后，将命令争端各方限期提出诉状、辩护状或证据及其他文件资料。法院在审理中，还可命令争端方限期提交答辩状或复辩状等法律文书。

书面程序结束后，进行口头程序。法院可询问代理人、证人、鉴定人、律师及其他有关人员。除法院另有决定或争端当事方另有要求外，口头程序应公开进行。

③ 附带程序。或称特别程序，由法院在特定情况下采用，包括初步反对主张、临时保全、参加或共同诉讼、中止诉讼等。初步反对主张是指当事国对于法院的管辖权或对请求方提请或参加诉讼权利的反对。反对是否成立由法院裁定。

临时保全是指诉讼过程中，经当事国请求法院批准采取的必要和紧急措施，以保护争端方利益，包括对某些行为的禁止、财产的冻结或扣押等。

参加或共同诉讼是指第三国参加诉讼。这又包括两种情况：①第三国认为案件诉讼可能影响其法律性质的利益可以提出请求参加诉讼，由法院决定是否准许；②诉讼涉及条约解释时，诉讼当事国以外该条约其他缔约国有参加诉讼的权利。如果参加了诉讼，法院判决中对于该条约的解释同样对于该参加国具有拘束力。

中止诉讼是指在判决最后宣告前，争端各方达成不再继续诉讼的协议，法院停止该诉讼。

 思考题

1. 简述建设工程中民事纠纷的处理方式。
2. 阐述申请仲裁的条件以及方式。
3. 区分行政复议和行政诉讼制度的异同。

 实战题

2017年，甲县A公司和乙县B公司在丙县订立了一份水泥供销合同。合同约定："运输方式：由A公司代办托运；履行地点：A公司在丁县的仓库。"A公司履行完合同，B公司尚欠A公司400万元的货款。四个月后，B公司在当地报纸上刊登了"大幅度降价处理水泥"的广告。同时着手准备分立为两个公司。为此，A公司以B公司的行为影响货款的偿还和B公司即将分立为由，向乙县人民法院申请诉前财产保全，要求冻结B公司银行存款400万元，同时提供了同等数额的资金担保。人民法院审查以后依法作出了冻结存款的裁定。之后由于B公司向该法院提供了同等数额的财产担保，法院依法作出解除冻结的裁定。随后A公司向法院提起诉讼。一审中，被告B公司反诉要求原告A公司承担由于其申请诉前财产保全给自己造成的损失。

问题：（1）对于本案何处法院有管辖权？为什么？

（2）如果B公司提出管辖权异议应当在何时提出？该异议能否成立？

（3）A公司能否在诉前申请财产保全？

（4）B公司的反诉请求是否正确？

参考文献

［1］ 王利明. 民法［M］. 8版. 北京：中国人民大学出版社，2021.

［2］ 中华人民共和国民法典［M］. 北京：中国法制出版社，2020.

［3］ 尚勇，张勇. 中华人民共和国安全生产法释义［M］. 北京：法律出版社，2021.

［4］ 代春泉. 建设法规［M］. 北京：清华大学出版社，2018.

［5］ 国务院法制办公室. 中华人民共和国招标投标法注解与配套［M］. 北京：中国法制出版社，2017.

［6］ 中国建设监理协会. 建设工程监理概论［M］. 北京：中国建筑工业出版社，2021.

［7］ 全国一级建造师执业资格考试用书编写委员会. 建设工程法规及相关知识［M］. 北京：中国建筑工业出版社，2021.

［8］ 法律出版社法规中心. 中华人民共和国民事诉讼法注释本［M］. 北京：法律出版社，2021.

［9］ 江伟，肖建国. 仲裁法［M］. 3版. 北京：中国人民大学出版社，2016.